发酵工程师的摇篮

江南大学生物工程学院

许正宏　黄壮霞｜编著

中国轻工业出版社

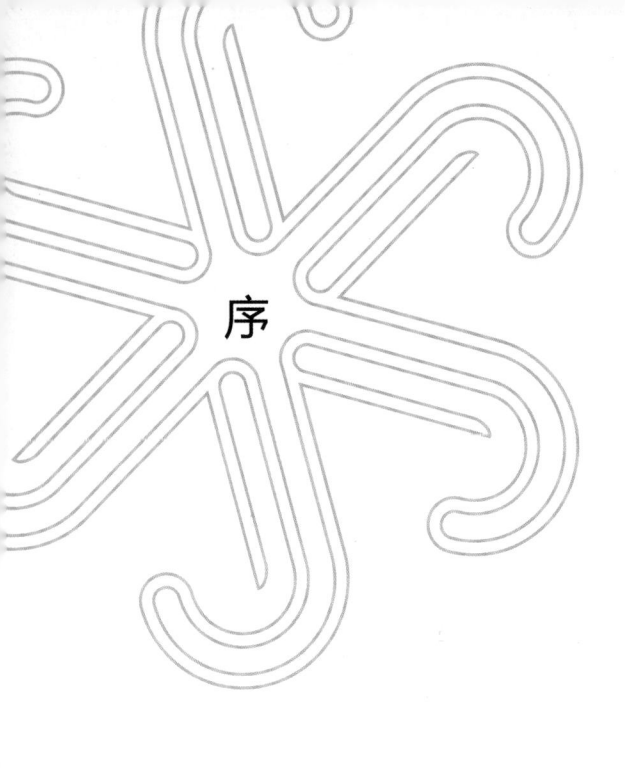

序

上下求索六十年，辛勤耕耘结硕果。将历史的指针回拨，让我们一同走入往昔岁月。

我国近代发酵学科的源头可追溯至二十世纪三十年代之初，国立中央大学农科农化系所设食品发酵学术方向。在国立中央大学农科农化系的发展过程中，产生了中国第一代现代微生物专家。陈騊声、魏喦寿、金培松、秦含章、朱宝镛等，为我国酿造微生物学研究和人才培养做出了开拓性的贡献。

1952年，南京工学院食品工业系成立了发酵工学专业。这一年只是历史长河中的一瞬，却翻开了新中国发酵工程高等教育的崭新一页。

1958年，南京工学院食品工业系整体东迁无锡，成立无锡轻工业学院。发酵工学专业更名为发酵剂制造工学专业，更是开启了发酵的辉煌篇章。

1984年，无锡轻工业学院正式成立发酵工程系，距今已超过30载。期间，先后获批了全国首个发酵工程重点学科、211重点建设学科、一流学科建设点等，领全国同类学科之先。三十而立，当年的发酵系已经成为以轻工生物技术为核心，持续保持发酵工程领域领先地位，引领轻工技术与工程、生物工程学科发展的生物工程学院。

今天，国家启动的"轻工技术与工程"一流学科建设，不仅仅是新时代赋予我们的新使命，更是我们生物工程学院发展的重大历史机遇。"道虽迩，不行不至"，伫立在新时代的船头，奋力扬帆远航，是生物工程学院接力者的使命与光荣。重温发酵历史，讲述发酵故事，老一辈师生筚路蓝缕、勇创一流的艰辛创业史值得铭记，"善于实践、勇于创新"的发酵精神更需要传承。

触摸历史的温度，不忘初心，砥砺前行。走近历史，聆听学科发展的一个个小故事，便自然地将自己置身现场，体悟创业路上的那些波澜、苦难和辉煌，重燃起信仰的力量。历史是最好的教科书，也是最好的清醒剂。

写史立传从来都不容易，总怕个人记忆中的时代有浪漫化的倾向。编撰这部书的过程中，我们尽量保持极度的情感克制，在呈现学院阶段性发展概况的同时，采撷了若干瞬间，将之定格、凝练成故事。意图让两种风格不同的文字自然传递"生工情怀"。

这部书的出版是为感谢所有老领导、老一辈师长和校友们对于中国发酵工程学科所做出的卓越贡献，感谢他们对于江南大学生物工程学院，乃至新中国发酵事业的毕生奉献；也希望前辈、校友能从中回忆起往昔风流，了解近来之事，持续关心我们的发展；也让社会各界人士能够认识生物工程学院，走进生物工程学院，增强与生物工程学院合作的动能；更希望我们的师生能够有所感悟，增添身为生工人的自豪感，坚定为之奋斗的信念。

我们相信，记忆是有力量的。

许正宏　黄壮霞

2021年3月于江南大学

编者的话

2018年，江南大学迎来建校60周年校庆，发酵学科也走过了66个年头。这一历程不仅是新中国发酵工程教育的发展历程，更是新中国轻工教育的缩影。六十甲子不忘初心，面对新时代，我们总觉得有必要将发酵学科发展的历史、故事和精神精心梳理、发扬并传承下去。当我们把这一想法与学院老前辈和同事们交流后，得到了他们的一致赞许和大力支持。随即，根据学院历史发展框架，我们紧锣密鼓地开展了前期的素材收集、整理工作。每每与前辈或亲历者交谈，翻阅一张张泛黄的老照片，聆听一段段动人心弦的故事，我们越发觉得重温发酵学科的历史，讲好发酵前辈们"筚路蓝缕、以启山林"的奋斗故事，并使得这种精神在年轻一辈的生物工程学院师生中永续传承下去的意义重大。

借此契机，生物工程学院在2017年初启动了"重温发酵历史，讲述发酵故事，传承发酵精神"的主题活动。围绕上述主题，学院师生通过各种形式与历史展开对话，挖掘学院发展历程中的点点滴滴，感受发酵学科建设征途上的艰辛与辉煌，感悟今日学院成长壮大之不易，凝练出了生物工程学院几代人孜孜以求的"善于实践、勇于创新"的发酵精神。

这项工作的推进主要通过采访不同的发展时期的主要亲历者、搜集重要事件的老照片，或由学院老前辈、老师们亲自撰写相关回忆文稿。所提供的素材和访谈，不仅有讲述创业背后的小故事，也有关于学科辉煌成绩取得背后的艰辛，细微处感人至深。我们要感谢邬显章、章克昌、赵光鳌、陶文沂、诸葛健、顾国贤、吴佩琮、张星元、赵建国、王武、陈坚、徐岩、毛忠贵、詹晓北、张伟国、田亚平、许赣荣、李永仙、顾海伦、吴兴南、张影陆、黄敏等老师。也许这份名单中还遗漏了很多师生、同仁的名字，在此一并对他们表示感谢，谢谢他们的大力支持。尤其要感谢的是诸葛健、陶文沂两位老教授，他们不仅提供了大量的素材，还亲力亲为地参与本书的文本初步整理和加工工作。

在编撰过程中，编委会经过不断研讨认为，为了更完整地展现学院发展的脉络和全貌，除了学科发展背后的若干精彩故事外，还需要有史志性质的系统梳理以慰来者。在这样的思路指导下，学院委派王能文负责搜集学院档案材料和文字整理，马杰负责收集整理历史图片，学院行政办公室、教务办公室、学工办公室等各位老师均参与其中。再将这些材料按学院发展的历史脉络，分不同条块撰写成文，并和同时期的精彩故事整合成章，形成既有史志概述又有故事的一种文体，力求重现历史、讲述故事、传承精神。

鉴于学院留存的档案文献极少，可搜集的历史资料贫瘠，加之编写水平有限，在有限的时间内，难免挂一漏万。文中不可避免对一些历史细节或重大事件描述有误甚至有遗漏之处，我们恳请拿到这本书稿的各位前辈、领导、同仁能够不吝赐教，批评指正。希望能不断对发酵学科66年的历史进行补充完善，以期形成相对完整的学院历史文献资料，用更澎湃的发酵精神以飨后人。

目 录

010-
第一篇
站在巨人肩上的起步与奋斗
（1930—1994）

012-
第一章
发酵工程学科的发端与初建
（1930—1976）

046-
第二章
重生的无锡轻工业学院发酵专业
（1977—1983）

059-
第三章
应运而生的发酵工程系
（1984—1994）

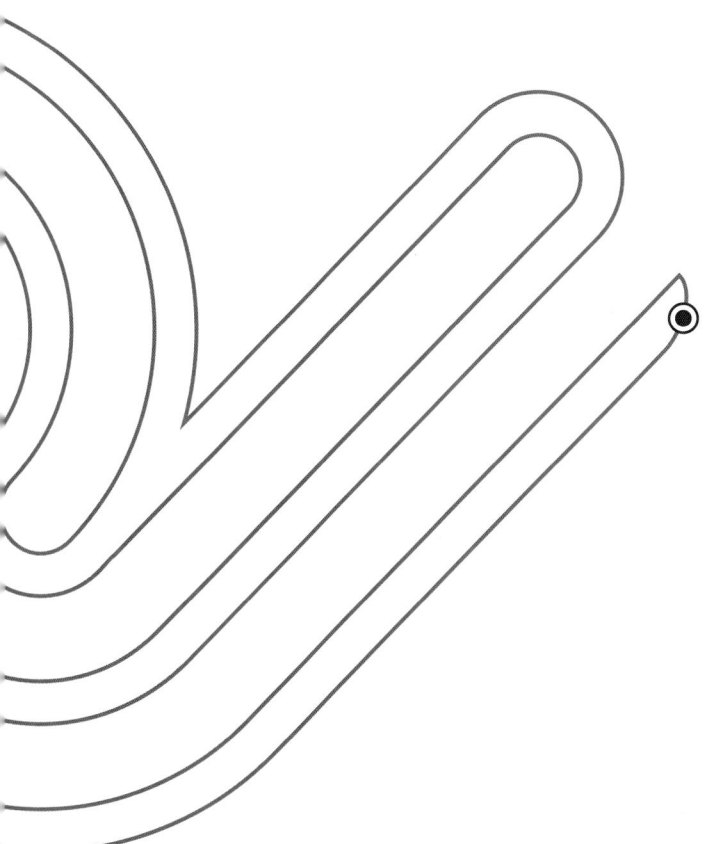

108-
第二篇
继往开来奔向新时代
（1995—2018）

110-
第一章
生物工程学院开启新征程
（1995—2010）

155-
第二章
新时代　双一流
（2011—2018）

204-　　附录一　历届党政班子成员名单
209-　　附录二　生物工程学院历年教授名录
210-　　附录三　生物工程学院大事记
249-　　附录四　生物工程学院近年发展掠影

1930—1994

第一篇

站在巨人肩上的起步与奋斗

江南大学生物工程学院的源头可追溯至20世纪30年代之初，国立中央大学农科农化系所设之食品发酵学术方向。中国第一代发酵学科泰斗陈騊声、魏嵒寿、金培松、秦含章、朱宝镛等均在此任教，为我国酿造微生物学研究和人才培养做出了开拓性的贡献。一脉相承的南京大学食品工业系（简称食工系）发酵组、南京工学院发酵工学专业汇集了中国最优秀的一批发酵专家学者。深厚的历史传承和大师级人物的领衔使得无锡轻工业学院的发酵工程学科从发轫就站在了巨人的肩膀上。

第一章 发酵工程学科的发端与初建（1930—1976）

自古以来，人们就利用发酵技术来制作各种美食，酱油、酿造酒、食醋、酱菜等发酵食品都具有悠久的历史。不同的食品需要利用不同的微生物来发酵，古代劳动人民已经自觉和不自觉地进行着发酵的生产和探讨。中国古代曾创造了辉煌灿烂的农业文明，但中国古代农业技术在步入近代社会后，发展缓慢，缺点日益暴露，这种缺点正如农学家过探先所言，我国农业虽有自己的技术，却都是以经验和习惯为主，有关农业的书籍也是很多，却"无人分别归纳之，以致旧说相袭，绝少科学之证明"，即"中国有农业无农学"。

鸦片战争后，西方先进的农业理论和科学技术传入中国，并在清末进入中国的大学学科体系。20世纪10～20年代，随着民国初年留学生的归国，农科发展体系开始建立。早期农业科学仿照日本模式，发酵工业在各级农业专修学校或师范学校开设的《农产制造学》课程中有所涉及（"农业制造"是一个旧名词，来源于日本），调味品制造章节介绍了酱油、酱、醋等的制作方法及工艺；嗜好品制造章节介绍了酒精饮料（米酒、麦酒、葡萄酒、酒精、烧酒）等的制作方法及工艺。

一、近代发酵学科溯源[①]

（一）在农科建制中萌芽

1921年，国立东南大学正式成立，与南京高等师范学校（简称"南京高师"）共有校园、教职员、经费等。南京高师农业专修科并入建立农科，仿照美国做法，施行"科-系"建制，开创了将人才培养、科研、服务三合为一为基本职能的大学农科学科组织先河。农科下设农艺系、园艺系、畜牧系、植物病虫害系、农业化学（农产制造）系五个系，农业化学系（简称农化系）附设农产制造组，后又增设生物系、蚕桑系，共七个系。

发酵便从此在农科学科体系下埋下了种子，以农产制造中的"发酵"相关课程存在于农业科学高等教育的范畴。在民国时期，国立中央大学农学院在科系设置方面的变动颇为频繁。

1925—1927年，国立东南大学农科与江苏省立第一、第三农业学校合办大学部，国立东南大学农科设生物、农艺、病虫害、蚕桑系，江苏省立第一农业学校大学部设置森林、园艺、农艺系，江苏省立第三农业学校大学部设畜牧系、兽医系。

1927年，江苏省立第一农业学校并入第四中山大学农学院，改系为科，只设农林科、畜牧科、农产制造三个科。

[①] 该章节内容系整合《南京农业大学史志1914—1988》《中国微生物工业发展史》《南京大学校史资料选辑》《国立中央大学一栏》《国立中央大学农科概况》《国立中央大学沿革史》《国立东南大学之基础与计划》等相关内容编写。写作本章节时，校党委书记朱庆葆提供南京大学农业化学系相关史料，特此感谢。

1927—1928年，第四中山大学时期，先是1928年，农林科改名为植物农艺科，畜牧科改名为动物农艺科。不久又取消了科系这个级别的建制，学院下设五门、五组，门组低于系；农作物门、园艺门、蚕桑门、畜牧门、农产制造门；森林组、昆虫组、农艺化学组、植物病理组、农业工程组。

1928年，国立中央大学农学院正式成立。1929年，"谋将来农业之改进，改五门五组为八科"，即，将农作物门、农业工程组合并为农艺繁殖科，昆虫与植物病理合为病虫害科，农产制造门与农艺化学组合为农业化学科，畜牧、蚕桑、园艺3门和森林组分别改为畜牧兽医科、蚕桑科、园艺科、森林科，并新设农政科，共8个科。

1930年，8科改为6科，病虫害科与农政科改为组。1932年，改科为系，成立农化系。按教学及研究性质划分为土壤研究室、农业微生物研究室（农产制造在内）、生物化学研究室。附属的农产制造所则为研究农产制造实验的场所，附带经营小规模生产酱油、酒精、味精等。资本估值约200万元。酱油每月可产千斤，酒精每月可产一千五百加仑（1美加仑≈3.8升）。

后续科系又历经多次撤销、恢复、合并，但农业化学系一直保持着建制，直到1951年，随着学科发展，农业化学系分设土壤学系和食品工业系。发酵学科继而延续至食品工业系壮大发展。

（二）发酵学科的先驱者

国立中央大学农化系产生了中国第一代现代微生物专家。他们为我国酿造微生物学研究和人才培养做出了开拓性的贡献。

陈騊声（1899—1992），1922年于国立北京工业大学应用化学科毕业。1922—1927年，任山东溥益糖厂酒精厂工程师。这是我国近代最早设立的一家酒精厂，后因动乱，工厂停工，陈騊声赴大学任教。1927—1930年，先后任京师大学、国立中央大学讲师，上海劳动大学副教授。1950—1952年，兼任私立江南大学食品工业系教授。讲授的《酿造学》《发酵微生物学》《食品化学》等课程深受学生欢迎。

魏喦寿（1900—1973），于1922年入日本京都大学化学工程科，在喜多逸源指导下学习化学和微生物学，并进行真菌学研究。1926年回国。1930—1937年，任国立中央大学农业化学系教授、系主任。1929年在美国的《科学》(Science)杂志报道了他在腐乳中分离的一个毛菌新种，而且详细介绍了腐乳这种对于我国汉族饮食具有重要意义的发酵食品。魏喦寿是首位在《科学》上发表本土研究的中国科学家。

金培松（1906—1969），于1927年9月以高中肄业学历被上海劳动大学农学院农艺化学系录取，1931年毕业。毕业后，和方心芳随魏喦寿教授一起到天津黄海化学工业研究所任研究助理。后随魏喦寿教授到南京国立中央大学农学院农业化学系，成为魏喦寿教授的助教。1934年于南京中央工业实验所酿造室任技士，同时兼任国立中央大学农学院讲师。

秦含章（1908—2019），毕业于上海国立劳动大学农学院，后去比利时、法国、德国留学，在比利时布鲁塞尔大学植物学院进修微生物学，并任威尔孟哥本斯啤酒厂实习工程师，1936年在德国柏林大学发酵学院专修啤酒工业。1941年8月，秦含章任国立中央大学（校址在重庆）农业化学系教授，教授"农业微生物""发酵工业"等与发酵相关课程。1948年8月又兼任私立江南大学教授、农产制造系主任。

金贞观，国内酿造界专家，对于酒精工业尤富经验。抗日战争时期战事后方大部分酒精厂的设计工作均出自金贞观教授之手，对于液体燃料工业的贡献颇为巨大。曾在农业化学系教授《农产制造》课程并担任农化生产实验厂厂长一职。

（三）发酵科学的进展

动乱的时局下，农业化学系本着发展学术的立场，克服多重困难，在发酵科学研究方面也取得了进展。

1932—1937年，国民政府从南京西迁前，农业化学系已有多份发表的调查报告，在农产制造及微生物方面的研究包括：中国各种应用酵母的分离、微生物对于紫外光线反应的观察和中国产醋酸菌的研究等。研究范围和进展如下：

1. 酵母制造法之研究
酵母与军用粮食的制造有紧密关系。农化系农产品制造所关于各种酵母的制造方法及酵母的性质与生产量等的研究已有相当的成绩，生产的酵母已经被军政部粮秣长及冠生园食品公司采用。

2. 发酵法制造甘油之研究一
战时及平时都需要甘油。甘油可以发酵法制得，利用糖类的发酵及蓖麻子酵素的作用，以糖类或油脂类为原料。结果已发表于《中华农学会报》。

3. 发酵法制造甘油之研究二
继续上次的研究，以各种油脂为对象，用上次研究之结果：蓖麻子油脂分解酵素的精制法加以试验。

4. 蚕蛹酱油制造法之研究

蚕蛹可制酱油已经是被大家周知的事实。农化系农产制造所曾以此为原料，试以各种速酿法，已有结果。

5. 葡萄糖淀粉酶制造法之研究

葡萄糖淀粉酶为重要的工业原料，可利用发酵法制造。曾以保存的菌种加以试验。

6. 无水酒精制造法之研究

无水酒精是重要的代汽油的原料，制法甚多，曾利用农化系农产制造所自制的酒精试以各种方法，看哪种方法有效，以供战时需要，此项研究虽未发表，但其中的一种方法已可供实际制造。

7. 酪胶制造法之研究

酪胶为木材胶接的必需材料，尤为滑翔机及飞机所用木材的唯一胶接剂，曾受本校航空系及航空委员会的委托，研究其制造方法，费时一年，结果已告成功。现已将该方法交航空委员会自制。

8. 蓖麻油制造之研究

蓖麻油在医药上、机器润滑上及其他工业上用途广泛，本系于民国二十七年受中国农民银行委托和资助，曾先后派往川北及西康宁属一带，调研蓖麻子生长状况及制油方法，继而进行各项试验。

9. 大麦与米壳糖化酶之研究

糖化酶对于酿造业颇为重要。研究时注意到大麦与米壳萌芽时糖化酶之生成，化学剂对

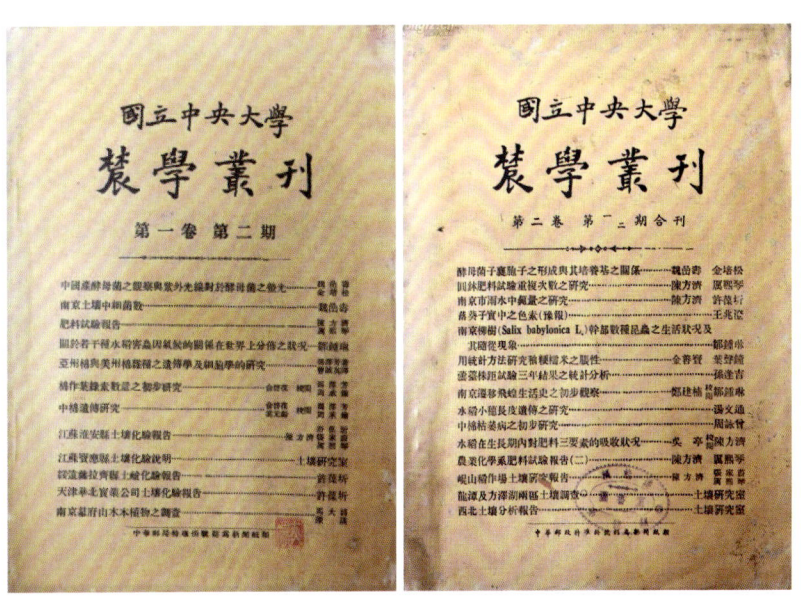

国立中央大学《农学专刊》上刊登的魏嵒寿、金培松发表的发酵科学研究论文

于该糖化酶之影响，经实验后，证明过硫酸钙对大麦及米壳糖化酶均有限制的抑制作用，研究结果曾在中华农学会年会上宣读，并在中国化学会刊物发表。

二、中华人民共和国发酵工学专业诞生

1949年后，我国经过三年的经济恢复时期，进入了国民经济建设的第一个五年计划发展阶段。1952年，全国高等学校院系调整，南京大学食工系发酵组、浙江大学农化系、私立江南大学食工系和复旦大学、武汉大学的有关系科合并于南京工学院，成立食品工程系，在食品学科建设中当属首创。食品工程系当时设置有制糖、发酵、油脂和罐头4个组，并未分专业。发酵组当时汇聚了酿造专家朱宝镛、粮食食品科学专家沈学源和檀耀辉、陆诚（女）、傅健生（女）、钱慈明及稍后调入的王鸿祺、丁耀坤等学有专长的教师。从师资、设备及科研经历等条件来看，发酵组成立专业的条件较为成熟，新中国首个发酵工学专业从此诞生。

专业建立后，发酵工学专业的前辈们迅速开展以学习苏联高等教育经验为中心内容的教学改革：实行专业教育，着手制订专业教学计划，开设专业基础技术课及专业课，加强基础理论和工程技术基础课程建设，增加课程设计、生产实习、毕业设计等教学环节，终于建立起比较完整的课程体系。1956年，根据新制定的教学计划，南京工学院培养出了第一批发酵专业毕业生。这些教学与管理上的经验也成为东迁之后发酵专业建设的宝贵财富。

南京工学院食品工业系办公楼

三、无锡轻工业学院发酵工学专业的初建

1958年,在党的"三面红旗"的光辉照耀下,我国社会主义革命和社会主义建设事业呈现出一片大好形势。南京工学院食品工业系从南京整建制东迁到无锡,成立"江苏食品工业学院",因当时国家正在振兴轻工业发展,同年学校便更名为"无锡轻工业学院",隶属国家轻工业部。

发酵工学专业是无锡轻工业学院建立之初设立的首批5个专业之一,学制为5年制本科。当时,发酵教研组成员不足10人。丁耀坤任教研组长,主要成员有朱宝镛(时任副院长,机构上属院办)、王鸿祺、檀耀辉、陆诚、傅健生、伦世仪、邬显章、杜贵安。另有实验员金其荣也转入教研组任教师。

随后,教师队伍增长迅速。到1966年,发酵教研组人员增长一倍多,其中有七年以上教学经验的老师占41%,做到了老中青结合。主要成员有朱宝镛、丁耀坤、王鸿祺、檀耀辉、吴乃扬、伦世仪、金其荣、杜贵安、张莲珍、章克昌、徐呈祥、蒋征麟、金岑南、郑君铣、全文海、卜华祥、郑学翔、诸葛健、吴佩琮、顾国贤等。

章克昌老师回忆道:"建校时,陆诚和傅健生两位女教师离开了南京的家庭和亲人,来到无锡,一个教生物化学,一个教工业发酵,她们不仅教学质量优秀,而且十分关心年轻教师的成长。特别是傅老师后来调回南京任省轻工研究所所长后,成为咱们轻院的铁杆支持者,在各种场合都在维护轻院的名誉和利益。"

"蒋征麟和金岑南两位老师是学院自己培养的老师,分别担任发酵设备和生物化学课程,是学生心仪的教学质量优秀的老师,是学生最喜欢的老师。"

"几年前去世的全文海老师是接金岑南的班,主讲生物化学,教学质量也是极佳的。"

无锡轻工业学院建校初原社桥院本部一角

建校初期部分学科带头人(前排左起:傅建生、沈学源、黄本立;后排左二起:檀耀辉、朱宝镛、陈舜祖)

"2018年春节前去世的金其荣在南工学习时是非常活跃的,可惜不幸被错划成右派,长期在教研组当实验员,但是他的知识和能力水平是很高的,平反后协助檀耀辉先生培养研究生,做了大量工作。"

建院初期,发酵专业教师充分发扬艰苦创业的精神,为专业的初步建设做出了应有贡献。

比较两个时期教研组成员的数量和年龄构成,可以看出几点不同:一是人员数量大幅增加,青年教师的比例提高较多,增加的青年教师绝大多数是本专业培养的;二是研究方向和团队基本形成,初步形成的学科专业方向包括以朱宝镛先生为带头人的酿酒工程,以丁耀坤先生为带头人的微生物学,以王鸿祺先生为带头人的发酵设备,以檀耀辉先生为带头人的酒精以及吴乃扬先生为带头人的酵母及工业发酵等[1]。

① 《章克昌老师回忆手稿》。

建校初期,由于当时政策和国家条件限制,学校对外交往甚少,仅局限于苏联、保加利亚、越南等少数国家和地区。1959年,列宁格勒水解及亚硫酸酒精工业科学研究所所长随苏联水解工业考察团来我国访问,曾在南京讲学,与朱宝镛副院长及有关教师因业务关系有所接触并建立了联系,学校承担的农副产品水解液发酵工艺科学研究项目系中苏协作项目。1966年2月,学院接待了越南科学院代表团的参观访问,进行了有关发酵技术等的交流[2]。

② 简大钧、王武主编:《江南大学史》,北京:高等教育出版社,2012年,第94页。

章克昌回忆手稿(节选)

（一）以教学为首要任务的初期建设

在20世纪50年代初期，高等学校的基本任务是为社会主义建设培养又红又专的各种专业人才。学校各项工作都必须围绕"培养人才"这一中心，而人才培养，又主要通过教学活动来进行。发酵工学专业根据学校的基础和条件，遵循教学规律，努力搞好教学工作，大致主要围绕两个方面开展工作。

1. 贯彻教育方针开展教学改革

无锡轻工业学院建校伊始，在校内立即开展了以贯彻执行党的"教育为无产阶级政治服务，教育与生产劳动相结合"的方针为中心的教育革命。从此开始把生产劳动纳入教学计划。通过生产劳动，全院学生在劳动中学到了一定的生产技能，如安装设备、敷设管路等，初步改变了过去只能动嘴不能动手的状况。同时，师生合作，曾先后在校外建立小型酒精厂和抗生素厂，后来又在此基础上调整、充实，成为一个设备比较完善的专业实验室和科研基地，对进一步提高教学质量，发挥了重要的作用。

1962年，全校组织学习党对高等学校提高教学质量的有关政策和指示，在认识一致的基础上，发酵工学教研组根据"少而精"的原则，重新修订了五年制教学计划、专业技术基础课和专业课的教学大纲、生产实习、课程设计和毕业设计大纲[①]。接下来的1963年的毕业生结业工作，贯彻了这些原则和精神，突出重点，减轻了一些设计分量，如加强流程方案的技术经济分析，要求主要设备的设计达到化工设计标准，适当提高图纸的质量；同时，贯彻因材施教的方针，从而基本上达到"教与学、主观与客观的统一"，取得了比较显著的效果。这就使发酵工学专业的建设进入一个以进一步提高教学质量为主的更高的阶段。

1964年，学校执行教育部直属高校工作条例（即"六十条"），贯彻"少而精、学到手"的原则。学校以发酵专业为教改试点，组成发酵专业教学调研组，由主管校长负责，进行毕业生质量的调研工作。工作组先后在上海、北京和苏北等地调查毕业生工作能力、工作态度、工作表现等情况，召开用人单位座谈会、毕业生座谈会以及个别访问等，分析毕业生的状况，形成调查报告，作为教学改革的依据。

在调查研究的基础上，学校分基础与专业召开了扩大研讨会，就发酵专业的教学改革问题做深入细致的研究与讨论，并环绕校党委提出的"四以"方针，即以贯彻主席"七·三"指示为目标，以课程改革为中心，以贯彻"少而精"原则为主攻方向，对发酵专业教学计划进行修订，并将发酵专业的经验推广到其他专业。之后成立发酵教改试点小组，在酵651、酵652两个小班进行试点。发酵教改的试点情况在1966年4月轻工业部召开的高校会议上进行了交流汇报[②]。

[①]《无锡轻工业学院五周年校庆专刊》。

[②]《无锡轻工业学院院志 1858—1985》第51页。

2. 保障教学条件,牵头编写教材

发酵教研组自建校起就非常重视教材建设和学生实验动手能力的培养。先后建立了微生物、生物化学、发酵工业分析、制酒、工艺设备等五个实验室、两个摇瓶培养室、三个无菌接种室供教学和科研之用[1]。

[1]《无锡轻工业学院五周年校庆专刊》第22页。

教材建设为1960—1961年的一项重要工作。轻工业部所属的几所新建高校,还都没有正式的专业教材(只有讲义)。为保证和提高教学质量,轻工业部统一组织各院校的力量,成立各专业教材编审委员会。朱宝镛和金培松(北京轻工业学院发酵教研组主任)分别担任发酵专业教材编委会的正、副主任。发酵组负责发酵专业教材的主持编写任务,贯彻"课前到手,人手一册"的原则,短期内完成了专业基础技术与专业课的教材编写任务。这一时期共主编并出版了《生物化学》《酿酒工艺学》《酒精工艺学》《工业发酵》《发酵生产设备》《微生物学》《发酵工业分析》七种高等工业学校试用教材(后两种以北京轻工业学院发酵教研组为主要撰稿单位)[2](表1)。

[2] 臧晨光编:《朱宝镛与发酵教育事业》,北京:中国轻工业出版社,1992年,第85页。

表1 部分代表性专著、教材

专著、教材名称	作者	出版时间	出版单位
《酒精工艺学》	檀耀辉等	1962年	中国财政经济出版社
《微生物学》	檀耀辉等	1962年	中国财政经济出版社
《发酵生产设备》	王鸿祺、伦世仪	1962年	中国财政经济出版社
《工业发酵》(上、下)	傅俊	1962年	中国财政经济出版社
《生物化学》	陆诚	1962年	中国财政经济出版社
《工业发酵分析》	黄本立	1962年	中国财政经济出版社
《酿酒工艺学》	朱宝镛	1962年	中国财政经济出版社

部分代表性专著、教材

（二）不断探索的科学研究

1958年11月27日，学校召开教育改革总结大会，号召大搞科研。杨增同志在大会上以"全面发动群众，大搞科学研究，猛攻尖端科学"为题，动员全体师生：当前的中心任务就是大搞科研，在保证学习任务的前提下，一手抓学习，一手抓科学研究，要求在全校立即掀起一个"人人搞科研，个个争上游"的、群众性的大搞科研运动。

此次会议之后，发酵专业师生积极响应，明确了学校科研工作的指导思想，即学校的科研任务首先要服从全国的任务，贯彻轻工业科研工作必须为社会主义建设总路线服务、为工农业生产"大跃进"服务的方针。

1960年，经教育部批准，发酵工学等专业开始招收与培养研究生，于当年上半年首次招收研究生1名（袁身淑，1963年研究生期满结业）。1960年以后的科研活动主要结合研究生培养展开，考虑到当时科学研究和提高教学质量需要，筹建了发酵科研室，并配备了一定的专职科研人员，檀耀辉讲师为第一任发酵科研室主任，并先后承担了国家科研长远计划中的10多个项目，并在计划的第一年，就在菌种选育及发酵生产设备研究等方面，取得了初步成绩，如选出了适宜于碱法制浆黑液生产的GN-103菌种，酒精生产用糖化力高的黑曲菌和细菌淀粉酶等。发酵工学专业在1966年前开展的科学研究主要是以酒和酒精为主①。其主要科研项目有"500吨丙酮-丁醇简易设备的定型设计""平板膜式蒸馏塔的设计与应用"等。

①《无锡轻工业学院院志》第84页。

1. 500吨丙酮-丁醇简易设备的定型设计

发酵组积极响应学校"大搞科研"的运动号召，联合专业研究机构与工厂两方面协作，实行校外"三结合"开展科研：学校通过实验室的研究，需要运用工厂的设备条件，进行中间实验；而工厂则通过学校的试验来解决生产中的技术问题，与专业研究机构的协作可以交流研究经验，进行理论上的提高及定型设计中的分段进行，相互取长补短。1959年，发酵工学教研组设计的"500吨丙酮-丁醇简易设备的定型设计"项目研究成功。此项目由中央下达项目，为国内首创，可节约钢材60%，节约劳动力50%。轻工业部和化工部于1960年3月底在无锡召开了全国现场会，鉴定推广②。

②《江南大学史》第91页。

2. 平板膜式蒸馏塔的设计与应用

发酵组围绕主要学科的发展方向，开展系统的科学研究，从研究改进工艺过程的个别问题与个别设备，发展到对工艺过程的全面的彻底改造。这一时期完成的科研项目绝大部分仅是实验室试验成功，有的还是小型试验成功。但有些项目是我国首创，部分还达到国际水平。最典型的是由王鸿祺副教授带领师生在1958年底完成的"平板膜式蒸馏塔的设计与应用"项目。过去酒精发酵工业用的蒸馏塔主要是泡盖式的，结构复杂，高度高，建筑费用浩大，建设时间长，需要大量钢铁，而平板膜式蒸馏塔塔身低，构造简单，与泡盖塔相比可以节约器材50%左右。酒精和溶剂厂蒸馏车间一般高达四、五层楼房，如用膜式塔只需两层，小型厂只用平房就可以了，加工费可节约70%左右。蒸馏设备在化学工业上应用很广，因此平板膜式蒸馏塔试验成功后，为国家扩大酒精生产创造了有利条件，同时受到当时苏联访华专家的好评，并在全国20多个省市推广[1]。

① 《江南大学史》第91页。

1960年6月1日，全国文教群英会在北京开幕，该项目进京向全国群英大会献礼。王鸿祺副教授作为代表赴北京参会，获得"全国先进工作者"荣誉称号。

3. 无锡市委托的5000吨酒精厂的设计

建院初，面对科研任务重、时间少的矛盾，发酵组充分发动群众运动，以突击为主结合细水长流的方式，抓纲带目，以点带面，集中人力、物力猛攻尖端，保证重点，在短时期内取得很大的效果。这也是在科研工作上具体贯彻"多快好省"的有力措施之一。如1959年12月接受无锡市委托的5000吨酒精厂的设计，时间紧迫，限期一个月，又要采取新的工艺流程，困难很大，通过发动和组织部分学生配合教师一起突击设计，各种困难迎刃而解，提前十多天完成了设计任务[2]。

② 《江南大学史》第90页。

四、动荡时期曲折中艰难前进

1966年5月至1976年10月，全国范围内发动"文化大革命"，期间，无锡轻工业学院各级党政机构和组织也受到严重破坏，招生中断6年，教学、科研几乎陷入瘫痪状态。与国家命运一样，风雨浩劫中，学校走了十年艰难曲折的道路。

（一）发酵前辈屡遭磨难

"文革"期间，工业发酵专业教学科研陷于停顿，系科建制几经调整，原属食品工程系的工业发酵专业转为复建的化学工程系领导。发酵专业教师也不可避免地遭受迫害与打击。运动初期，在"破四旧"和"横扫一切牛鬼蛇神"的号令下，发酵专业朱宝镛教授（时任无锡轻工业学院副院长）的家里遭到红卫兵的多次抄家（1967年7月朱家从南京迁到无锡）。朱宝镛祖辈传下来的状元公朱昌颐亲笔写的一部日记——《朱家》，也是海盐县的珍贵文物——和朱宝镛为编著《中国酿酒技术史》所搜集的几万字资料及提纲，都作为"四旧"被抄走了，同时还被带走了30多本笔记本和手稿，大概是造反派想在这里边找"黑材料"进行批判。

朱宝镛因被错误地指为"反动学术权威"，被戴上"执行反革命修正主义教育路线"的帽子而受到批斗。其中一个工厂的造反派（其中有的是无锡轻工业学院的毕业生），把朱宝镛带到厂里进行批斗。他们把朱宝镛编著的教材和讲义开了个展览会，教材和讲义后面都附有参考书目录，作者大多数是外国人。这些参考书目就成了造反派批判朱宝镛的"子弹"。

"文化大革命"开始不久,江苏省的一些知名教育家就被指控为"执行修正主义教育路线"而受到迫害,有的被迫害致死。无锡轻工业学院的主要领导干部也受到了冲击。有人问朱宝镛:"怎么还没有轮到你?"他诙谐地说了一句:"皇恩浩荡。"这句调侃也成为批斗他的罪状,因为把毛主席比作封建皇帝。红卫兵在批斗他时用内包铜丝的电缆当鞭子抽打,又在一块制图板上写着"反动学术权威祖师爷",用细铁丝系好挂在朱宝镛的脖子上,并要求他低下头站在校门口示众,这叫"刮十二级台风"。朱宝镛感到背上被鞭打得很痛,回家途中到医务室请医生看看。医生拉开他的衬衫一数,背上有12条血痕,头上还有几个肿块。

那几年朱宝镛除了应付反反复复的批斗外,就是劳动锻炼,写"交待"。例如,到工厂、农村、食堂、马山农场劳动,还和大家一起用板车到百里以外的宜兴川埠煤矿去拉煤。

十年"文革"对无锡轻工业学院以及工业发酵专业的影响和破坏难以用简单的文字来描述,和全国其他高等学校一样,被耽误了十年的大好发展时机。令人感到庆幸的是,学校未遭彻底撤销之痛,学科基本构架和基本师资队伍没有遭到彻底的瓦解。发酵专业教师忠于党的教育事业,在极其艰难的环境中顶住压力,坚持教学与科研,保住了发酵学科发展的火种。"文革"结束后,发酵专业师生以全新的姿态迎接即将到来的教育的春天。

(二)开门办学延续火种[①]

① 根据诸葛健供稿整理。

1967年10月14日,中共中央、国务院、中央军委、"中央文革"小组联合发出《关于大、中、小学校复课闹革命的通知》。这个通知发布后,自1967年11月起,大部分中小学生陆续回到课堂,新生也开始入学。

1968年7月21日毛泽东为《从上海机床厂看培养工程技术人员的道路》一文所写的编者按中道:"大学还是要办的,我这里主要说的是理工科大学还要办,但学制要缩短,教育要革命,要无产阶级政治挂帅,走上海机床厂从工人中培养技术人员的道路。要从有实践经验的工人、农民中间选拔学生,到学校学几年以后,又回到生产实践中去。"后来人们把毛泽东这段话称为"七·二一指示"。

"七·二一指示"的发表,构成了毛泽东培养大学生的两个相互结合的方针:其一是高校毕业生到工厂、农村、部队去参加劳动和军训,当普通劳动者或士兵,接受工农兵再教育;其二是从工人、农民、解放军指战员中选拔学生,到学校学几年后再回到生产实践中去。这种通过相互结合的两个方针来培养工人、农民、解放军大学生,或者把大学生改造成为工人、农民、解放军知识分子的思路，就是毛泽东设想的"教育革命"的方向。

1970年，"文革"初期的混乱场面渐渐平息。6月27日中共中央批转了《关于北京大学清华大学招生（试点）的请示报告》，报告指出，经过三年来的"文化大革命"，北京大学、清华大学已经具备了招生条件，计划于当年下半年开始招生。招生办法采取"实行群众推荐、领导批准、学校复审相结合"的办法，招收工农兵学员；后来人们把这些从工农兵中选拔的学生称为"工农兵大学生"。并确定工农兵学员的任务是"上大学、管大学、用毛泽东思想改造大学"，简称"上、管、改"。

这种推荐制度是中国近代教育史上的一次大尝试。那些政治思想好、身体健康，年龄在20岁左右，有相当于初中以上文化程度的工人、贫下中农、解放军战士和青年干部，还有在单位表现特别突出的人，一经当地"革命委员会"推荐，政治审查合格后，即可成为"工农兵大学生"。

我国从1966年大学停止招生到1977年恢复高考的十余年间，全国高等院校共招收了94万基于推荐制的大学生，统称为"工农兵大学生"。1993年人事部、国家教委联合下发文件做出规定，对于1970—1976年进入普通高等学校的大学生（他们的学制当时规定是，普通班暂为2~3年），学习期满毕业时由学校颁发毕业证书，国家承认其学历为"大学普通班毕业"。

无锡轻工业学院自1972年至1976年共招收1827名工农兵学员，学制三年，发酵专业除1972年招三个班共88位学生外，其后四年均招二个班。这些学员的特点是文化基础相差较大，所以对学习有困难的学生要安排教师辅导。多数工农兵学员珍惜上大学的机会，尊敬老师，刻苦学习，努力吸收专业知识，认真掌握实践环节。由于安排校外劳动多，给教学带来很大干扰，加上学制缩短，基础理论知识大大缩减，实验教学薄弱，导致教学质量下降。这些学员通过在校学习，毕业后相继走上工作岗位，成为单位的业务骨干，走上领导岗位，有的甚至成为知名企业家，有的经过继续学习深造继而成为专家学者、教授。

由于教育方针是"从工农兵中选拔学生，到学校学几年后再回到生产实践中去"，这种通过相互结合的方针来培养大学生，或者将大学生改造成为工农兵知识分子的思路，在教学安排上就实行"开门办学"。

酵72级工农兵学员在徐州酒精厂合影（1975）

酵73级工农兵学员在双沟酒厂（左）和洋河酒厂（右）

酵74级部分学员和教师在郑州建发酵甘油厂（1977）

酵75级学员和毕业作业指导教师合影

赴双沟酒厂开门办学资料（1976）

五、故事篇：值得继承的发酵学科文化遗产——"五驾马车"

1958年，因全国高等院校调整，数位教授随着南京工学院食品工业系迁到无锡，和诸多创建人一起，开始了无锡轻工业学院的学科创建。朱宝镛、檀耀辉、丁耀坤、王鸿祺、吴乃扬五位泰斗级学科带头人一同肩负起发酵学科建设与发展的重任，他们各自引领着发酵学科的五大学术方向的发展，因而被戏称为"五驾马车"。

"五驾马车"，顾名思义，乃以五匹骏马为首共同拉扶着马车奔驰，五位教授各自组建的团队分别承担一个专业方向，如同奔腾的骏马奋力向前，拉动着发酵学科的成长。

建校初期，教师很少，发酵学科只有10位教师，直到1966年教师才增至20位。经过数年的发展才逐渐形成了以老教师领头的五个学科发展方向，即"五驾马车"。具体的教学和科研方向是：朱宝镛——酿酒工程方向；丁耀坤——微生物学方向；王鸿祺——发酵设备方向；檀耀辉——酒精方向；吴乃扬——酵母及工业发酵方向。发酵学科的泰斗朱宝镛的马车有杜贵安、徐呈祥、卜华祥、顾国贤等四人；王鸿祺手下聚集了伦世仪、蒋征麟、吴佩琮三人；檀耀辉的团队有章克昌、全文海二人；丁耀坤的团队有诸葛健等。从南京工学院过来的陆诚是教生物化学的，傅建生是教工业发酵的，后来因家在南京就调回去了。

实际上，用现在的话讲"五驾马车"就是五个学科方向，领头的老教师就是学科带头人，这种逐渐形成的研究和教学活动的团队，是培养青年教师的极好形式，也是研究和教学活动的良好平台。有关"五驾马车"的更详尽事迹还请阅读下面五篇传文[①]。

① 该部分根据诸葛健撰稿修订。

（一）"五驾马车"之发酵泰斗朱宝镛[②]

② 此为南京大学出版的《中央大学名师传略》中朱宝镛篇章，伦世仪、顾国贤撰稿。

朱宝镛教授（1906—1995），著名发酵工程专家，浙江海盐人，生于1906年9月11日。少年时随父母到上海求学，先后在南洋中学、浦东中学、东吴大学附中等校学习。1925年4月考取公费留学日本，1925—1932年，先后在日本东京高等师范学院、横滨高等工业学校应用化学学科、大阪帝国大学酿造学科等校学习。因1931年"九·一八"和1932年"一·二八"日本侵华事件，愤然退学返国，以示抗议。1933年赴法国巴斯德学院发酵系学习，后又转至比利时国立发酵工业学院，1936年毕业，取得生化工程师学位。

1937年1月回国，应聘于烟台张裕葡萄酿酒公司，担任工程师，并兼任厂长。1937年日本发动"七·七"事变，大举侵略中国，中国全面抗战开始。朱宝镛先生毅然放弃优厚待遇，离开烟台，回到上海。之后，辗转各地，在十分困难的条件下坚持教育岗位，先后在西北联大工学院、西康技专、四川铭贤农工专科学校、乐山中央技专、重庆中央大学农化系、四川大学农化系任教，为国家培养了大批发酵工业人才。

抗战胜利后，朱宝镛先生又回到上海，在上海同济大学化学系任教。1949年9月应无锡轻工业学院之聘，执教于该校，挑起建设农产制造系的重担。当时既无专业教师，又无实验设备，基本上是白手起家。他在困难面前不低头，四处聘请老师，想方设法购买设备。经过几个月的努力，农产制造系初具规模，后又改名为"食品工业系"，任系主任、教授。1952年全国高校院系调整时，调至南京工学院，协助筹建了南京工学院食品工业系，并创建了中国第一个发酵工业专业，培育了大批发酵和食品工业人才。1958年6月调至无锡，协助创建无锡轻工业学院，任副院长。建院初期，朱宝镛先生在组织教学、科研、实验室筹建、教材建设、组织教师力量等方面都做了大量工作，为新校迅速步入正常教学秩序做出重要贡献。

从事教育的几十年间，朱宝镛教授一直未离开讲坛。他先后开设过微生物学、食品生物化学、酿造工艺学等多门课程，并开出相关实验课，指导啤酒工厂毕业设计等。他堪称博学多能，从基础科学到应用科学，对相关理论融会贯通。他能说又能做，并从无到有编写了《啤酒工艺学》等多种教材。他积累了丰富的教学经验，有自己独特的教学风格。他曾说过"你给学生一杯水，自己要有一桶水"，因此，他备课十分认真，同时又不死守教材，非常注意及时增加新的内容。他能够因材施教，循循善诱，讲课深入浅出，即使抽象的理论、枯燥的公式，他也能讲得生动风趣，引人入胜，因此他的课很受学生欢迎。他重视实践，强调理论联系实际，注意培养学生的动手能力，经常亲自为学生联系实习场地。他在传授知识的同时，从不忘记自己作为一名教师教书育人的职责，对于当时一些学生专业思想不稳定的问题，他利用上课时间进行专业思想教育，激发学生的爱国热情和学习专业的积极性。朱宝镛教授不仅在学校里关怀学生，在学生毕业后他还继续给予关心，不少学生毕业后在工作岗位上有了问题，还常来向他请教，他总是有求必应。朱宝镛教授对我国发酵工业所付出的心血几十年如一日，培养出大量科技人才。如今他的许多学生，都已成为全国许多酿造研究机构、酒厂的负责人或技术骨干，并在工作中取得杰出成就，这与他们在校时所受的教育，和朱宝镛教授的精心培养、言传身教是分不开的。

朱宝镛教授在长期任教中，还十分重视中国发酵工业的发展，经常带领师生下厂，帮助和指导工厂技术工作的改进和发展，并结合实际问题开展科学研究工作，如在通化协助选育了耐高酸度的山葡萄酒酵母，被命名为"南大1、2、3号酵母"，又如在青岛啤酒厂用大米辅料代替部分麦芽酿造啤酒，再如在茅台酒厂"移地扩建增产方案"的否定讨论，在华光啤酒厂"高浓酿造后稀释"新工艺指导等，为青年教师理论联系实际、服务于生产的优良教风做了表率。早在1962年，无锡轻工业学院试招第一批研究生时，朱宝镛先生不顾工作繁忙、与家人分居两地的困难，开始指导研究生，研究课题是"中国大米黄酒液态发酵新工艺的研究"，此课题直至1990年才开始为黄酒界所接受，成为中国黄酒新工艺的典范。由于朱宝镛教授对于啤酒的广博学识，以及他倾其一生对中国酿造事业，特别是对啤酒工业的孜孜不倦研究和重要贡献，因而被同行们尊称为中国的"啤酒大王"，蜚声海内外。

朱宝镛教授学识渊博，学术造诣高深。他能熟练运用英、日、法三种外国语言，略谙德、俄文字，也能运用古汉语。在繁忙的教学工作之外，他还抽时间进行大量研究，得出许多重要研究成果，为我国食品酿造事业，特别是啤酒工业的发展做出了不可磨灭的贡献。作为一名学者，朱宝镛教授始终坚持"实事求是、严谨"的科学态度，并且敢于坚持真理。20世纪50年代初期，在学习苏联教学经验时，他坚持认为西方一些发达国家在食品、发酵方面也有先进的东西可以学习。"文革"后期，他从"牛棚"出来后，面对我国与发达国家科技水平差距被拉大的形势，他默默地翻译或编写了大量国外关于食品、发酵方面的资料，通过学校的《轻工业科技资料》和一些专业杂志，向国内同行广为介绍，以敦促他们奋起直追，挽回被"文革"耽误的时间。他所翻译的这些资料，在当时资料甚为缺乏的情况下，给各生产厂家和有关单位带来了不可估量的社会效益。

朱宝镛先生一生热爱祖国，拥护中国共产党领导，忠于人民教育事业。他治学严谨，学识渊博，谈吐生动、幽默，淡泊名利，勤奋工作，曾先后出版著作5部，发表论文192篇，是我国发酵工程学科的一代宗师。

1995年2月，朱宝镛先生于无锡因病逝世，享年八十九岁。

朱宝镛教授在给研究生上课

朱宝镛教授参加徐岩硕士学位答辩并同指导老师顾国贤等合影（1989）

朱宝镛教授八十大寿时陈士能副部长赠梅鹤国画
（1985）

朱宝镛教授雕塑揭幕合影（2007）

朱宝镛奖学金基金会成立大会
（1994.11）

纪念朱宝镛教授诞辰100周年座谈会

（二）"五驾马车"之爱国赤子檀耀辉[①]

[①] 陶文沂供稿，檀耀辉教授的儿女檀亦工、檀杭菊为本文撰写提供许多珍贵的原始材料，特此感谢。

檀耀辉教授（1916—1990）有一颗强烈的爱国、爱民、强我中华之心，是我们敬仰的一位老知识分子。

1. 出身谨慎孝道之乡，"文军长征"锤炼了他

檀耀辉教授1916年出生在安徽望江的一个官僚地主家庭，他的祖父曾当过清政府的道台和翰林。望江有广为流传的典故：一是"不敢越雷池一步"，出于望江县境内有名的"古雷池"；二是"二十四孝"中发生在望江的王祥卧冰、孟宗哭竹、仲源泣墓等故事。两个典故一为谨慎，一为孝道，传统文化的影响、幼年的教育在檀教授身上有很明显的印迹。

檀耀辉年轻时对数学很感兴趣，可是当他在上海大夏大学数学系（今华东师范大学）读了一年后，却发现自己真正的爱好是生物化学，于是重新报考进了浙江大学农化系。可惜的是，进入浙江大学第二年，"八·一三"淞沪会战打响，日寇铁蹄踏上江南土壤，战火很快烧到浙江。

檀耀辉刻骨铭心地记得日本鬼子侵华的罪孽：1937年暑假开学后两个月内杭州遭到日机狂轰滥炸，警报干扰影响课时超过五分之一；12月底浙江大学西迁至金华，又遭日寇三架重型轰炸机袭击，创痕满目，柴米炸毁，时值寒冬，师生饥寒交迫；迁至宜山后，日寇跟踪浙江大学，不断干扰。1939年2月5日，18架日机轰炸西门汽车站，在标营一地投燃烧弹百余枚，炸毁标营东宿舍8间、大礼堂1幢、新教室3幢14间，"九·一五"宜山又遭轰炸，搞得人心惶惶。

檀耀辉与同学们一起经历了西迁的艰难，克服难以预料的困难，将200多吨的2000多箱图书仪器行李带上西迁之路，大部分仪器都无损坏、散失。起初是用汽车、船只运至建德；撤离建德时，有组织、有秩序地上民船，到兰溪后步行或换乘小船，溯梅溪去金华，再向江西吉安搬迁；设法分装上兵车、煤车和货车运往江西玉山；1940年1月隆冬季节，桂黔地区山峦重叠，雪淞冰凌，缺乏车辆，搬运图书、仪器极为困难，师生一路顶风冒雨，艰苦努力，才顺利迁到贵州。

檀耀辉与同学们一起经历了战争环境的学习生活，无论环境多么艰险，坚持学习不动摇，每次轰炸警报一解除就照常上课；到达建德后稍事休整即复课，该学期的课业基本未受影响；到吉安后，立即趁乡村师范学校和吉安中学放寒假借用设备和场地上课，两周课后接着期末考试，结束学期课程；休整一周后南行泰和，安顿后继续开展教学、科研，为了弥补搬迁所受的影响，课程和试验都比以前有所增多，工作和学习时间都自觉延长，黎明即起，朝阳下漫山遍野朗诵默读，晚上挑灯继续埋头苦读；在宜山不仅受疟疾和空袭的威胁，吃、穿、住、行都非常困难，当时的"教室"是在草棚里挂上块黑板，学生站着听课，肩膀上用鸡肠带斜挂上一块木板记笔记，寝室也是大草棚，夜自修没有课桌，站在板凳上，在双层床的上层床板上就着小油灯做习题，吃的方面则"蜻蜓点水""逢六进一"（夹菜时像蜻蜓点水那样点到即止，用筷头掭一点点即可，吃饭时六口饭分两次下咽之后，才能吃菜），但教学活动照常，各年级课时安排都按原计划完成，实际上课天数超过教育部的规定要求，课程实验也绝不放松。

檀耀辉也与大家一起参与了抗战宣传。浙江大学师生"读书不忘救国"，农村消息闭塞，浙江大学组织情报委员会，利用自备的无线电收音机收听记录新闻消息，摘编办起《浙大日报》，颇受群众欢迎。学生自治会发起给前方将士捐献棉背心，募集救护伤兵的捐款等活动，竺可桢夫妇率先捐出他们的结婚戒指；参演"卢沟桥""汉奸的末路"等话剧，进行救亡宣传，教授组织前线慰劳队，赴汉口转到前线，省下膳食费，捐款慰劳前线将士。

更令檀耀辉难以忘怀的是艰难环境下的师生友谊。西迁路上，学生分为若干队，每队有一至二位导师率领，随时保护学生安全，导师制使师生之间相互切磋砥砺，关系更为密切，教学秩序和教学质量得以坚持；竺可桢校长亲自在风雪劲吹中四处奔波，托人求情，联系运送师生和图书仪器的车辆等。

檀耀辉的大学学习是在这西迁过程中进行和完成的，西迁使他深受日寇侵华之害，牢记落后挨打之苦，更使他的心胸填满了爱国、爱民、强我中华之志。

到达湄潭第二年，檀耀辉于浙江大学毕业。由于学习成绩优秀，受系主任杨守真教授的赏识，毕业后留校任教。在这里，檀耀辉认识了贵州出生的石代光女士，从那以后他们携手走过了漫长的人生。这对平凡青年的简朴婚礼由竺可桢校长亲自证婚，刚在西迁途中痛失爱妻的竺校长把希望寄托在年轻一代身上，檀教授铭记着这一份深沉的爱。

2. 忠诚党的教育事业，体现知识分子爱国赤子之心

檀耀辉教授在20世纪40年代就从事土壤微生物的研究工作，曾在当时微生物学领域颇具影响力的《黄海》杂志上发表过多篇有价值的论文。中国近代工业微生物学的奠基人和开拓者陈驹声先生在《中国微生物工业发展史》一书中，曾经提及檀耀辉是第一个从土壤中分离微生物的中国人。

对于这样一位优秀的青年才俊，系主任杨守真教授非常器重。因此，1948年杨守真教授去台湾后，他很希望檀耀辉能跟随他到台湾工作，主动为之联系台湾大学的教职和台湾糖业研究所的职务。但是，檀耀辉在浙江大学任教期间，与周围居住的贝时璋、谈家桢、苏步青等教授交往甚密，受到他们的影响和熏陶颇多。出于对祖国的热爱和家乡的眷恋，考虑再三，他选择与贝时璋等教授同样的态度，婉拒了杨教授去台湾糖业研究所和台湾大学任职的邀请，决定留在大陆，留在母校，建设新中国。

檀耀辉教授对于教育事业始终保持着爱国赤子的忠诚之心。大学毕业初期，檀耀辉以扎实的理论基础，求是严谨的教学态度和勇于实践的研究精神，深得学生的好评。20世纪50年代初，在大规模调整全国高校院系设置时，檀耀辉随着专业来到南京工学院（今东南大学）任教。期间，多次与苏联专家合作，他的钻研精神和扎实的科研教学水平深得苏联专家的敬重和佩服。他介绍了许多俄文版和日文版专业期刊的科技信息，翻译了俄文版的《酒精工艺学》教材，不断吸取国外专业发展新动向和新技术。由于他善于独立思考，坚持实事求是，积累和丰富了实践经验，科研成果颇丰。20世纪50~60年代，他在《微生物学报》和《化学学报》等杂志上发表了多篇微生物学研究和发酵工程方向的论文。他扎实的专业知识和突出的教学水平，使得他在南京高校中有一定的知名度。除了在南京工学院担任教学任务，檀老师也常被南京林学院（今南京林业大学）特邀授课、指导教师队伍建设。直到1958年食品工业系东迁至无锡独立建校时，南京林学院仍再三邀请，希望他留在南京林学院任教，虽然当时无锡教学、科研和生活条件比南京差很多，但是檀耀辉还是坚持服从组织安排，随专业来到无锡，埋头苦干，无怨无悔，一心扑在教学上。他在20世纪50年代就开始编纂英汉、俄汉、德汉以及日汉发酵辞典，还编写了《工业微生物》等高校教材。

檀耀辉教授多次放弃休假，参加全国性的高校教材编审工作，亲自主编《酒精工艺学》《微生物学》《酿造工艺学》《酿造微生物基础》等专业教材，为教材建设倾注了毕生的精力。其中《微生物学》获得1995年"中国轻工总会优秀教材一等奖"和"全国第三届教材优秀奖"，运用英语、日语和俄语翻译出版的多部译著都得到了好评。他先后担任轻工业部发酵专业教材编审委员会副主任，中国微生物学会编辑出版委员会编委，《微生物学报》、发酵科技图书出版社、《调味副食品》杂志社编审和顾问，江苏省微生物研究所顾问。

3. 关心爱护年轻学子，恪尽教师培养后生爱民之责

檀耀辉教授始终恪尽师德，关心爱护年轻学子。"文革"期间的一件小事可以看出他的高尚师德。1967年8月是武斗成风的时期，学校处于动乱之中，学生都跑光了，教学楼里面筑起了工事，被一些武装人员占据着。有两个女同学（好像是食工系的，其中一名是当时无锡市中医院苏院长的女儿）回到学校，想到宿舍去拿一些自己的私人物品，结果被抓了，并关在教学楼的黑屋子里。石代光老师听说后，感到这两个女孩子的处境十分危险，当时天已经黑了，任何事情都可能发生。檀耀辉夫妻商量后，安排石老师去教学楼与那些武装人员交涉，告诉他们这两名女同学只是回校拿自己的私人物品，她们没有参加任何派系，没有任何观点，请求他们放人。幸运的是，这些人同意释放这两名同学。石老师把她们带到家中天已经很黑了，两位同学惊魂未定，头发蓬乱，浑身在发抖，身上的衣服也很脏。石老师安排她们在家里洗了澡，拿出干净衣服让她们换上，然后做晚饭给她们吃。两个女学生担心再次被抓，想立即离开无锡，可是随身物品都被搜走，身无分文。当时檀教授家经济情况也很糟，工资早已冻结。但是檀教授毫不犹豫地拿出身上仅有的10元钱给了她们，并叫石老师送她们去火车站，连夜离开无锡。檀教授一夜未眠，直到凌晨石老师回到家中。

他的二儿子亦工的回忆生动表现了檀教授内外一致的人生态度。

"记得小时候大部分时间父亲都是坐在书桌旁,手里捧一本书在看,家里所有的事情都不闻不问,均由母亲操劳,这是父亲留给我的印象。父亲从来不责罚我们,从不发脾气。在我上小学一年级时,父亲会手折许多纸折动物给我,教我怎样折猴子、飞机、船等。当时感觉很惊奇,爸爸还会做这些手工。在我小学五年级的时候,有一天爸爸带我到中山路上的古旧书店去帮我买了几本数学方面的书,一本好像是楼厚民著的《算术原理》,还有一本是日本人写的(书名和著者都忘了),我非常高兴,从此对数学很有兴趣。父亲对我们的学习很重视,希望我们能够读好书,成为一个有用的人。他总是告诫我们守本分,读好书,不生事,粗茶淡饭过一生最好。这也是父亲一辈子的为人处世哲学。

父亲总是以宽容待人,从不在背后议论人,对他所有的学生都是一视同仁,当作自己的孩子来对待。记得当时家里总是客人不断,几乎每天都有学生来访,在他书房请教和讨论问题。父亲从不感到来人太多、太忙,感觉他当时其实很享受那样的时光。父亲的问题是坐的时间太长,又缺乏锻炼,从而造成许多健康问题。

记得在20世纪60年代初困难时期,哥哥的几个同学经常放学以后就跑到我们家里来蹭饭吃,总是把家里的饭菜吃个精光,父母也从不责怪他们。当时政府对高知有一些照顾政策,系里每个月都会发一条高级烟给父亲。有一天父亲用一条牡丹香烟和当地农民换了一只鸡和一篮胡萝卜回来,看到哥哥的几个同学都在我们家里,几个孩子都很饿,父亲就把一篮胡萝卜都分给了那几个孩子,他们都很高兴。"

檀耀辉教授对于青年教师和学生的关心爱护是有口皆碑的。生活中当别人遇到困难时,总是尽可能给予帮助,从不拒绝。特别是对于年轻人以及他们的发展更是关怀备至,任何学生需要写推荐信,他从不推辞,总是乐此不疲,很多时候是他主动地建议和推荐他的得意学生到有名的科学家那里学习、进修、当研究生等,他与许多学生保持着密切的联系,不断关心他们的工作生活,为他们的发展感到由衷的高兴,学生们都非常爱戴和信赖他。

4. 牢记落后就会挨打的道理,以强我中华之心开展科学研究

檀耀辉教授始终牢记受日寇欺凌的岁月,一辈子为强我中华而开展科学研究。大学毕业不久,当时,中国与外部世界的联系大多依靠滇缅公路,是运输国际援助的抗日战略物资的重要通道,中国缺乏汽油,为了解决运输线燃料,1940年国民政府在遵义九节滩开工兴建"资源委员会遵义酒精厂"。听到系主任杨守真教授参与此事,檀耀辉教授立即意识到这一项目的重要性,积极报名参加建厂和生产技术。该厂于1942年1月投入生产,杨守真教授任第三任厂长,檀耀辉教授为了前线需要,全身心投入酒精生产的技术工作,积极参与献身于抗战事业。由于他工作成绩突出,受杨守真教授推荐加入国民政府的资源委员会。抗战胜利后,滇缅公路运输不再需要,酒精需求锐减,该厂基本停工。这是他首次接触生物工程和发酵生产酒精。

檀耀辉教授（左三）对工厂生产给予技术指导

1949年后的几十年教学工作中，檀耀辉教授除了始终承担繁重的教学和科研任务外，还经常帮助工厂解决抗生素等产品生产过程中遇到的各种疑难问题，耐心解答技术人员的各种咨询，工作几乎占据了他的所有时间，与无锡第一制药厂、无锡第二制药厂、无锡第四制药厂建立了密切联系。他也注重带领学生下工厂，进行毕业实践，完成毕业设计和毕业论文，为国家培养了一批批既有扎实理论基础又有过硬动手能力的科技人员，为无锡轻工业学院的发酵专业成为全国知名专业和重点学科做出了自己最大的努力和贡献。

"文革"之后研究生培养制度恢复，檀教授作为我校恢复研究生制度后发酵专业第一位研究生导师，在他花甲之年思考的是国家大事，一切为了民族振兴。当时我国的谷氨酸发酵技术刚刚起步，与国际水平有较大距离。特别是，小品种氨基酸与人类健康、动物饲养的关系逐步被人们认识。氨基酸营养平衡的重要性，八种必需氨基酸在营养上的特殊地位，氨基酸复方制剂在静脉营养输液、"要素饮食"疗法中的地位，对危重病人维持营养，抢救患者生命起积极作用，成为现代医疗中不可缺少的药物；运动员、特殊职业人员和消化衰弱吸收不好的老年人也需要补充氨基酸；饲料补加氨基酸已成为饲养业提高饲料效果的有效途径。我国的落后使得氨基酸国际市场价格提高，很多病人用不起氨基酸输液，所以檀耀辉教授从国家民族利益出发，决定将培养研究生的方向定位在氨基酸菌种选育。从第一位硕士研究生的选题赖氨酸开始，十多位研究生连续接力冲刺了八种不同的氨基酸，几乎对于必需氨基酸的菌种都展开了成功的选育工作。

檀耀辉教授教导学生要有高远志向，要有民族责任感，要有信心。他提出挑战日本协和、味之素公司的目标。当时北京中科院微生物研究所陈琦教授等开展这一方向研究多年，赖氨酸发酵已在上海天厨味精厂经过中试，檀耀辉教授提出的最低目标就是达到北京中科院微生物研究所的水平。选育菌种的大海捞针是学生的第一难题，使用亚硝基胍这种明确致癌物质来诱变是一个极大考验，设计结构类似物、制定选育途径是学生科研能力的培养。花甲之年、身体羸弱的檀老师经常与学生一起探讨，既有高远目标，又对点滴成绩给予鼓励，无微不至地关心每一步工作，他的言行成为学生永远学习的榜样。终于，我校的菌种超过北京中科院微生物研究所水平，在上海天厨味精厂上罐取得成

檀耀辉教授在工作

檀耀辉教授夫妇

功,据说后来还转让到法国,结合其他工艺条件改进,达到很高水平,超过日本。檀耀辉教授的第4位研究生后来成为国内专门生产小品种氨基酸工厂的总工程师。他的经历揭示了一个简单的道理:凡是我们不会生产的氨基酸,日本商人就在国际市场上将价格提得很高;一旦我们能够生产这种氨基酸了,他们就将价格压到很低,企图压垮你。因此,自力更生是我们民族振兴的法宝,直到现在,檀耀辉教授高屋建瓴,以国家利益为第一、一切为了民族振兴开展科研的精神理念仍然指导着我们的科研和选题。

一直到20世纪80年代,晚年的檀耀辉教授还带领学生进行多项科研,亲自到镇江等地企业进行中试。他创立的白酒老熟的生物工程方法还取得专利。1985年他步入古稀之年,还关心家乡望江的经济发展,至今望江的领导和企业仍然怀念檀教授。

檀耀辉教授虽然离开我们多年,他在天堂也一定会为他的众多学生都取得了杰出成绩欣慰,他所服务的国家正在走向民族振兴的新时代,他奉献一生的生物工程学院也正在"双一流"建设中走向世界。

(三)"五驾马车"之严谨治学丁耀坤[①]

[①] 诸葛健供稿,章克昌也有部分贡献。

丁耀坤老师是无锡轻工业学院食品工业系发酵教研组第一任主任(南京工学院食品工业系发酵教研室主任为朱宝镛教授,搬迁无锡后朱宝镛教授为副院长),还是第一届院务委员会委员。

丁耀坤老师于1935年毕业于国立中央大学,后在江苏省立苏州农业学校农产品制造科任主任,还办了一个酱油厂作为实习基地。当时他已经用纯种培养和发酵,是我国第一个将纯种米曲霉用于生产的学者,做的酱油的质量非常好,校内外都出名,曾获"苏南行署金奖"。后因肺病休息,院系调整后调南京工学院食品工业系任教。他抽烟但从不将烟吸进去,平时遇到烦心事时,就去洗个澡,吃碗面,以排除烦恼。丁老师为人低调,但富有创新精神;性格内向,但为人诚恳。

丁耀坤带领学生诸葛健完成了毕业论文《碱法纸浆黑液生产蛋白质饲料的研究》。当时，为了解决无锡利用造纸厂排出的大量又黑又臭废水的净化处理难题，设法变废为宝，考虑利用微生物同化该污水中的有机物生产蛋白质饲料。这在当时确实是具有战略眼光的创新课题。

在丁耀坤老师的指导下，诸葛健经过努力终于在无锡造纸厂附近土壤中分离得到一株菌株。该菌能利用黑液中的糖尾酸（五碳糖）等有机物质，而且菌体粗壮，生长迅速，营养和培养条件粗放，还可以进行土法生产。这一优异成果在江苏省化学化工学会1962年年会食品专业论文集发表后，被《微生物学报》编辑部看中。这样一篇稿件能在当时国内唯一的微生物最高学术刊物上发表是令学生非常向往的。但当编辑部要求进一步修改时，丁耀坤老师却止步不予发表。他认为实验数据还是初步的，木质素同菌体经常混在一起，离心也分不开，数据还要进一步验证。后来的研究证明丁耀坤老师的判断是正确的。他这种严谨的科研态度对年轻教师的成长有着深刻的影响。

丁耀坤老师不仅有严谨的科研态度，在教学上也是精益求精，不断进取，最被称道的是他1963年开设国内首门《工业微生物育种学》课程，并编写了讲义，诸葛健作为他的助教也参与了其中的工作。由于当时还处于米丘林和摩尔根两个学派纷争的年代，特别是我国提出向苏联学习的政治形势下，不少内容是丁老师从俄文翻译过来的，但他仍敢于百家争鸣，将摩尔根学派的基因学说也写入讲义。

当时在我国，工业微生物育种研究开展最早的单位之一是上海医药工业研究院。为开展好这门课，1964年学院委派诸葛健带学生季克良拜师于上海医药工业研究院，在他们的实验室学习。当时主要学习了包括缺陷型菌株的筛选与杂交育种的系列理论与操作，由此打下了必要的育种实验技术根基。

1964年，在丁耀坤老师的指导下，诸葛健还编写了《工业微生物育种学实验》讲义，开设了实验。可惜后来因为下厂搞教育改革，下乡搞"四清"，接着又是"文化大革命"，再因丁耀坤老师受尽"文革"迫害而早逝，这门课也就暂停了。

可喜的是，丁耀坤老师严谨治学，勇于创新，敢冒风险的精神一直深深地影响着一代生工人，也正因为如此，诸葛健等人循着他的路，在工业微生物育种研究和进一步创建《工业微生物育种学》方面做出了一些出众的成绩，还创制了《原生质体融合》和《显微摄影》两本教学录像片，得到同行的认可。1984年诸葛健被选为全国高校工业微生物教学小组组长。

一个助教怎样走上讲台，不成文的规定是辅带实验1~2次后才能主带，也就可上实验课的讲台了。但不管主带或辅带，必须每次自己先做预备实验，只有实验菌种和试剂材

丁耀坤老师

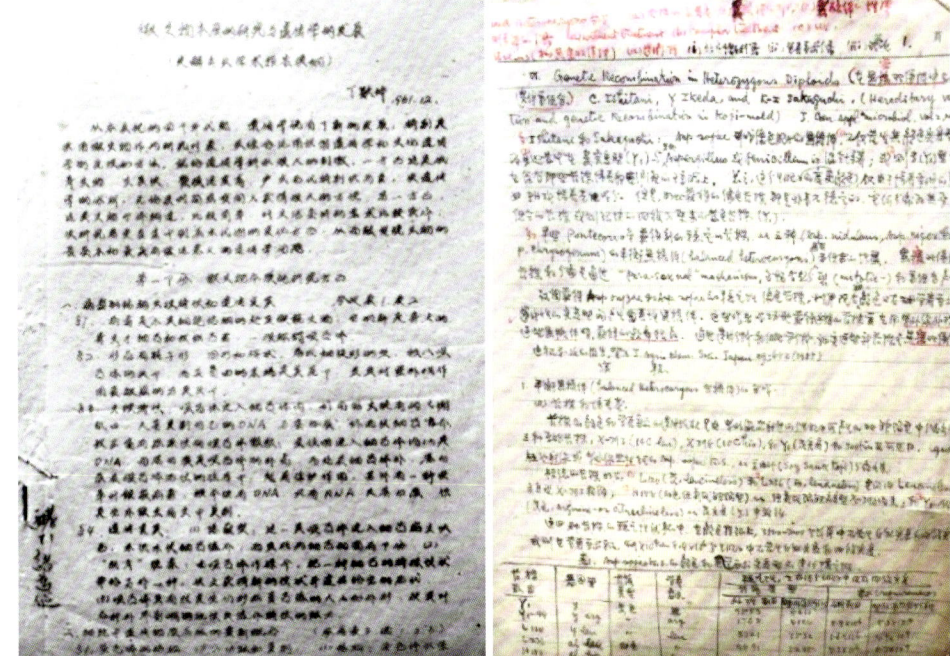

丁耀坤老师翻译的手稿和学术讲座油印件

料符合实验要求才能上实验课。为什么要这样？丁耀坤老师常说：微生物是活的，你必须培养它，控制它，让它跟你走，否则就做不出正常的结果。

按常规，助教只有听导师讲课三遍后才能上讲台，但因为丁耀坤老师年轻时就得了肺结核，虽然治愈了，但人很瘦，体弱，走起路来人似乎有点斜，身体经常不舒服。为了减轻他的负担，诸葛健听从了他的安排，在听丁耀坤老师讲《粮食微生物学》一遍后就不得不上讲台了。丁耀坤老师为了让他上好课，每次都要检查他的备课笔记，传授讲课的要点。在诸葛健初次上讲台讲课时，丁耀坤还特地来课堂听课，散课后两人边走边聊，在鼓励的同时，也指出了注意点，这种真诚的师生情谊自不用言表。

① 毛忠贵、詹晓北老师供稿。

（四）"五驾马车"之乐观豁达王鸿祺[①]

王鸿祺教授（1913—2014）是工业发酵专业建立之初著名的"五驾马车"之一。他的一生是努力奋斗的一生，是坦荡豁达的一生，是永远值得我们学习的一生。

1. 乐观豁达、百岁正寝

王鸿祺于1939年毕业于北平大学农业化学系，1947年起任贵州大学副教授。中华人民共和国成立初期不幸在一次事故中失去一条腿，政府给予他"残废革命军人"待遇。王教授并未因此而沉沦，镇定而豁达使他渡过难关。从此，一条铝合金义肢和一根拐杖成为他一生的"标配"。

因工作需要，他的研究方向与发酵工程和装备相关，需要经常去企业、工地，时常出差。走路缓慢，特别是在现场，包括上下楼梯诊断工程问题，难度就非常大了，但这些从来都难不倒他。他的腿从根部截断，穿裤子要先套好义肢，前前后后要花近一个小时。有时出差上飞机忘带"残废革命军人"待遇证，安检员不放心，则单独检查也要花上一个多小时。20世纪80年代前，国内宾馆卫生间连抽水马桶也很少见，上厕所前一定要事先给他准备一只方凳，放倒后才能方便使用。改革开放初期，像他这样的老教授可是个大人物，但就是这样的条件，这样的困难他完全不放在心上，年纪很大了照样乐此不疲地在全国各地搞科研、搞产业转化、开会沟通，做大会报告，甚至去国外演讲。

王鸿祺教授的精神就是典型的不向命运屈服的不屈不挠的奋斗精神。与王鸿祺教授相同的是不屈不挠的中国亿万人民，几十年如一日的艰苦奋斗精神，他们是当代中国崛起背后的真实写照。

王鸿祺教授一生乐观豁达，从来不为金钱束缚。他积极进取，心态阳光。他是个大教授，但在家时，常常一手抓着大葱，一手拿着馒头，蘸点酱，吃得津津有味。失去一条腿反而使他活得更加潇洒，三句话离不开工作。身体十分健康，思维十分敏捷。92岁时还亲自买了一套商品房（儿子在美国），自行装修和请人监理等。王鸿祺老先生尽管失去一条腿，仍然健健康康活到101岁，无疾而终，是个奇迹！他百岁之时，江苏省常委、无锡市委书记黄莉新同志还专程来王先生家向他祝贺！

王鸿祺教授为我们这些后辈树立了榜样！

2. 勇于探索、不断创新

王鸿祺教授1953—1958年任南京工学院（现东南大学）副教授，后随迁到无锡轻工业学院任副教授、教授。1960年获全国教育文化卫生系统先进工作者荣誉称号，1978年参加全国科学大会，1979—1981年任无锡轻工业学院食品工程系主任。王教授有扎实的理论功底和丰富的教学经验，特别重视理论联系实际，重视培养学生的实践动手能力。主编《发酵生产设备》、主审《发酵工程与设备》等全国统编教材，1978年受聘担任轻工业部工业发酵专业通用教材编审委员会主任委员。他为青年教师的成长付出了毕生的心血，培养了一批批杰出的科学技术人才，为我国发酵工程学科的发展做出了重要的贡献。

王鸿祺教授是国内知名的酒精蒸馏工程的权威。20世纪60～70年代，我国的酒精蒸馏装备仍然沿袭苏联的设计体系，采用较为保守的设计公式计算酒精蒸馏塔的理论塔板数，基本采用泡罩式蒸馏塔板，塔体的整体重量大，能耗高且钢材浪费多。考虑到苏联的酒精发酵原料主要是土豆，而我国南方的原料多为甘薯片，王教授针对我国实际，对酒精蒸馏装备重新进行计算和设计。他思路开阔、不断创新，先后设计试验过斜孔式塔板、筛板式塔板和浮阀式塔板。20世纪70年代中期，他又研制出一种波纹浮阀塔，大大降低塔板数，提高蒸馏效率，并降低能耗和钢材消耗。他亲自组成产、学、研结合的创新团队，驻扎在无锡玉祁酒厂，研制安装小型模式化波纹浮阀塔。当年县级酒厂的条件十分简陋，车间里靠近实验蒸馏塔的温度近50℃，王教授经常拄着拐杖，来到试验场地，因为无法上旋梯，只能仰着头指导学生们做实验，讨论即时取得的数据，进行理论总结。他和学生们一起在工厂食堂用餐，尽量克服生活中的困难，不让学生为他的饮食起居操心。功夫不负有心人，随着1978年全国"科学春天"的到来，他主持设计与研制的波纹浮阀蒸馏塔和膜式蒸馏装备在江苏、四川、内蒙古等地推广应用，获得江苏省科技成果三等奖，以及轻工业部科技成果三等奖。

20世纪80年代初，王鸿祺教授开始从事生物反应器研究。此时他已是近70岁的老人，但仍然很活跃，在国内专业领域名气很大，能争取到很多科研经费，研究创新工作仍然风生水起。他家里堆满了外文书籍、杂志，常常和学生讨论甚至争论某个国外专家的观点。一次晚上九点钟，学生詹晓北和杨晓萍（研究生）正在四楼实验室安装一套新的实验装置，未曾想老先生不顾腿脚不便，突然来到实验室，兴致勃勃地和学生一起讨论起这套装置的原理和性能。王教授用他那特有的身先士卒的精神感染、督促、教育了年轻一代。实验室刚装了电话，王教授常常晚上十点钟给学生打电话询问实验进展，有一次实验室有一个科研项目在苏北中试，而王教授去了广州出差，晚上十点多还从广州打长途电话到苏北，了解中试研究进展。

20世纪80年代，他作为国家"七五"科技攻关专题项目的主持人，完成了"黄原胶生物反应器研制"项目，通过了中国科学院组织的专家鉴定验收，获得好评，并获得国家轻工业部科技进步三等奖。当时评奖很难，一等奖几乎没有，二等奖也很少。

王鸿祺先生还特别注重培养和提携年轻一代科技工作者，帮助山东食品发酵研究所的童静苹高工（无锡轻工业学院65届毕业生）便是一例。他利用在国家科委专家身份的影响力，将童静苹带领的黄原胶研究团队引入国家"七五"科技攻关专题，和中科院、天津大学、山东大学以及无锡轻工业学院5家单位一起组团成为一个大的黄原胶研究团队。由于山东食品发酵研究所走的是市场经济的路子，所以经过10多年的研究，最终5家单位中最无名气，力量也最小的山东食品发酵研究所率先将黄原胶产品产业化。现在我国的黄原胶发酵产品已占世界总产量的80%，可以说王老先生为黄原胶产品推向市场间接做出了贡献。

由于黄原胶产品是一种假塑性胶体，性质也比较特殊，他还特地将刚从国外进修回来的专门从事食品胶体研究的食品工程系许时婴副教授请来，参与"七五"科技攻关课题，并大力资助她科研经费，既帮助了许时婴老师在业务上的进步，也有助于研究生知识向产品提取和食品应用方面的拓展。

3. 心胸宽广、爱党爱国
王鸿祺老先生在20世纪80年代初加入中国共产党，其时已是古稀老人。他时常跟学生谈起旧中国腐败和没落，导致民不聊生、一盘散沙，百姓受尽封建主义的祸害和帝国主义的欺凌，被新中国取代是历史的必然。共产党把沉沦没落中的中华民族带到今天朝气蓬勃的地步，其贡献无与伦比。共产党的出发点是为人民服务的，这个根本的治国思想在当今世界上是非常先进的。虽然他在"文革"中也吃了些苦头，但从未听他发过任何一句怨言。他从不怨天尤人，从不消极沉沦，尽管年事已高，却永远朝气蓬勃，这是他的一个很大的特点。

他关爱学生，有些同学的名字记得很牢，甚至在他百岁之时，学生们为他祝寿，他还能清楚地叫出学生的名字，甚至弟子夫人的姓名。

王老先生心胸坦荡，思路清晰，思维敏捷，对时事颇为关心。谈中国要学习和借鉴强国之道，谈"斗而不破、和而不同"的中国智慧，谈中国的最终崛起。也时常聊起中国五千年一脉相承的文明历史，聊太极拳中的智慧，聊儒家的"修身齐家，治国平天下"的思想，他坚信"人心向背"会胜过"船坚炮利"，坚信中华民族"和为贵"的优秀文明终究会胜过西方"弱肉强食"的文明。

王鸿祺教授

百岁王鸿祺教授夫妇与弟子詹晓北

2013年，伦世仪院士、学校和学院党政班子成员为王鸿祺教授献上生日祝福

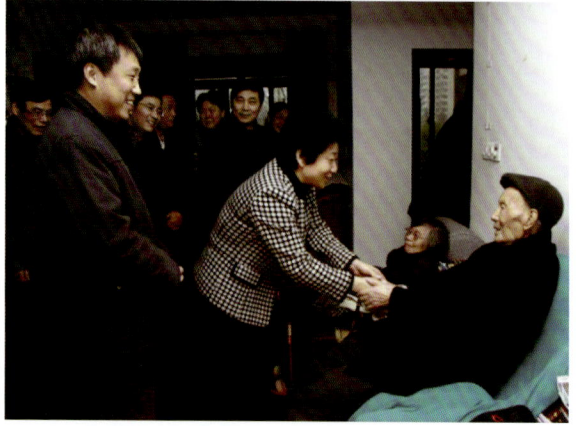

时任江苏省常委、无锡市委书记黄莉新同志看望百岁王鸿祺教授

（五）"五驾马车"之任劳任怨吴乃扬[①]

[①] 由吴兴南供稿，亦参考了修道高老师接受学院小记者访谈稿。

吴乃扬（1915—2012），高级工程师，1940年毕业于上海大夏大学理学院化学系。

20世纪40年代先后在上海新亚酵素厂、上海中央酿造厂、上海良友化工厂任技师、厂长等职。1949年新中国刚刚成立，吴乃扬先生便前往东北参加开发建设，任职于东北工业部化工局，后转入轻工业部上海科学研究所、轻工业部北京食品研究所，从事科研和计划管理工作。

1961年底，教育部鉴于吴乃扬老师在发酵工业生产领域的丰富经验和研究开发能力，将他调入建校不久的无锡轻工业学院发酵系。1962—1965年，在无锡轻工业学院任教期间，吴老师先后开讲了《有机酸发酵工艺学》《酵母工艺学》《发酵食品工艺学》《食品生产工艺学》等课程。期间负责发酵实验室的建设并担任系实验室主任，同期还承担了轻院化学楼的总体布局和技术设计工作。

20世纪40年代，吴乃扬老师在多家酒精、发酵类工厂的技术、生产管理中积累了丰富的专业经验。在轻工业部上海科学研究所期间，他主持了当时为国内首创的亚硫酸纸浆废液制造饲料酵母的研究，负责木材水解液连续法酒精发酵试验研究，参加了《全国十二年科技发展规划》中关于轻工食品发酵行业部分的编写工作。在轻工业部北京食品研究所期间参加了轻工业部食品局组织的白地霉发酵技术研究工作，研究成果于1961年由轻工业部组织召开了全国白地霉生产技术推广会，负责会议技术指导工作，为当时全国各地微生物蛋白质物料的生产技术推广起到了关键作用。

吴乃扬老师在教材编写、论文、著作方面也有不少成果：①《亚硫酸纸浆废液制造饲料酵母研究》论文发表于1957年中国化学会年会论文集；②合译《水解生产》第三册，1959年由轻工业出版社出版；③编写了《酵母工艺学》《发酵食品工艺学》《有机酸发酵工艺学》《食品生产工艺学》等讲稿；④参编科学出版社出版的《微生物酶制剂》。

"文革"后，吴乃扬老师被调到无锡轻工业学院发酵实验厂，参加工厂建设负责技术设计工作，从此便全身心投入发酵厂的各项工作中，为学校的教学实习、科研开发、技术输出、创收创效等发挥了关键作用。吴乃扬老师来无锡轻工业学院发酵厂任职时已经快70岁了。吴老师辅导学生做毕业设计、毕业论文，和一群年轻人在一起相处得很融洽。吴老师好像一位慈祥的长辈，没有居高临下的态度，也没有严肃古板的神情，深受学生的爱戴。由于白天工作繁忙，吴乃扬老师便在晚上辅导学生做毕业设计。在工厂里，二号房间是空出来给学生用的，学生们在这里画毕业设计的草图，讨论问题。吴乃扬老师在白天繁重的工作之后，常在此与学生交流，常常是到10点多才回家。当遇上好的设计作品，和学生们讨论得很开心时，吴乃扬老师甚至忘记了时间，直到12点后才想起大家早点回去休息，同学们都走了之后，自己再回家。吴乃扬老师就是这样爱业敬业，无私奉献。在此期间，除了完成学生的毕业论文指导和培训班工艺实习教学、承担校食品工程楼的技术设计工作外，更多的是负责或参与多项科研攻关、技术输出任务。

期间主要完成的科研任务有国内首创的酱油用961酶制剂的研究及扩大试验工作和新建无锡太湖酱类食品厂961酶制剂试生产车间的技术设计和技术指导工作。该项目获得了轻工业部和江苏省科研成果三等奖，为酱油工业的技术创新提供了新的路线；糖化酶提取新工艺的研究，为改进食用糖化酶提取工艺、提高工业生产的食品卫生工作条件、减轻劳动强度、促进环境保护起到积极作用；白地霉发酵提取辅酶A的试验；1.398蛋白酶提高酶活性研究；直接发酵法生产辅酶A的研究；2702709蛋白酶活性提高研究；742蛋白酶发酵工艺研究；特种脱胶用酶制剂的试制等。以上项目经鉴定后分别在无锡酶制剂厂、无锡三药厂、上海生化厂、上海新型发酵厂、无锡太湖酱类食品厂等获得推广应用。

在指导、推动发酵厂生产过程中，吴乃扬老师精益求精，不断探索，发现了用来烘干酶制剂的沸腾槽效率低、安全性低等问题。吴乃扬老师便潜心研究，查资料，画草图，设计制作模型。吴乃扬老师并无十八般武艺，凭借着钻研、细心的工作态度，克服重重困难，终于研发出了一种新的圆形沸腾槽。当时，工厂里只有长方体形的，吴乃扬老师的这一突破，大大提高了生产效率，为生产提供了很大的方便。其他人认为这一研发成果会得到国家发明专利等一系列荣誉，但吴乃扬老师并无较深刻的专利意识，只是纯粹希望献己之才，供己之力，提高车间的生产力。

20世纪70～80年代，随着国家改革开放和经济建设的发展，学校更注重科技成果的应用推广和技术输出。吴乃扬老师由于长期深入科研生产一线，积累了丰富的工程设计和工艺生产经验，加之其一丝不苟、细致缜密的工作作风，由其担任技术负责人是最合适的。由于吴乃扬老师曾在轻工业部的党支部工作，于是他凭借着丰富的管理经验，将此项工作干得风生水起，先后和浙江、江西、辽宁、陕西、山东、湖南等地的一些发酵厂成功完成技术转让工作。主要技术转让项目有：无锡酶制剂厂糖化酶提取车间工艺改进、江都酒厂糖化酶生产工艺技术输出、四川泸州酶制剂厂糖化酶生产工艺技术输出、枣庄酒厂新建糖化酶车间总体技术设计和技术辅导、河南平顶山制药厂糖化酶车间改造设计等。这一复杂的工作，包括生产工艺、生产要求、管道安装、工厂车间布置、材料汇总统计、人员的配备等一系列具体的安排。这些工作往往需要吴乃扬老师实地考察、调研。并且一项技术的投产成功，不仅仅需要详细的书面材料，还需要将真正实在的技术交给工人。重重复杂的工序，在吴乃扬老师精心的安排下有条不紊地进行着。在吴乃扬老师的管理带领下，发酵厂不断革新技术，提高生产力，创造价值，终将发酵厂打造成了无锡轻工业学院产学研校内基地的第一品牌。

吴乃扬老师作为从旧社会过来的老知识分子，新中国成立后一贯积极拥护党的领导，投身社会主义建设，从东北、上海、北京到无锡，工作需要到哪里就到哪里。20世纪50

吴乃扬老师八十寿辰茶话会，院党委书记承欣茂和院长丁霄霖出席

年代初，吴乃扬老师因"无中生有"的所谓政治历史问题而受到组织审查，此后多年虽无事实依据却始终未予撤销，以致影响到工资调整、职称定级等。直到"文革"，每次运动都会受到审查冲击，成了他心中积压长久的沉重包袱。即使如此，他也从未有一句对党对国家的怨言，勤勤恳恳、认真负责地做好每一项工作，也从不向组织提出任何个人要求。直到1984年，无锡轻工业学院党委才正式发文否定了对吴乃扬同志有关政治历史问题的不实指证。从此，笼罩他心头几十年的阴霾终于消除，这更激发了他的工作热情，古稀之年仍夜以继日地忙碌在实验室、生产车间等处，发挥了自己全部的能量。

六、故事篇：承载功绩的发酵厂[1]

① 根据顾海伦回忆材料综合整理。

无锡轻工业学院建立后，科学研究的广泛开展促进了校办工厂的建立，这些实验工厂的建立，又成为教学和科研的基地，为教学和科研服务。学校办工厂的有利条件是技术力量比较强，但最大的难题是既没有厂房，又缺乏设备。在全面大跃进、全民办工业的形势下，材料是十分紧张的，因此学校根据当时的形势和学校面临的困难，在办工厂时贯彻先土后洋、土洋结合、因陋就简的方针，没有厂房，就利用一些破房屋或搭一些小棚子，甚至就露天先干起来；设备缺乏就充分利用原有设备，没有洋设备，就想土办法找借用品[2]。

②《江南大学史》第93页。

1959年，在资金、场地都匮乏的情况下，经校党委副书记朱名中几番协调，最后利用废弃的耶稣教堂（浸会堂，惠工桥堍离社桥轻院步行15分钟路程，现无锡市第三人民医院东侧，已修复）建立了发酵实验工厂，属食品工程系。当时办厂的目的是建设"教育、科研、生产三结合的基地"，也是理论联系实践的场所。在这个实践基地里，学生在教师的指导下，可以做小型、中型实验。教师可借助基地做小试与中试，开展科学研究，中试成功后，生产出合格的产品还可推向市场。

工厂的技术骨干是来自北京的技术高超的钱根培师傅（患肺癌病逝），当年还招收了陈湘贤、叶青、祁林珍、顾海伦等作为学徒。厂房大厅约150m²，层高6m，设备有种子罐（60L）、发酵罐（350L和760L）、厌氧发酵罐、蒸馏塔、冷凝器及一些提取设备。厅后面的二层小楼，一楼安排无菌室和保温摇瓶室，二楼安排全套菌种室、化验室和药品室。

水、电、汽：电容量可容50千瓦380伏电压，自来水2寸管。大厅旁边自建小型锅炉房：0.5t/h。空压机房：1m³/min一台，0.5m³/min两台。压缩空气输送到空气处理系统，罗茨鼓风机供厌氧发酵罐用。酿酒大实验课包括：酵母培养、制曲、蒸煮、蒸馏、发酵、制成高粱酒。酒精工艺大实验课包括：酵母培养、制曲、发酵、蒸馏、制成工业酒精。

据顾海伦回忆，建厂初期，教师们每天亲临现场手把手传授指导操作技术，从菌种、发酵、提取、生产出合格的产品各个步骤，一一带领学生，不怕苦不怕累，辛勤劳动，直至生产出合格的产品。当年学生在檀耀辉、邹显章、石代光、陆惠琴等老师指导下，完成了好氧通风发酵制土霉素。

1960届毕业设计论文《酒精栅条塔设计研究》，由王鸿祺教授拟题，包括ϕ300铝制塔身、塔板12节、蒸馏釜、冷凝器等。顾海伦亲眼见证王鸿祺教授拖着一条假肢每天从社桥步行至发酵厂，亲临指导科研。蒋征麟等学生在老师和老师傅帮助指导下自己设计、制造、安装、测定数据，在小阁楼仅能站直的条件下，他们踏实工作，潜心研究，认真总结，写出了高水平的论文，体现了老一代大学生刻苦认真的学习态度。

20世纪60年代初，我国遭受了连续三年自然灾害，粮食减产、少收、绝收情况频出，人们根本吃不饱。当时领导和老师们群策群力，利用豆制品厂的废黄水加上营养盐，消毒、杀菌、冷却，接上白地霉菌种，通风发酵，提取出白地霉营养汤，加上小尖米厂提供的米糠、麸皮烙成饼，供给脸部浮肿的人群食用，吃饱肚子增加营养，消除浮肿。

发酵厂全体人员还在王鸿祺教授带领下，在解放西路沿运河边的粮食局仓库办起了小尖酒精厂。因靠近运河有充足水电源，他们安装了瓜干粉碎机、蒸煮罐、糖化罐、厌氧发酵罐、酒精蒸馏塔、冷凝器、排醛塔等，自建了15m高的厂房并安装蒸馏塔。同时得到无锡酒厂老师傅的帮助，生产出合格的工业酒精。通过办厂，老师、学生、工人都得到了技术上的锻炼，同时丰富了教学内容。

1966年，"文革"开始，学生合并到青山湾，原有社桥二号楼一楼有完好的菌种、化验、药品等空实验室8间，可供各位老师实验使用，还有会计室、会议室和办公室。原学生食堂共有4间面积10m×6m的房间，中间有气窗，可作厂房用。旁边有闲置的空地可自建锅炉房等，留有空压机房和水塔等现成设备，在学校、系各级领导支持下将发酵实验厂整体迁移进了社桥。

当时发酵厂由系和设备处生产科双重领导,发酵厂还成立党支部,前后由高耀虹、林丰会、赵勤、修道高等参与领导。1972年又分配来20多位中学毕业生,通过岗前上课培训,加上他们努力学习消化摸索,很快成为厂里的技术骨干。

迁入社桥的发酵厂的基础设施有了改善。利用日本人遗留下的水塔容积15m³,下有15m³地下蓄水池,发酵厂接2寸自来水管,解决了供水问题。随着学校规模扩大,教职工住房人员增加,用水量缺口大,学校决定打深井,由发酵厂管理。同时,深井水水温低,解决了工厂的冷却水温度问题。根据发酵厂规模需100kW电量,随着学校电容量增大,申请到双电源,解决了生产、科研等用电需要。建厂初就利用原学生食堂0.5t/h锅炉,但要扩大生产规模必须更换锅炉,在学校支持下更换了1t/h锅炉,从而解决了蒸汽问题。院建筑设计室设计锅炉房和25m高烟囱,上煤有自动翻斗装置,炉排慢速前进,煤层均匀燃烧,热效能高。锅炉用水采用离子交换树脂,解决水高温结垢问题,大大提高了工人劳动效率。新锅炉既解决了工厂生产用汽问题,又能降低工人劳动强度,同时还供给兄弟制糖专业甘蔗糖液浓缩罐和粮食工业系速煮米干燥机所需蒸汽。

解决压缩空气问题是利用日本人遗留下来的空压机房,内有1m³/min老式皮带传动空压机2台,自购3m³/min中低压空压机1台(22kW),又购6m³/min中低压空压机1台,0.6MPa改造成低压0.2MPa,功率40kW。自己设计空气处理系统,最大处理量为6m³/min,配0.85m³空气储罐1台,利用冷冻机双程冷却器6m²作一冷,设计2台油水分离器、二级冷凝器、去雾气和棉花过滤器[①]。

① 根据顾海伦回忆材料综合整理。

发酵厂有多项研究成果。糖化酶生产工艺成熟后通过不断完善,先后向浙江台州酒厂,四川万州酶制剂厂等转让生产技术。由发酵厂提供菌种、生产工艺和操作人员培训,设备安装调试等,与中科院微生物所、无锡酶制剂厂等四个单位一起申报,获得国家科技进步一等奖。此外,发酵甘油小试、中试也在发酵厂进行;获得全国科学技术大会奖的辅酶A的研究和开发,发酵厂提供了良好的实验室基地和相关人员。发酵学科前期的发展离不开发酵厂的卓越贡献。

钱根培和徒弟们在发酵厂前合影
(大约1978年)

第二章 重生的无锡轻工业学院发酵专业（1977—1983）

一、重视本科教育教学，制定修订教学大纲

（一）恢复专业规范教学，制定教学大纲

"文革"期间，学校教学秩序混乱，学科结构被打乱，系科（专业）撤并，工业发酵专业属于化工系，在"工农兵学员上管改"的方针指导下，学科建设呈现支离破碎的状态。为适应社会需求，1977年学校进行了全方位的学科建设，本科学制改为四年[1]。1983年，在发酵（酿造和酒类）等7个专业招收两年制和三年制专修科。从此专科这一层次，开始稳定地纳入发酵专业培养体制[2]。为了加强大食品学科特色建设，化工系的发酵专业于1979年划归食品工程系。学校的教学秩序和学科专业迅速进入规范建设阶段，适应了恢复统高考后的形势需要[3]。

[1]《无锡轻工业学院院志》第53页。

[2]《无锡轻工业学院院志》第53页。

[3]《江南大学史》第114页。

教学大纲是贯彻党的教育方针，实现培养目标的重要工具之一。它是教材编审、教师讲课的主要依据，是组织教学、指导教学的重要文件。恢复高考后的几年来，部属各院校对教学大纲的建设做了大量工作。教育部早在1979年就要求各部制定统一的大纲，指导各校的教学。1980年1月，出台《教育部关于直属高等工业学校修订本科教学计划的规定（草案）》。但由于各校恢复、新建不久，仍有相当部分课程尚无教学大纲。为了加强教学组织，提高教学质量，1982年8月21~27日，第二届发酵专业教材编委会第一次会议在无锡召开。会议重点议题即制定发酵专业本科四年制的指导性教学计划。经过会议讨论，由无锡轻工业学院牵头制定《发酵专业本科四年制的参考性教学计划（草案）》，后于11月10日报送轻工部教育司审批。

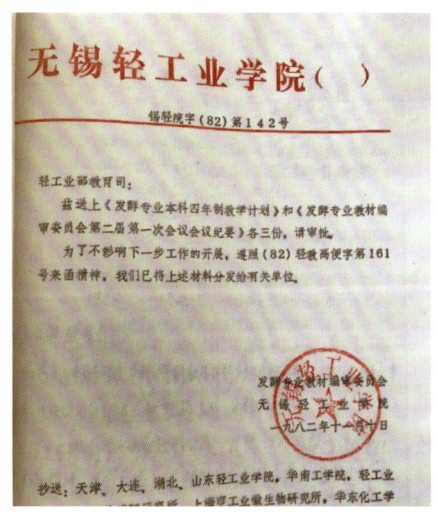

第二届发酵专业教材编委会第一次会议纪要

表2 轻工业部部属高等工业院校发酵专业本科四年制教学计划

教学进程
修订日期：1982年8月

课程分类	序号	课程	共计	讲课	实验	课程设计	一 第一学期 18周	一 第二学期 17.5周	二 第三学期 17.5周	二 第四学期 18周	三 第五学期 18.5周	三 第六学期 17.5周	四 第七学期 16周	四 第八学期 6周
公共课	1	政治理论课	200	200			2	2	2	2	2	2		
公共课	2	体育	180	180			2	2	2	2	1	1		
公共课	3	外语	240	240			4	4	3	3				
基础课及技术基础课	4	高等数学	220	220			6	6						
基础课及技术基础课	5	工程数学	60	60							3			
基础课及技术基础课	6	普通物理学	140	140					6	5				
基础课及技术基础课	7	物理实验	50		50				6	5				
基础课及技术基础课	8	无机化学	100~140	60~100	40		4	3						
基础课及技术基础课	9	有机化学	150	90	60				5	3				
基础课及技术基础课	10	分析化学	100~110	30~40	70				6					
基础课及技术基础课	11	物理化学	140	100	40						3	4		
基础课及技术基础课	12	生物化学	100~110	70~80	30						6			
基础课及技术基础课	13	微生物学	100	55	45						5			
基础课及技术基础课	14	化工原理	160	160		1周					4	5		
基础课及技术基础课	15	画法几何及工程制图	90	90			5							
基础课及技术基础课	16	机械基础	70	60		大作业10					4			
基础课及技术基础课	17	实用电工学	90									6		
基础课及技术基础课	18	化工仪表	70										5	
专业课	19	发酵工艺学	85	70	15							5		
专业课	20	发酵工程与设备	85	70		1周								
专业课	21	发酵工业分析	70	25	45								5	
		选修课学时	170										5	
		课内总学时	2670				23	23	23	23	19	18	15	

说明：1. 讲课包括课堂讨论、习题课等。

2. 所列周学时为试排，各校可根据自己的实际情况排定。

学期\项目	理论教学	考试	大型试验课程试剂	生产劳动	专业实习	毕业论文设计	公益劳动	军事训练	入学教育	毕业鉴定	机动	寒暑假	总计
一	18	1.5							0.5			3	23
二	17.5	1.5						2				6	27
三	17.5	1.5		3								3	25
四	18.5~17.5	1.5			1~2							6	27
五	18.5	1.5	2									3	25
六	17.5	1.5										6	27
七	16	1	1		4							3	25
八	4				4	12				2			22
总计	126.5~127.5	10	5	3	9~10	12	(3)	2	0.5	2		30	201

说明：公益劳动为分散安排。

实践性教学环节（参考）

序号	名称	学期	周数
1	生产劳动（金工实习或专业工厂劳动）	三	3
2	认识实习	四	1~2
3	化工原理课程设计	六	1
4	发酵工艺大实验	六	1
5	生产实习	七	4
6	专业课程设计或大作业	七	1
7	毕业实习	八	4
8	毕业设计（论文）	八	12
9	微生物大型试验	五	2

课程时数分配及比例

项目		学时数	百分比	备注
基础与专业	公共课、基础课、技术基础课	2280	90%	不包括选修课
	专业课	240	10%	不包括选修课
必修与选修	必修课	2500	93.6%	
	选修课	170	6.4%	

选修课目录（参考）

课程类别		序号	课程名称	参考学时
选修组	发酵工艺类	1	发酵工艺选读	80
		2	化工机械与设备	40
		3	发酵过程与工厂设计	30
		4	发酵新产品开发与试制	30
		5	传统发酵食品工业现代化	30
		6	生物能源	30
		7	企业管理	30
	工业微生物	8	微生物遗传学	50
		9	微生物生理、代谢调节	50
		10	工业微生物育种技术	40
		11	近代微生物学实验技术	30
		12	近代微生物化学实验技术	30
		13	仪器分析	40
		14	微生物酶学	50
	生化工程类	15	微生物生长动力学、发酵动力学和连续发酵	50
		16	胶体化学	30
		17	非牛顿流体力学与发酵液特性	30
		18	酶工程学	40
		19	生化反应工程和生化反应器	40
		20	生化过程的质量、能量的转化与传递	30~40
		21	发酵产品的回收精炼	30~40
		22	生化过程的仪表监测与自动控制	50
		23	生化工程实验	50
公共选课		24	算法语言与计算方法	
		25	热工基础	
		26	生化工程导论	
		27	单细胞蛋白（SCP）工业化生产	
		28	工厂污水的生化处理、生化能源与环境保护	
		29	中国文学	
		30	中国近代史	
		31	逻辑学	
		32	自然辩证法	
		33	第二外语	
		34	化工数据处理	

（二）教学计划的修订

1983年，无锡轻工业学院根据高等工业教育的教学原则和修订高等工业院校教学计划的指导思想，按照"三个面向"的要求，开始全面修订教学计划。遵循以下要求。

（1）指导思想和主要原则：从我国实际出发，"面向现代化，面向世界，面向未来"，培养德、智、体全面发展的又红又专的专门人才，为新时期党的总路线和总目标服务，务求建立具有中国特色的社会主义高等工业教育体系。

（2）在坚持四项基本原则的前提下，保持科学性与思想性的统一，理论联系实际。坚持教师的指导作用与学生的学习自觉性、积极性相结合，传授知识和发展智能辩证统一等教育原则，整体优化安排整个教育过程。

（3）在各专业教学计划修订过程中，贯彻拓宽专业面，加强基础，增强适应性的方针。坚持培养专业人才的要求，使学生在校期间，受到工程师的基本训练和必要的专业训练。加强基础教学，包括共同基础课程、基础技术课程和专业基础课程。增强应适性，拓宽专业面，其内涵包括：在改善和优化学生知识与能力结构的基础上，摆脱以往单一的培养模式，使培养规格多样化，即以培养工程技术人才为主，兼及应用科学和管理等多种培养规格。

根据上述要求，全校普遍修订了各专业的教学计划，并付诸实施。

随着生产的发展、技术的进步，发酵教研组教师除了对学生进行日常必修课教学外，还先后为本科生和研究生开设《工业微生物育种技术》《有机酸发酵》《废水生物处理》《生物能源》《微生物生理学》《生化分离技术》《生化反应工程及反应器》《酶工程》8门选修课，均属轻工业部直属院校同类专业中首次开设，为不断提高教学质量做出了努力[①]。

① 《无锡轻工业学院院志》第64、54页。

（三）主持专业教材建设，更新教材版本

1977年恢复高考招生制度以后，轻工业部重建了各专业教材编审委员会，我校为发酵、食品两个专业教材编审委员会的主持学校。继之，先后于1979年、1982年、1984年、1986年和1987年分别主持召开了两个编审委员会的会议各3次。

表3　1977—1985年发酵专业教师主编、参编教材专著情况

专著、教材名称	作者	出版时间	出版单位	备注（参加编写者）
《工业发酵分析》		1980年9月	轻工业出版社	赵光鳌、金岭南编写第五章
《生物化学》	全文海、王武等	1980年11月		
《酿造酒工艺学》		1982年6月	轻工业出版社	顾国贤编写第一篇第四、六章；朱宝镛编写第二篇第一至十章；徐呈祥主编写第三章
《啤酒工艺手册》（上、中、下）		1982年4月 1983年7月 1985年12月	轻工业出版社	钱慈明、顾国贤编写
《发酵工程与设备》		1983年10月	轻工业出版社	伦世仪编写第六章第二、三、四、五节，第七章；王鸿祺编写第十二章；蒋征麟编写第五章
《酒精与白酒工艺学》		1983年11月	轻工业出版社	第一版第四次印刷，张莲珍、徐文琦编写
《氨基酸工艺学》		1984年5月	轻工业出版社	第一版第二次印刷，吴果达、赵建国编写
《生物工程浅谈》	伦世仪、章克昌	1985年10月	轻工业出版社	
《酿造工艺学》		1985年	黑龙江出版社	赵玉莲编写
《微生物学》	檀耀辉	1985年9月	轻工业出版社	第一版第四次印刷

二、打破闭关自守，请进来与走出去

党的十一届三中全会以来，无锡轻工业学院打破"闭关自守"的关门政策，贯彻对外开放方针，国际交流与合作发展很快。1977年，教育部确定无锡轻工业学院接受食品专业外国留学生。1980年，发酵专业开始接受2名来自肯尼亚的留学生（本科）木松古、吉龙作[1]。

① 《无锡轻工业学院院志》第121页。

为了缩小与发达国家的科学技术差距，除经常接待各国人士来院参观访问、相互交流信息外，从1982年开始，无锡轻工业学院通过各种渠道，聘请国外专家来校任教或短期讲学。

这一时期来校短期进行发酵专业相关讲学的国外专家以美国高校为主，发酵工程学科最早接待的外籍学者是1979年美国麻省理工学院的辛斯凯教授和库尼副教授，讲学题目是"有关工业微生物研究和甲醇生产单细胞的生化工程"，伦世仪负责接待和翻译工作。1980年，美国普渡大学化工系曹祖宁教授来院讲学发酵工业动态，而后于1985年受聘为发酵系名誉教授。曹祖宁教授也是我校聘请的首位外籍名誉教授。1982年，美国麻省理工学院狄曼教授来校进行微生物方面的讲学。

1983年9月，伦世仪随轻工业部食品科学教育考察团访美

与此同时，发酵专业教师也开始走出国门进修，学习国外先进科技经验。1982年，邬显章到日本东京大学进修酶工程1年。1983年4月，发酵教研组毛醒一、陶文沂被分别选派至日本国际协力事业团、大阪市立工业研究所进修学习。1981—1983年王武作为公派访问学者，赴美国瓦克斯曼微生物研究所进修[1]。

① 根据汇编材料整理。

1982年3月，朱宝镛应邀赴法国参加联合国与法国对外经济技术合作局在巴黎召开的"国际啤酒工业与非酒精饮料工业学术讨论及经验交流会"。被邀请参加会议的有亚非拉的16个国家18名代表。会议的主要目的是，通过报告、参观，向到会各国代表介绍法国在这些方面的科技成就与先进生产设备，为向亚非拉国家输出技术与设备进行宣传和加强联系。并考察了酿酒、饮料生产情况。讨论会进行了一个多月，约有2/3的时间参观访问。参观了工厂、研究所、高等学校和公司等14个单位，考察了法国的食品工业、食品加工工业、饮料工业、麦芽与酒精工业的技术、设备、管理、科研、教育等情况；还应邀列席巴黎高等农艺食品工业学院的博士研究生答辩典礼。回国后由朱宝镛执笔向轻工业部做书面汇报，并向无锡轻工业学院的教职员做了访法报告。他在汇报结语中说："我国的啤酒—麦芽工业原来大部分是外国资本家遗留下来的，工厂古老，设备陈旧，技术也比较落后。在各级政府的重视下，发展很快，产量比新中国成立初期已增长百倍以上。但存在的问题还不少。如老厂改造、设备更新、原料大麦和啤酒花的选种育种、发酵工艺的提高、酿造技术干部的培养等，都成了当务之急。'他山之石，可以攻玉'，有很多外国的经验是可以借鉴的"[2]。

② 《朱宝镛与发酵教育事业》第114页。

三、恢复研究生招生，首获硕士学位授予权

无锡轻工业学院是国内最早招收研究生的高校之一。早在1960年，发酵工学专业就开始招收研究生。研究生的培养为发酵专业的教学科研工作提出了新的挑战，同时也增强了专业实力。1978年，恢复了中断12年之久的研究生培养制度。发酵等有关学科恢复招收三年制研究生。1980年2月，国务院颁布了我国教育史上第一个学位法——《中

华人民共和国学位条例》，开始招收学位研究生。1981年11月3日，国务院学位委员会首批批准我校工业发酵等5个学科为硕士学位授予点。同年，朱宝镛教授入选国务院学位委员会第一届（工学）学科评议组成员并作为轻纺组召集人。

1981年暑假，发酵专业首开改革开放后的研究生毕业论文答辩会，这是建校以来第一次按照硕士学位要求进行的论文答辩。答辩委员会由无锡轻工业学院副院长朱宝镛教授、中国科学院微生物研究所副研究员陈琦以及汤逢、冯容保、檀耀辉5人组成[①]。

发酵工程硕士学位授权点获批之后，招生人数逐步递增。截止到1984年，除本科生、专科生外，有硕士研究生24人。

① 《江南大学史》第118页，根据陶文沂笔记有修改。

② 根据《校友通讯录》及《无锡轻工业学院志》综合整理。

表4　发酵工程独立建系前历年招收硕士研究生情况（1960—1984）[②]

年份	人数	姓名
1960	1	袁身淑
1962	1	贺家明
1963	1	张鑫洪
1978	2	张星元　陶文沂
1979	1	陈海昌
1981	5	杨筱萍　王萍　李强军　夏友坤　张炳荣
1982	4	杨虹　陈德兆　尹象胜　宗宁
1983	3	李建科　吴江　林东
1984	6	徐虹　刘晓婷　陈坚　毛忠贵　沈秉谦　赵民

四、延续科研根基，首获全国科技奖项

发酵专业教师邬显章同志代表学校参加了全国科学大会，其两项成果获得了关注。

①直接发酵法生产辅酶A：原每生产1kg辅酶A需耗粮80多吨，而新工艺只需要1.05吨葡萄糖，成本从每千克30万元降为3.5万元，若按年产20千克辅酶A计算，新工艺比老工艺可节省粮食100余吨。无锡第三制药厂利用一只1000L发酵罐，在一年左右时间内，获纯利120多万元。这项成果在上海生化制药厂、华北制药厂等单位推广，并为他们培训了一批技术人员。

②AS1398蛋白酶：1975年发酵酶活性达6600U/mL，比原来提高50%。在无锡酶制剂厂、北京啤酒厂、温州有机化工厂、启东制革厂等单位推广应用，并举办了全国酶制

邬显章团队和全国科学大会奖状

剂技术训练班,取得了良好的经济效益。北京啤酒厂应用此项成果,单罐产酶量比原来提高45%,粮耗下降26%,成本下降31%。1982年,通过提高AS1398蛋白酶活性的研究,酶活在原有基础上进一步提高,达8800U/mL,若按年产100t蛋白酶计,采用该菌种和工艺条件,可多得纯利7万多元。

同期开始启动的"六五"国家科技攻关项目,着眼于急需解决的国计民生发展问题,发酵专业教师紧跟国家发展需求,及时投入国家建设中。

(一)生物反应器的研究

该课题负责人为王鸿祺。所研究的反应器是气液环流式生物反应器,在47L、30L模型反应器流体力学和传质的计算设计实验数据的基础上进行了15m³中试规模装置,其升液通道直径为300mm,降液通道直径为160mm,总高为14.6m,并配备了适当的加料、出料、进气及排气等附属装置。本反应器具有良好的氧传递性能,在饲料酵母试生产中具有相当高的生产强度。当用糖蜜为原料进行饲料酵母培养时,其主要技术指标已达到本课题合同中所规定的要求,溶氧系数、电耗、生产强度三项指标都达到了国内外先进水平[1]。

[1]《无锡轻工业学院科研项目简介1972—1989》。

1985年,国家科学技术委员会中国生物工程开发中心委托轻工业部在江苏省海安酒厂就生物工程学院承担的国家"六五"科技攻关项目"生物反应器的研究"召开了技术鉴定会,专家们认为,该反应器具有良好的氧传递性能,在饲料酵母的中试生产中具有相当高的生产强度,各项技术指标已达到合同要求,一致通过鉴定。

(二)α-淀粉酶高产菌株的选育及中间试验

这是国家科委下达的"六五"攻关项目,邬显章为主要负责人,顾传娴、全文海、徐维维、赵允麟、徐岩参与主要研究，武进县生物化工厂参加中试。该项目研究对 α-淀粉酶生产菌种、摇瓶工艺及中试发酵试验、食品级酶的提制等进行了反复试验，诱变选育出的优良新变异株B.S.NTG796，在1500L罐试验，淀粉酶活性平均达到了477单位，同时初步确定了磷酸钙絮凝、酒精沉淀与淀粉吸附相结合制取食品用淀粉酶制剂的工艺路线，制得的产品不含硫酸铵，卫生指标符合食品添加剂暂行标准。

当时发酵专业的系列科研成果也获得了许多省、市级的科技奖励。1978年无锡轻工业学院多名代表出席无锡科学大会，当时发酵教研室和发酵厂参加大会的代表有：朱宝镛、王鸿祺、徐柔、邬显章、诸葛健、顾海伦、章克昌、吴乃扬，是学校出席代表最多的学科。

与此同时，学校抓紧发展机遇，较早发挥地区优势，紧盯国内学术活动，积极参与，确立发酵学科在国内的独特地位。1973年，全国最早恢复的学术活动之一是中国微生物学会主持的全国微生物育种学术会议。诸葛健等不仅发表论文《γ-射线和紫外线诱变耐高渗压酵母的初步研究》，而且被选为工业二组召集人。1978年，第二次全国遗传育种学术会议，朱宝镛教授和诸葛健参会，朱宝镛以两人名义做了大会报告：《日本发酵研究机构及411项研究项目》。在1979年召开的中国微生物学会学术年会上秦含章教授又推荐诸葛健等在工业组以《三十年来发酵法生产甘油的研究》为题做大会报告。

1978年无锡轻工业学院出席无锡科学大会代表合影

全国遗传育种学术会议参加校友合影（1978）（后排左三和左四分别为朱宝镛和秦含章）

中国微生物学会1979年学术年会（前排右三为朱宝镛，右二为傅建生）

1980年中国发酵学会在江苏无锡成立

在中国微生物学会、中国轻工学会及众多校友的支持下,发酵专业教师积极参与了1980年全国发酵制品学术讨论会的筹备和成立全国发酵学会的工作。中国发酵学会于1980年在无锡成立是我国发酵界的大事,秦含章当选会长,朱宝镛当选副会长,诸葛健被选为理事。发酵学科至此在国内已具有重要影响,这也是由我校主办全国发酵工程学术讨论会的缘由①。

① 根据诸葛健供稿材料整理。

五、故事篇:邬显章与全国科学大会②

② 邬显章、章克昌供稿。

"文化大革命"期间,我国许多科学家排除各方面干扰,继续坚持在科研第一线。1973年,中国科学家袁隆平成功培育强优势杂交籼型水稻,使中国在这一领域中的研究居于世界领先地位。我国工业微生物方面的研究也相当活跃。我校发酵教研组有了发酵厂,科研工作进展神速。1973年3月10日中共中央决定由周恩来主持中央日常工作,恢复邓小平党的组织生活和国务院副总理职务,着手恢复国民经济,"文革"虽然尚未结束,但是经济出现复苏局面。1973年,轻工业部给我校下达了科研项目"芽孢杆菌1395糖化酶活力提高",1976年,轻工业部又下达了"辅酶A直接发酵方案"研究项目计划的通知。当年44岁的邬显章老师领衔负责此项目的研究,金其荣老师等参加了白地霉发酵提取辅酶A的试验、直接发酵法生产辅酶A的研究。1980年,江苏省又立项"提高辅酶A、糖化酶活力"。邬显章老师先后负责这两个项目超过5年。

邬显章是浙江奉化人,1955年南京工学院本科毕业后留校工作,"文化大革命"前开设过《发酵分析》《发酵工艺总论》《酒精工艺毕业设计》等课程,1957年在工厂劳动过一年,并多次到抗生素工厂、酒曲工厂指导工业发酵学生的实习、毕业设计。具有对口学术和实践背景的邬显章对这两个项目有一定的研究基础。

辅酶A是肝脏、肾脏、心脏的治疗药物之一。它和ATP、胰岛素结合起来可作为能量合剂,是一种抢救用药。二十世纪50年代以来,国内外辅酶A都是从酵母中提取而得的。

由于酵母体内辅酶A含量较少,提取工艺复杂,产率比较低,产能比较高,生产1kg辅酶A需要150t粮食培养酵母。20世纪70年代初,邬显章带工农兵学员到酵母厂实习,看到辅酶A的制作工艺,回到学校后,校办发酵厂正在建设之中,他们便开始建发酵罐、锅炉,并尝试学习用豆腐厂的废水培养酵母,再从酵母中提取辅酶A,但是劳动量大、产量很低。与此同时,食品工程系的黄本立教授是位热心科研做学问的老前辈,他也关注着发酵专业在研究辅酶A的项目,是图书馆的常客,一次他看到一本日文杂志上刊登用酵母直接发酵生产辅酶A的消息,就热心地把这篇论文翻译过来共享。当时日本杂志上报道,实验室摇瓶发酵能够生产240U/mL的辅酶A,成品达到360U/mg,但文章没有报道实验室的生产工艺。

发酵专业的老师们在"文革"中已经压抑很久,江南春来早,大家为了创新,赶超20世纪70年代国际上的新工艺,他们在办发酵实验工厂的同时,开始了项目的研究。大家分工合作,不断实践,就干起来了。有的老师负责查询资料,把国外的期刊文章翻译出来;有几位老师认真阅读资料,讨论实验方案。为了创新赶超,他们是怎么做的呢?第一,调研工厂实际情况。首先要立足于工业生产,要与实际生产结合,到工厂充分调研,了解国内生产情况。第二,选择合适的原料。立足于工厂常用的辅酶A发酵培养所使用的原料,包括蛋白胨、尿素等。第三,选择发酵设备。为了兼顾中试研究效果比较好,放大到生产也比较稳定,选择150L发酵罐来做实验比较合适。在这罐上试验辅酶A,发酵时长60~70h,罐上产量可以达到10g/mL,看到这个结果大家还是很开心的。第四,减少原料耗用。当时每千克辅酶A需要粮食发酵原料150t,通过邬显章的方法改进后,只需要用1.5t粮食就可以达到同样的发酵产量。这个效果还是比较显著的。第五,提高产品纯度。他们不仅考虑成本,重要的是关注纯度。产品经过北京和上海两个行业单位确定,质量比较高。每千克辅酶的成本从原来的20万元降低到600元左右。第六,厂校双方合作。他们到厂里将150L罐放大到1000L罐进行实验,结果生产稳定,并把成果报到了无锡市科委,进行鉴定。这个项目,从发现到创新,再到产学研合作,扩大投产。

1978年10月,国家召开全国科学大会。邬显章代表学校,和无锡市代表一起参加。他回忆了当时的情景:"我代表学校参加大会,并带去两项科研成果。一项是工艺的研究,另一项是辅酶的方向研究。通过这两项成果,我获得了大会的科研奖状。还有一点,在科学大会期间,听取邓小平同志做了报告,他提倡知识分子是工人阶级的一部分,也是社会价值的一部分。当时知识分子的地位还比较低。他的这句话引起了全场的热烈呼唤,我也深受感动。到现在为止也还记得那个场面。小平同志的这句话是对知识及知识分子的肯定。"

关于糖化酶的项目,主要是提高糖化酶表达量方面的研究。我国糖化酶的工业生产是1965年开始的,但是由于各种原因,进展比较慢。1978年,一位爱国华侨从美国回来,带回来一株糖化酶菌种,交给中国科学院。这个菌株产糖化酶的活性比当时上海工微所保存的菌株酶活单位要高出一倍。于是中国科学院决定将这株菌推广出去，但在生产技术和组织推广上面有很大的困难。该菌株进行发酵生产需要的一种原料在我们国内没有，而且每吨的生产成本大概需要1800元。

1978年，邬显章参加全国科学大会后回到学校，学校决定把提高糖化酶产量的研究任务直接交给他。于是，他就利用发酵厂的中试罐展开实验，后来设计了25L的发酵罐，用于实验室的放大实验。历经三年，终于在1981年取得创新性的突破。主要工作如下。

第一，获取生产菌株。

第二，改进原料配方。此次采用的是国内常用的原料，以此降低生产成本。

第三，上罐放大生产。3t发酵罐的转速为200r/min，投料总量不变，但增加了粗粮的比例，同时采用补料方法，这也是一个创新。考虑到一次投太多的料，原料浓度过高，溶氧较少，反而会限制微生物的生长，所以他采用了分三次补料这一方法，原料总量还是保持不变。这样做的好处是，发酵培养基溶氧比较好，微生物因此长得好，方便产酶，然后48h再分批加入，浓度不会过高，总浓度在8%左右，刚开始消耗掉了，后补加上去，就可以使整个发酵处在溶氧比较高的情况之下。补料的办法使菌能够获得很好的氧气，在良好的条件下产酶。另外再控制pH在3.5~4，用酸碱控制pH。整个发酵条件处于良好状态，酶分离也良好。这改变了过去老办法一次性添加的状况，取得了重大的突破。这样原料没变，工艺先进了，方法变了，良好的生长条件使得酶产量大幅提高，最后酶产量可以稳定在每毫升6800单位左右，比对照组提高88.9%。

第四，主要经济技术指标。1979年，跟国内最大酶厂——无锡酶制剂厂相比，酶活大概是每毫克3600单位，我们产量水平提高101.9%，粮耗下降46%，电耗下降52%，成本下降50.8%，成本由原来1万单位1.96元，下降到0.91元，利润提高到38%，取得良好的经济效益。

第五，扩大应用市场。由于糖化酶成本降低了，啤酒厂、白酒厂广泛使用，采用酶法工艺简单，操作方便，节约粮食，改善劳动条件，获得很好的经济效果。这个技术成功后，四川酒厂、无锡酶制剂厂、山东酒厂等二十几家投产，全国产量由1980年的5吨左右发展到1984年15000吨。成果报江苏省高教厅，1980年12月27日通过鉴定，鉴定证书编号是800131100800。1985年向国家科委报奖，最后获得国家科技进步一等奖，证书编号为85Q71002。

① 陶文沂供稿。

第三章　应运而生的发酵工程系（1984—1994）①

发酵国家级重点学科的建设不是凭空而来的。在本专业独立成系建立发酵工程系后，国家级重点学科建设的这一重要的阶段性目标成为新成立系领导的工作重点。系主任伦世仪与初成立系的四个教研室主任对照国家教委对于国家级重点学科应具备的基本条件，包括学科方向、学术队伍、人才培养、科学研究、教学科研条件、学术氛围等方面，反复讨论，寻找差距，制定计划，积极行动，努力创造条件，经过艰苦努力，最终取得成功。

首先，他们分析了发酵系有没有建设国家级重点学科的基础。根据发酵系老一辈学科带头人、几个明确的学科方向在国内的影响力，尤其是在老一辈带头人带动下，全系教师排除干扰，他们多年来认真教学、活跃科研的精神和取得的令人瞩目的成果，使大家充满了信心。

其次，学校获得轻工业部支持，得到世界银行第二个大学贷款项目，几位骨干教师取得出国学习的机会，使得发酵工程系在学术队伍和科研条件上有了一个超越一般学校的优势。发酵工程系已经得到国家学位办批准六位博导，几位留学老师也已回国并已经配备相应的科研仪器设备。

有了基础和外部条件，关键是各个教研室围绕系工作重点，发挥各自特长，分头行动。几年中，全系团结一心集中力量，无论是抓好队伍建设、培养和引进一批青年学术骨干并建立"传帮带"机制，抓好本科教学质量、抓好教材建设和课程建设，抓好基础性创新性研究、营造学术氛围、提高承担重大研究项目能力，还是抓好应用性研究和国计民生重大影响的问题的研究、解决企业生产实际问题，抓好国际学术交流合作、建立稳定的国际合作关系、保持国际视野和紧跟突破国际前沿，抓好国内学术交流、保持学科发言权和导向能力，抓好企业培训、发挥工科优势为行业服务、提高在国内的影响力……均投入了很大精力。所有这些均围绕高校的任务细化到每个环节，当最后检查时，整体效果就能最大程度凸现出来。

发酵国家级重点学科的获批是"发酵精神"的又一次强势体现，正是这种精神支持着、指导着每个人的行动，成为集体的灵魂。

一、发酵工程系成立开启创业新征程

1984年2月，发酵工程系以食品工程系发酵专业为基础独立建系，同时也成立了发酵工程系党总支。1984—1994年期间，发酵系经历了两届领导班子。第一届系主任伦

首届系主任伦世仪向我校发酵学科奠基人朱宝镛教授及资深教授请教

世仪，副主任包括张仲甫、邬显章。1986年，增设副主任赵光鳌。第二届系主任章克昌，副主任先后包括赵光鳌、陶文沂、徐文琦、陈坚等。

当时，发酵工程系设工业微生物教研室、生物化学教研室、发酵工艺教研室（该教研室后期分成一组、二组）、发酵工程与设备教研室，另有发酵工程科学研究室，并根据研究方向设置了微生物实验室、微生物生理和遗传育种实验室、发酵工艺实验室、生化工程与设备实验室[①]以及发酵中间试验工厂一座。整个发酵工程系包括发酵厂在内教职工为92人。其中教授3人，副教授6人，到了1994年，教授和副教授人数有24人之多。

① 教务处编制《本科教务一览1988》。

1992年，教研室扩容，发酵工艺教研室一分为二，成立发酵工艺一组教研室、发酵工艺二组教研室，并整合增设了系中心实验室。

教师的专长：工业微生物、微生物生理学、遗传学、育种技术、生物化学、酒精和酿酒学、氨基酸、有机酸、微生物酶及其他发酵工艺学、再生资源生物利用、生化工程学及生化反应器、发酵设备学。

专业研究方向：工业微生物菌种选育与改良、发酵工程、生化工程、酶技术、植物细胞组织培养、环境生物技术、基因工程等。

表5　发酵系教职员工名单（1985）[②]

② 《无锡轻工业学院院志》附录部分。

发酵工程系	系党政办公室	伦世仪　邬显章　曹建纲　徐文琦　路桂荣　帅桂兰　邱建平 李永仙　张仲甫　甘为民
	微生物教研室	檀耀辉　诸葛健　陶文沂　王保民　李华钟　王　武　张星元 张炳荣　王　萍　张汝南　缪振华　樊　游　吴　亢　李　茜 葛风清

续表

发酵工程系	发酵工艺教研室	顾国贤 徐 岩	金其荣 廖 悦	张莲珍 刘吉泉	徐呈祥 任宝秀	赵建国 王亚非	许赣荣 刘稼骏	张建国 赵光鳌
	发酵工程与设备教研室	王鸿祺 陈德兆	郑学翔 钱建龙	顾传娴 孙洪杰	毛忠贵	杨荵萍	夏友坤	吴佩琮
	生化教研室	全文海 张 恩	吴果达	徐 云	田亚平	华子安	张 峰	张雅芬
	科研室	赵允麟	曹 宁	韩焕珍				
	工人	章文琦						
发酵厂	干部	修道高	吴乃扬	毛醒一	毛月琴	顾海伦	赵玉莲	王树英
	工人	钱建平 吴秀风 李锦乐 过静艳	钱根培 袁基芬 袁身燕 徐维维	王金芬 周金秀 张丽敏 郑淑芳	洪国林 冯铁苗 苏乐燕 祝敏志	朱 云 惠国华 姜晓红	方增生 杨惠建 邵荣娜	吴晓红 周富荣 江妙芬

二、深化教改培育时代人才

结合由我校牵头制定的轻工业部部属高等工业院校发酵专业本科四年制教学计划，服务于学校围绕发酵工程进行的特色建设，发酵工程系重新修订了教学计划（表6和表7）。

表6　发酵工程专业教学计划（1988）

培养目标	掌握工业微生物菌种的选育与改造、发酵工学、发酵工程与设备的基本原理和开发能力的高级工程技术人才
学习内容	本专业主要内容是利用微生物细胞或酶对可再生原料的生物催化作用工业规模地生产对人类有用的各种物质，如有机燃料与溶剂类、含酒精饮料类、氨基酸及其他有机酸类、维生素类、酶类、药物、多糖类和单细胞蛋白质等，还包括废物及工农业副产品的微生物降解及转化，近来扩展到植物细胞的发酵培养以生产高价值次生代谢产物。通过学习，学生可获得以下的知识和能力：（1）具备必需的生物化学、微生物学以及化学工程原理的基本理论与实验操作能力。（2）将上述三者相互渗透结合的生化工程学的基础知识和实验技能。（3）能从事发酵工业生产的技术、质量管理、技术改造的新产品开发和过程设计
主干学科	微生物学、生物学、化工原理
主要课程	有机化学、分析化学、仪器分析、物理化学、生物化学、微生物学、化工原理、发酵工艺学、生化工程学、发酵设备等
学制	四年

表7 发酵工程系 发酵工程专业教学计划

类别	课程编号	课程名称	学分数	课内学时数			各学期周学时分配							
				总学时	讲课	实验	一	二	三	四	五	六	七	八
必修课	0—00·1·01	中国革命史	3	65	65		2	2						
	0—00·1·02	政治经济学	3	65	65				2	2				
	0—00·1·03	哲学	3	65	65						2	2		
	0—10·4·01 0—10·4·02	体育	6	140	140		2	2	2	2				
	0—00·2·01	德育	1.5	50	50		1	1	1					
	1—10·3·02~ 2—10·3·05	大学英语（分级）	8	280	280		4	4	4	4				
	1—10·2·01	大学物理	7	190	140	50	5.5	5.5						
	0—00·2·02	法学	2	70	70					2	2			
	1—10·1·02	高等数学（B）	8	190	190		6	5						
	1—05·1·01	无机与分析化学	8	210	120	90	7	6						
	1—04·1·03	机械制图	3	68	68		4							
	1—07·1·01	Basic语言	2	50	35	15	3							
	2—05·3·01	有机化学（A）	6	140	80	60			5.5	3.5				
	2—04·2·03	机械基础	3	60	60				4					
	2—02·2·01	生物化学	5	110	80	30				7				
	2—05·4·01	物理化学（A）	7	140	105	35			4.5	4.5				
	3—02·1·01	微生物学	4	100	60	40				7				
	2—07·2·03	电工学（C）	3.5	85	85				5					
	3—05·5·01	化工原理（A）	7	150	120	30					5.5	4.5		
	2—05·2·05	仪器分析（B）	2	50	30	20						3.5		
	2—10·1·06	工程数学	3	60	60				3					
	3—02·3·01~ 03	发酵工艺学一	6	150	100	50						6	4	
	4—02·4·02	发酵设备	3	68	56	12							4	
	4—02·4·01	生化工程基础	2	40	25	15							4	
	4—09·1·04	企业管理	1.5	35	35							2		
	3—03·1·11	建筑概论	1	20	20					2				
	3—07·3·07	化工仪表自动化	1.5	40	40							2		
	3—02·1·03	发酵工程专业外语	1.5	72	72						2	2		

续表

类别	课程编号	课程名称	学分数	课内学时数			各学期周学时分配							
				总学时	讲课	实验	一	二	三	四	五	六	七	八
指选课	3—02·1·06	微生物生理学	2	40	40							4		
	4—02·1·07	工业微生物遗传学	2	40	40								4	
	3—02·3·04~05	发酵工程学二	3	80	80								4	
	4—02·3·07	发酵厂废水处理原理及工艺	2	40	40									6
	3—02·3·06	生物能源	2	40	40							4		
	4—02·3·09	啤酒（发酵）工厂设计	2	40	40								4	
	3—02·2·02	营养化学	2	40	40							4		
	3—02·4·03	生化反应工程与生物反应器	20	40	40							4		
		生化工程（二）	2	40	40							4		
	3—05·5·05	节能技术	2	50	50							3		
	4—07·3·10	生化工程参数检测	2	40	40									6
任选课	0—00·3·05	简明美学原理	1	16	16									
	0—00·3·01	读谱与欣赏	1.5	30	30									
	0—00·3·06	服装史	0.5	10	10									
	0—00·3·07	国画欣赏	0.5	10	10									
	0—00·3·08	西洋画欣赏	0.5	10	10									
	0—00·3·02	外国文学欣赏	1	20	20									
	0—00·3·03	诗歌欣赏	0.5	12	12									
	0—00·3·04	大学语文	1	20	20									
		制图测绘	1	1周					1k					
		金工实习	1	2周			2k							
		军训		4周					4k					
		分析综合实验	1	1周						1k				
		微机实验	2	2周			2k							
		认识实习	2	2周							2k			
		化工原理课程设计	1	1周							1k			
		生产实习	4	4周									4k	
		工艺实验	3	3周									3k	
		专业课程设计	2	2周										2k
		毕业实习		4周										4k
		毕业作业	7	12周										12k

（一）进行大类试点，培养合格特色人才

1985年，发酵学科在江苏省内开始列入第一批录取新生名单，并制订了《学分制暂行规定》，对实行学分制的原则、办法做了具体规定，本着优生优培和因材施教的原则，学校将这批学生集中组成混合班，并在85级的发酵工程专业试点班进行试验：一、二年级暂归属基础课部管理，三、四年级分流回原属系科。为顺应学科发展方向，培养更具有社会适应性的合格加特色人才，学校从1989年开始进行按大类培养试点。在发酵工程系试行根据各自培养目标来确定知识和能力结构。学校通过总结前几年优生优培的经验，在发酵工程系等7个专业学生中，试点根据各自培养目标来确定知识和能力结构。

即在第一阶段，按统一规格培养，以基础课为主，打好共同基础，以保证培养人才的基本素质。在第二学年末起引进竞争机制，根据综合测评情况，结合人才需求和个人条件进行中期筛选，指导分流，实行优生优培，使学生在比较了解专业的基础上进行二次选择，同时学校已有了能根据市场信息及时调整各专业方向的培养人数。第二阶段再利用不同知识模块组合，抓人才特色，努力把计划性和适应性统一起来，借以加强基础，拓宽专业面，增强适应性和转移工作领域的能力，培养合格加特色的人才。

发酵工程系首届毕业生合影留念

（二）接受轻工业部实地评估，提高人才培养质量

1990年，轻工业部教育质量评估专家组对发酵工程专业进行实地评估，主要目的是在扩大高等学校办学自主权的条件下，加强国家对高等教育的宏观指导和管理，建立学校主动适应社会需要的机制，不断提高高等学校的办学水平和教育质量，更好地为社会主

义建设服务。这次轻工业部对部属发酵工程专业本科教育质量的评估是在自测自评工作基础上进行，对提高学校人才培养质量，推动教学改革，探索我国轻工高等工程教育评估的方法，具有十分重要的意义。

（三）牵头组织教学研究，发挥学科教学引领作用

1987年，11月9日，由无锡轻工业学院牵头，上海交通大学、华东化工学院、山东大学、南京农业大学、江苏农学院、天津轻工业学院、天津商学院等参加筹备的首届全国发酵工业（生物化工）学科教学研讨会在无锡轻工业学院生物工程学院隆重召开。国家教委、国务院各部委和10多个省市所属的37所高校50名代表与会。会议着重探讨如何根据各自属性和学科群体优势，进一步做好发酵工程（生物化工）学科建设的议题，同时相互交流本科培养方案和近年来教改新经验。代表们认为，这是本学科在不同属性、各具特色高校中全国性横向信息和经验交流，必将对未来学科建设产生积极影响。会议推荐无锡轻工业学院为下次研讨会的召集单位，在适当的时候继续开展活动[1]。

① 《无锡轻工大学年鉴1986—1992》第623页。

1991年2月22日，无锡轻工业学院主持召开的"高等食品、发酵工程教育发展战略小型研讨会"在无锡轻工业学院举行。会议主题是：一、关于食品工业的发展趋势及其对高等工程教育的影响；二、我国高等食品工程教育的现状及其发展战略设想。到会者有天津轻工业学院、郑州粮食学院、北京农业大学、南京农业大学、江苏农学院、上海轻工业专科学校、浙江工学院及上海酒精二厂等兄弟院校和企业的专家学者10人，本院食品、发酵、粮油方面的教授12人[2]。

② 《无锡轻工大学年鉴1986—1992》第634页。

伦世仪教授在全国高校发酵工程（生物化工）学科教学研讨会上发言

（四）服务地方经济，开展多形式培训教育

高等院校任务之一就是服务职能，对于工科专业来讲就是服务于企业。无锡轻工业学院在几十年的发展历程中具有一个鲜明的特点：许多科研项目来自于生产实际，研究成果

的70%以上能在企业中得到实际应用。发酵工程系多种形式的培训办学在服务社会、提高毕业生在行业的地位、学校引领行业等方面发挥了作用。

1983年1月4日,扬州市人民政府同意无锡轻工业学院在扬州筹建食品、发酵专业函授站。1985年11月,无锡轻工业学院在扬州设立函授站,首届函授生(食品、发酵专业)于同年11月开学上课。早在改革开放初期,无锡轻工业学院刚刚恢复招收研究生,当时我国众多酿酒厂技术人员匮乏,技术能力短缺,受轻工业部委托,发酵工程专业每年就向全国发酵工程技术人员开设知识更新班、干部培训班以及专业课程的短期训练班等,提高工厂工人和技术人员的理论和操作水平,还为兄弟院校的师资培养和科研单位技术进修提供便利。这些教育活动的开展为我校成为全国酿酒人才培养基地奠定了坚实基础。

据陶文沂(青岛啤酒厂研究生课程任课教师之一)回忆:"我感到哈尔滨的这次任务给我的教育和提高是很大的,作为一名刚担任教学工作的年轻教师,在工厂与有实践经验

1980年7月中商部首届酿造工艺班结业

华东白酒酿酒微生物知识和实验技术培训班(1982)

安徽省微生物技术培训班合影(1984)　　中国食品工业协会啤酒和啤酒酵母学习班合影(1985)

江苏省农垦局微生物学习班合影（1986）

江苏省酿酒微生物和窖泥保养学习班合影（1989）

啤酒进修班合影（1987）　　　　　　　　　　任课老师顾国贤、全文海和诸葛健（1987）

中国啤酒协会、无锡轻工业学院啤酒技术进修班结业留念（1987.12）

的工人进行交流大有裨益。工人往往很坦率，有什么不明白的会打破砂锅问到底，因此对于年轻教师是个考验，不能装懂，当时回答不了的问题需要记下，认真思考后再回答。这样的过程能够使年轻教师把学问做得更扎实。而与工人交朋友之所以更受益良多，是因为能够从生产实践中解决在书本上弄不懂的问题，工人没有理论的解释往往可以解释理论问题。"[1]

[1] 根据陶文沂文稿整理。

三、重大科技成果奠定重点学科基础

1984—1995年，国家经历了"七五""八五"两个非常重要的五年规划阶段。对于无锡轻工业学院发酵工程系的发展而言，这一时期是建立学科优势地位的关键时期，也是科学研究的黄金时期。在"六五"攻关及专业建设初期成果的基础上，发酵系立足于国民经济建设的第一战场，坚持与人才培养相结合的方针，以应用研究为主，重视应用基础研究，加强开发研究，充分发挥发酵学科的特色和优势，使得科学研究在"六五"的基础上不断突破，国家级、省部级科研项目全面开花，有些已达到国内领先和国际先进水平[2]。

[2]《江南大学史》第128页整合撰写。

（一）国家科技进步一等奖鼓舞人心

1985年，无锡轻工业学院（中央研究所所长）邬显章教授和中国科学院微生物研究所、无锡酶制剂厂共同开展的"黑曲糖化酶酶活的提高及其在工业上的应用"项目获得国家科技进步一等奖。

黑曲糖化酶是1977年由中科院微生物研究所研制后，在国内推广生产，黑曲糖化酶（UV-11）广泛应用于双酶法制葡萄糖和酒精。白酒工业中，它具有使用方便，质量稳定的优势，在酒精和白酒中代替麸曲，还能提高出酒率，节约麸皮和粮食。但当时UV-11糖化酶发酵产酶量还低于国外先进水平，生产成本高，工厂利润低。

该研究从中科院UV-11菌株出发，经过γ-射线、高速电子、快中子和化学诱变剂反复诱变处理，获得FE1g菌株，它具有产酶量高、酶系纯、性能稳的特点，并利用新菌株研究出较佳等比配料，中间补料，控制pH发酵和发酵中打破菌株结球的发酵新工艺，摇瓶酶活性达到7250U/mL，发酵罐产酶活达到6800U/mL，此研究成果比1980年工厂平均先进水平酶活性提高88.9%，粮耗降低46.6%，成本降低50%，电耗也有降低，发酵罐产酶量接近国际先进水平。

该研究促进了我国酶制剂产业的发展，具有较大的经济效益。先后于1981年获得无锡市政府奖三等，江苏省政府奖四等。到了1985年，还向国家科委申报科研进步技术奖，该项目获得国家科技进步一等奖。

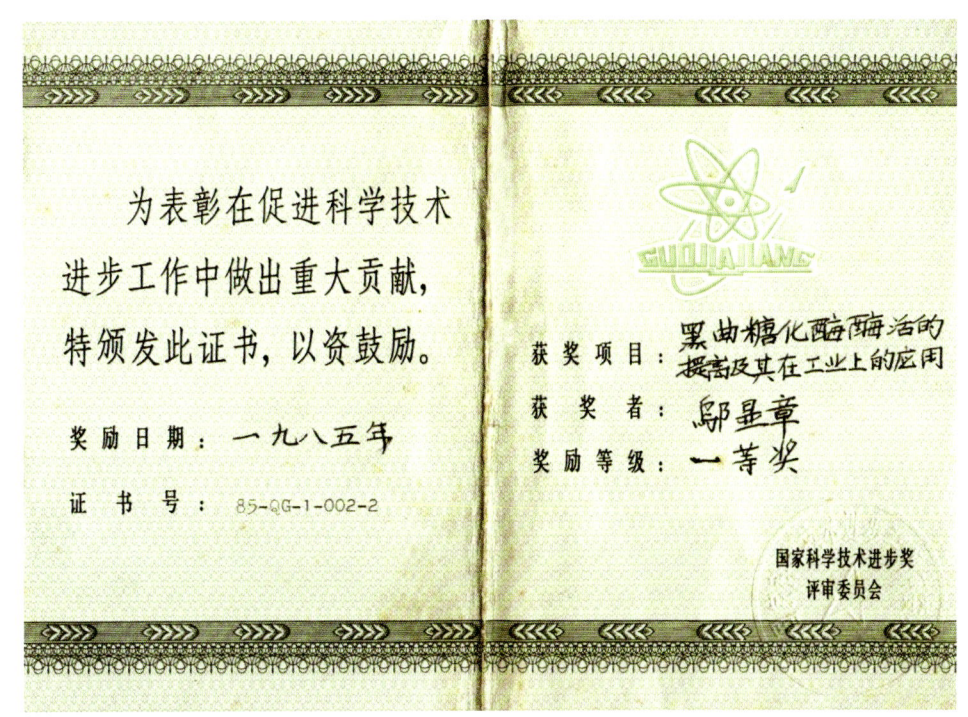

国家科学进步一等奖：黑曲糖化酶

（二）"七五""八五"攻关多点开花

"七五"期间，发酵系共承担国家科技攻关项目6项，占校承担项目总数的1/3。学校"七五"期间的科研工作得到了轻工业部的肯定和鼓励。发酵系在现代发酵工程、生物反应工程、环境生物技术、酶催化生物转化与合成等几个研究方向发力，多点开花，显示出强劲的科研实力。"七五"项目中伦世仪主持的"酒精废水生产单细胞蛋白"、王鸿祺主持的"用于高黏度培养物——针对微生物多糖黄原胶反应器"、邬显章主持的"碱

"七五"攻关项目技术鉴定会

性脂肪酶菌种选育及小试"、诸葛健主持的"发酵法生产甘油"经技术鉴定，均达到了国际先进或领先水平，也为学校冲击国家级重点学科打下了坚实的成果基础。

1. 专题名称：酒精废水生产单细胞蛋白

专题编号	75-05-02-02	主持部门	商业部
鉴定时间及部门	1990年12月商业部主持	密级及成果水平	国际首创、国际先进
承担单位及课题负责人	无锡轻工业学院，伦世仪教授	合作（协作）单位	徐州酿酒总厂

成果简介、技术经济指标

成果简介

1. 选育出一支优良的SCP生产菌株S13
   （1）蛋白质含量60%；
   （2）不需调pH，只需补充无机氮源，生产条件粗放，速度快；
   （3）u=0.60（h^{-1}），Yx'/COD=0.6 [kg细胞/kg基质（以BOD计）]，K_S=0.2（kg/m^3）。

2. 新型高效的生物反应器
   所设计的50m^3发酵罐为气升式内环流反应器。该反应器从100L模型反应器一次放大500倍，获得圆满成功。反应器借空气在升、降液管中分布所造成的压差，形成剧烈的内环流，既达到充分的混合效果，又达到必需的供氧选率。由于设计合理，该反应器在生产强度平均为1.6kg/（m^3·h），通风比只有0.156vvm，故可以显著节约反应器功率消耗。且结构简单，便于大型化。传统的反应器既有机械搅拌系统提供混合作用，又需通风供氧，反应器耗大，结构复杂，难以大型化。一般的鼓泡式或一般的气升式反应器因混合作用明显不足，只得加大通气，造成能量的浪费。作为废水生产SCP的反应器，经国际联机检索，其性能属国际领先。

3. 合理工艺路线的选择
   采用低温蒸煮工艺生产酒精的蒸馏废水，其中悬浮固形物易于分离，有利于后道处理，SCP产品色泽也比较好。此外，本工艺也能适用于高温蒸煮生产酒精的蒸馏废水。采用部分菌体反馈的连续培养法进行连续运转，这种培养技术可以适当提高发酵醪SCP浓度，且比分批培养法提高反应器的生产强度3倍以上。二次废水可以无间歇回用（作为原料配水，有可能完全实现闭路循环）。

4. 研究成功一条新的饲料加工工艺路线以及相应的设备（如湿料缓冲仓，蒸煮、干燥器等），首次将高水分原料引入工业化饲料生产中。在不加任何黏结剂的情况下，颗粒饲料成品耐水时间达12h以上，而每吨对虾颗粒饲料的加工成本仅69元。

技术经济指标

1. 生产能力
   当原料废水中的悬浮固形物含量≤5%，产品的粗蛋白含量>45%。以产品粗蛋白含量45%计，此50m^3反应器的年产量可达500t干SCP，处理废水60000t。

2. 生产成本
   按现在物价计，成本为1800元/t SCP；电耗1000kW·h/t SCP；水耗300t/t SCP，煤耗1215kg标准煤/t SCP。除此之外，还省去大量的排污费。

经济、社会和环境效益及推广应用前景

1. 经济效益
   我国为了满足国内养殖业需要，每年不得不耗用约2亿美元外汇进口鱼粉。用酒精工业废水生产饲料酵母，可部分代替鱼粉用于养殖业。以现价成本1800元/t SCP，售价2300~2500元/t SCP计，每吨利润500元，本中试车间年直接利润约25万元。

2. 社会、环境效益
   因二次废水中酒精酵母的抑制物被S13所利用，可以全部作为原料配水回用，完全解决了废水污染问题，年减少外排COD1800t，工厂节约的排污费远超过25万元。就徐州市而言，对减少奎河污染，缓解苏、皖二省长期存在的纠纷做出重大贡献。

3. 推广前景
   本中试车间年使用（或处理）6万t酒精蒸馏废水。全国酒精厂年排放蒸馏废水1100万t。若全部推广此技术，预计可生料酵母10万t，工厂直接利润5000万元，少排放COD36万t，间接效益更远大于5000万元。由于对虾颗粒饲料的耐水性提高，大大减少了饲料在水中散失。以本中试车间年产5000t饲料计算，即可节省饲料500t，价值150万元左右。

2. 专题名称：用于高黏度培养物——针对微生物多糖黄原胶反应器

专题编号	75-71-08-02	主持部门	中科院
鉴定时间及部门	1990年12月由轻工业部主持鉴定	密级及成果水平	国际先进
承担单位及课题负责人	无锡轻工业学院，王鸿祺教授	合作（协作）单位	

成果简介（包括技术经济指标）

本反应器针对黄原胶的非牛顿、高黏度，但可剪切变稀的特点设计，结构简单，操作方便；设置高效溶氧传质区和快速混合的新型气提环流生物反应器。由2L升模型反应器起，放大到20L、150L，直到3000L中试规模，完全重现各阶段反应器的技术指标，并有所提高。其中48h的发酵液度达31.2g/L；发酵电耗：每吨产品6149kW·h；丙酮酸含量3.3%；碳源转化率67%；发酵64h的浓度达35.6g/L；发酵电耗：每吨产品7839kW·h；丙酮酸含量3.5%；碳源转化率69.6%，48h和64h的产品质量都超过FAD标准，接近世界权威公司——美国Kelco公司的指标。

本反应器可节约发酵成本26%，用于酶介菌体比传统酶反应器工效2~3倍，可节约建厂投资25%。以年产1000t的工厂估计，可节约投资450万元。

经济、社会、环境效益及推广应用前景

中试规模气提环流黄原胶反应器已在山东烟台味精厂投入生产应用，每年生产黄原胶干粉8~10t，该厂已确定采用25~50米环流反应器列入"八五"技改项目，申报火炬计划。房山多糖厂也打算采用本反应器的环流结构适当改造该厂原有发酵器。江苏金湖黄原胶厂也深感兴趣，建议及时转让本反应器新技术。

3. 专题名称：碱性脂肪酶菌种选育及小试

专题编号	75-71-06-02	主持部门	中国科学院
鉴定时间及部门	1990年10月28日由轻工业部主持组织鉴定通过。	密级及成果水平	机密；国际先进
承担单位及课题负责人	无锡轻工业学院，邬显章教授	合作（协作）单位	无

成果简介

经研究表明，衣服污垢中脂肪污垢所占比例较大，在洗衣粉中适量添加碱性脂肪酶，可有效分解脂肪污垢，显著提高洗涤效果。"碱性脂肪酶菌种选育及小试"为国家"七五"科技攻关专题轻化工业用酶及其应用技术的研究子课题之一，通过几年的研究，在全国各地采集土样94个，育种2000多株，经化学物理诱变及抗性平板筛选，得到一株圆弧青霉白色变株PE92，25L发酵罐试验，发酵时间48h，酶活力平均达727U/mL（pH9.5），超过了攻关指标（600U/mL），并经应用试验，效果良好。

经济、社会、环境效益及推广应用前景

目前国内虽有少量加酶洗衣粉生产，但主要是添加蛋白酶，尚未添加碱性脂肪酶，而衣物中的脂肪污垢为蛋白质污垢的5~9倍，在洗衣粉中添加碱性脂肪酶，可显著提高洗涤效果，所以添加碱性脂肪酶及其他酶的生物洗衣粉有着广阔的发展前景。在洗衣粉中加入碱性脂肪酶可减少成品洗衣粉中表面活性剂及三聚磷酸钠的含量（此两部分依赖进口），可节约外汇，改善环境污染。我国洗涤用品规划预计到1995年及2000年，生物洗衣粉将分别占洗衣粉总量的10%~15%及30%，即24~36万t和100万t，若以生产每吨生物洗衣粉计，则每年可获利近5亿元。

4. 专题名称：发酵法生产甘油

专题编号	75-71-07-06-07		
鉴定时间及部门	1991年1月，轻工业部	密级及成果水平	国际先进
承担单位及课题负责人	无锡轻工业学院，诸葛健副教授	合作（协作）单位	

成果简介，技术经济指标

本研究通过原生质体技术和诱变，已选育得到WL-2002-5菌株，该变株较1972年轻工业部鉴定的优良菌株61-4-A8性能有了进一步提高：发酵甘油含量提高20%，转化率提高12.5%，即葡萄糖含量为25%，发酵3~4d，含甘油12%以上，糖转化率48%以上，产率30g/L，天以上，达到国际先进水平。对高黏度易焦化的发酵浓缩液提取甘油技术也有了突破性进展，在甘油：残糖为1:1的情况下，蒸馏效率仍达80%以上。该项载体蒸馏技术已于1988年4月申请专利并于1990年10月公布，是一项国际首创技术。

经济、社会、环境效益及应用前景

甘油广泛应用于轻工、化工、国防、纺织等十多个行业，1700多种产品，为主要的工业原材料，长期严重供不应求，预计至2000年全国需甘油量为12万t，但肥皂工业与化学合成能生产甘油不超过6.48万t，因此发酵法生产甘油前景诱人。目前每生产1t甘油需要约6t淀粉质原料（地瓜、玉米、木薯等），但可得糖渣料3t及100kg干酵母。吨成本7000~8000元，市场价1万元/吨以上，利润率20%~40%。一般通风发酵工厂稍加投资即可上马，新建工厂均3~5年可收回投资。

表8 "七五""八五"国家科技攻关项目情况

任务来源	项目名称	负责人	鉴定结论意见
"七五"攻关	用于高黏度培养物的生物反应器	王鸿祺	国际先进
	酒精废液生产单细胞蛋白 （第一部分） （第二部分）	伦世仪 谷文英	国际领先 国际首创
	薯类原料生产酒精节能糟液分离及糟液综合利用	章克昌	国内首创
	发酵法生产甘油	诸葛健	国际先进
	苏氨酸菌种选育及小试、产品分离提取机中试	檀耀辉 张炳荣	填补国内空白
	碱性脂肪酶菌种选育	邬显章	国际先进
"八五"攻关	碱性脂肪酶	邬显章	国内领先
	赖氨酸发酵中试反应器	伦世仪　吴佩琮	
	微生物多糖的应用与开发试验	赵光鳌	通过验收
	洗涤用碱性纤维素酶的研制与开发	章克昌	国内领先

（三）国家、省部级项目连获丰收

表9 国家自然科学基金立项情况

序号	项目名称	负责人	系别	鉴定时间
89104	添加碱性纤维素酶洗涤剂研究	莫开国	发酵系	1990.10
91101	美洲商陆细胞培养及抗病毒蛋白特性研究	陶文沂	发酵系	
91102	红酵母PHAFFIA产生类胡萝卜素色的研究	王武	科研处	
91103	厌氧颗粒污泥形成机制的研究	陈坚	发酵系	
（不可考）	以生物技术合成易降解的生物塑料材料	李礼尧 王武（执行）	科研处	

表10 省部级项目立项情况

项目分类	项目名称	负责人
国家教委科研项目	新型引进大麦制麦技术研究	尹象胜
	纤维素酶研究	莫开国

续表

项目分类	项目名称	负责人
国家经委科研项目	啤酒酵母国内优良菌种选育	顾国贤
	大容积发酵罐凝聚性酵母选育	顾国贤
轻工业部科研项目	酒中氨基甲酸乙酯机制的研究	赵光鳌
	柠檬酸发酵新工艺	全文海
	碱性纤维素酶的研制应用	莫开国
	玉米原料酒精浓醪发酵工艺的研究	章克昌
省科委科研项目	用原生质体融合法提高赖氨酸菌种产酸性能研究	
	衣康酸的研究	金其荣
	纤维素酶产生菌的选育及应用	章克昌
	发酵运动单胞菌颗粒化技术及其酒精连续发酵研究	章克昌
省教委科研项目	二相升流式厌氧污泥工程	陈坚

（四）首座厂校联合实验室贡献力量

1986年，发酵系同安徽怀远啤酒厂合作，在该厂校友秦武合力努力下，使一家县城小厂一举夺得安徽省啤酒评比第一名。厂方决定进一步加强与校方合作，由厂方出资建设我校首座厂校联合育种实验室，加强人才培训，科研合作，这在当时属学校首创。

这座小楼在相当长一段时期内缓解了教学用房紧张的问题，增强了团队凝聚力，发挥了多方面的积极作用，成了很多人心中的回忆。

无锡轻工业学院—怀远啤酒厂联合育种实验室（1987）

1987年日本酶代表团来我校交流

30周年校庆中日发酵工程学术报告会在无锡轻工业学院召开（1988）

1989年日本Sapporo啤酒公司来无锡轻工业学院交流

1991年日本堀津教授来无锡轻工业学院做学术报告

日本山田秀明教授做学术报告（1997）

Prior教授来访（2001）

"211工程"建设初审领导视察（1996）

国家科委生物工程中心徐庆毅主任考察（1995）

无锡轻工业学院首个国家技术发明奖诞生地（2000）

经过6次扩建的联合实验室面积已达600m²

校区搬迁，联合实验室成为回忆（2014）

四、学科优势凸显，学位授权体系完整

学科是发展高新技术，培养高水平人才的依托和基础。经过多年的不懈努力，发酵系的学科建设在原有的良好基础上持续进步，在发酵工程领域确定了优势地位，也成为无锡轻工业学院的特色方向。

（一）从本科到博士后，形成完整学位授权体系

1981年，无锡轻工业学院工业发酵专业是轻工业部所属高等学校中首批获硕士学位授予权的系科。1986年7月，经国务院学位委员会批准，发酵工程系工业发酵学科（专业）具有博士学位授予权。这也是国内最早的工业发酵学科博士点。

1987年4月8日，国务院学位委员会批准无锡轻工业学院发酵工程系工业发酵学科（专业）为在职人员硕士学位授予试点单位。发酵学科的在职人员，可通过自己的工作实践和自学钻研，在教学、科研或专门技术中做出成绩，提高了业务与学术水平之后，能按规定申请相应学位[1]。

[1]《无锡轻工大学年鉴（86-92）》第623页。

1988年9月30日，经国家教委批准、无锡轻工业学院具有副教授任职资格评审权。省教委批准我校发酵学科具有评审教授任职资格。

1990年6月29日，国家人事部，全国博士后管理委员会人专发（1991）11号文批准无锡轻工业学院新设轻工学科博士后流动站。涵盖发酵工程等4个二级学科。同年年底，经全国博士后管理委员会批准，录取1名博士后研究人员进站工作。

随着研究生学位授权点的增多以及研究生教育规模的扩大，我校研究生指导教师人数不断增加。1986年，伦世仪被国务院（国务院学位委员会）批准为博士生导师，是发酵工程系首位博导。1993年底，发酵工程系章克昌教授被国务院（国务院学位委员会）批准为博士生导师[1]，截至1997年，发酵学科被国务院学位委员会和中国轻工总会批准为博士生指导教师的共6位：伦世仪（1986）；章克昌（1993）；诸葛健（1995）；王武、陈坚、陶文沂（1997）。

[1]《江南大学史》第134页。

（二）持续保持学委会席位，巩固制高点

1981年起我国实行学位制度。国务院成立学位委员会。轻工业部系统有3人被聘为国务院学位委员会第一届（工学）学科评议组成员，朱宝镛是其中之一，且作为轻纺组召集人之一。朱宝镛在离会前推荐了他的学生、发酵工程系教授伦世仪接任他的工作[2]。1985年2月26日，经国务院学位委员会第六次会议审议，伦世仪教授为国务院学位委员会第二届学科评议组成员和轻纺学科召集人。1992年，经国务院学位委员会第十次会议批准、国务院学位委员会第三届学科评议组业已组成，发酵系伦世仪教授被聘为学科评议组成员并为轻工、纺织学科评议组召集人，陈坚博士为该学科评议组秘书。轻纺评议组负责审评轻工、纺织系统各高等院校和科研机构各专业的硕士和博士学位授予权，是保证学位质量最关键的一个环节。

[2]《朱宝镛与发酵教育事业》第113页。

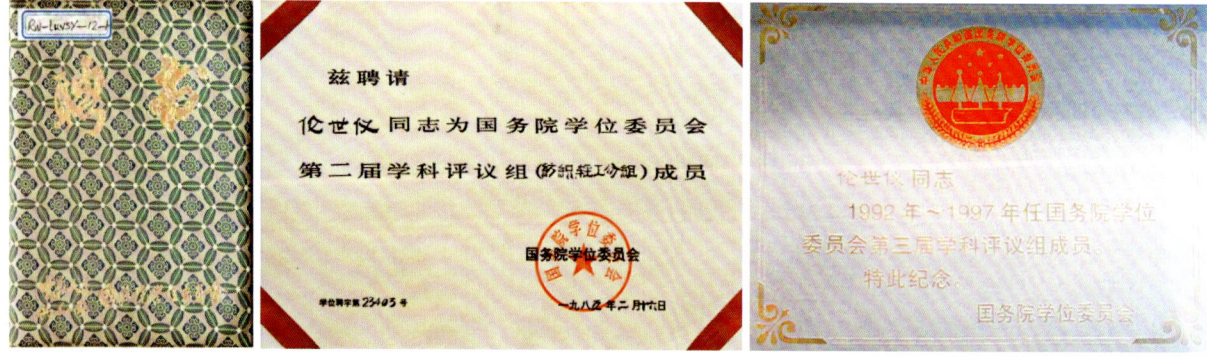

伦世仪任国务院学位委员会第三届学科评议组成员聘书

（三）建系四年，首列国家重点学科

1988年7月22日，国家教委以（政）教研字019号文正式下达高等学校重点学科名单，发酵工程系工业发酵学科（专业）被确定为国家重点学科点。这是我国历史上发酵工程专业的首个国家级重点学科，也是无锡轻工业学院历史上的首个国家级重点学科。重点学科将承担教学、科研双重任务，并逐步做到能够自主地、持续地培养和国际水平大体相当的博士、硕士、学士；能够接收国内外学术骨干人员进修深造，进行较高水平的科学研究；能够解决"四化"建设中重要的科学技术问题、理论问题和实际问题；能为国家重大决策提供科学根据，为开拓新的学术领域，促进学科发展做出较大贡献。

五、国际交流空前活跃，开启中日深度合作

教育必须面向世界。1979年6月，教育部和外交部联合发出文件——《关于开展校际交流的几点意见》，规定全国重点院校可以有选择、有计划地与外国高等学校进行学术交流和建立校际联系。

根据学校党委确立的符合时代要求的重要理念：学校的教育，不仅要与国际通行的教育体制和教育方式接轨，更重要的是要让中国学生学到与国外教育同样的内容。在此理念指导下，学校进入了历史上国际交流、合作的空前活跃时期，其形式多种多样，诸如组团出国考察，与国外大学建立合作关系；派教师到国外学习、进修，合作科研、讲学和参加学术活动；邀请国外专家、学者来校讲学、任教；举办国际学术会议，发展留学生教育等。在这些活动中，发酵工程系师生了解了国际教育发展现状和趋势，扩大了我校发酵学科在国际上的影响。

20世纪80年代是无锡轻工业学院及发酵工程系对外交流的活跃期。1958—1994年，外籍专家、学者短期来访、讲学合计30人次（表11），来访专家学者主要集中在美国、日本两国，频繁的互动交流，促进了双边多领域合作。1989年，美国、日本三所大学为发酵工程系建成"菌种保藏中心"，该中心的建成对于开拓新的学术领域，促进学科发展具有十分重要的意义。这也是发酵工程系与日本学者深度合作的丰硕成果。

1985年5月20日，由华静娟院长主持授聘仪式，授予美国普渡大学教授曹祖宁发酵系名誉教授称号。这也是无锡轻工业学院聘任的首位外籍名誉教授。

授聘曹祖宁名誉教授仪式（1985，右起为朱宝镛，华静娟，曹祖宁，伦世仪）

表11　1958—1994年外籍专家、学者来发酵系交流访问、讲学情况

时间	姓名	院校或团组名称	活动内容
1966.02		越南科学院代表团	交流发酵技术
1979.05.18	辛斯凯教授	美国麻省理工学院营养食品系	工业微生物研究讲学
1979.05.18	库尼副教授	美国麻省理工学院营养食品系	甲醇生产单细胞的生化工程讲学
1979.09.11~09.12	李雪馨研究员	美国新泽西州氰胺公司农业中心	发酵农药的毒理研究
1979.10.	杨人济教授	美国加利福尼亚州大学生化系	蛋白质结构讲学
1980.05.03~05.11	曹祖宁教授	美国普渡大学化工系	发酵工业动态讲学
1981.08.25~08.28	赵从伟研究员	美国淀粉和化学公司	多糖的化学及其在工业上应用讲学
1981.12.02~12.06	陈其斌博士	美国糖业顾问	甘蔗制糖科技讲学
1982.06.04~06.05	狄曼教授	美国麻省理工学院	微生物讲学
1984.10.25~11.10	堀津浩章教授	日本岐阜大学	发酵讲学
1985.05.13~15.14	三实淳研究员	日本通产省发酵工业研究所	交流发酵技术
1985.05.26~06.05	曹祖宁教授	美国普渡大学	发酵讲学、授聘为名誉教授
1985.10.06~10.20	高尾彰一主任、教授	日本北海道大学农业化学系应用菌学教研室	微生物发酵科学讲学
1985.10.28~10.31		美国酶工程代表团	酶工程讲学

续表

时间	姓名	院校或团组名称	活动内容
1985.11.25~12.18	修麦克夫人研究员	美国加利福尼亚州西泰士公司	酶合成讲学
1986.10.20	曹祖宁 名誉教授	美国普渡大学	来我院指导发酵系研究生，并就发酵专业的建设和博士生的培养提出了许多积极的建议
1987.11.7	高尾彰一教授	日本北海道大学	应我院邀请，率日本东京大学，名古屋大学，京都大学，大阪大学，九州大学等6所大学的7位微生物学方面的著名教授来我院进行学术交流和访问
1987	翁博博士	美国普渡大学	辅助建设菌种实验室

这一时期，发酵系教师有25人次访问、考察或出席各种国际学术会议，主要派至日本、美国、法国等国家。在学习西方国家先进科技理念和方法的同时，也增进了西方国家对于我国发酵学科的了解（表12）。

伦世仪参加1992年美国化学工程师学会年会

伦世仪协商在江西设立中德联合研究所事宜（1990年）

伦世仪参加第四届欧洲生物技术学术讨论会（1997年）

1990年美国生物工程会议分会场

美国麻省理工学院狄曼教授在诸葛健墙报前合影（1990年）

章克昌同参加会议的美国麻省理工学院教师交流

表12　1984-1994年发酵系教师出访、考察、参加国际会议情况

出访时间	姓名	出访国家	活动内容
1982.03.08～04.08	朱宝镛	法国	参加法国"啤酒与非酒精饮料座谈会"，考查酿酒、饮料生产
1983.09.14～10.10	伦世仪等	美国	轻工业部组织"美国食品科学教育考察团"
1985.11.11～11.30	伦世仪、邬显章等	日本	轻工业部发酵及食品工学访日代表团
1986.09.28～10.26	诸葛健	日本	胜田市日立公司拟那珂工厂，进行H-700逐射式电子星微绕的培训
1986.10～1987.09	张炳荣	日本	参加第十四届国际大学微生物讲座
1987.06.14～06.19	伦世仪	荷兰	参加第四届欧洲生物技术学术讨论会
1987.08.03～08.22	诸葛健	日本	赴北海道大学讲学，讲学内容是细胞融合过程
1987.08.03～08.22	顾国贤	日本	赴北海道大学讲学，讲学内容是十年来中国啤酒的发展
1987.08.03～08.22	赵光鳌	日本	赴北海道大学讲学，讲学内容是十年来中国酒类的芳香成分
1990.01.26～02.07	伦世仪等	西德	协商在江西设立中德联合研究所事宜
1991	王武等	美国	考察并参加有关生物技术的研究工作
1992.04.10～04.16	陈坚、张涛	日本	参加第二届亚太生化工程会议
1992.08.16～08.25	詹晓北	法国	赴法国进行黄原胶生产关键设备卧式离心机的考察
1992.09.30～10.19	王鸿祺	美国	工艺设备
1992.10.30～11.26	伦世仪	美国	参加1992年美国化学工程师学会年会
1993.12.03～12.18	邬显章、王武等	巴基斯坦	由中技南方进口公司组团到巴基斯坦PAHR SUGAR MILLS进行现场考察、技术交流、合同洽谈
1993.06.21～07.08	章克昌等	俄罗斯	访问莫斯科食品工业学院，参观俄罗斯食品加工厂，考察了能与我方合资经营的工厂企业等
1994.03.29～04.26	诸葛健	日本	赴岐阜大学合作交流固定化细胞
1994.06.11～06.18	章克昌、诸葛健、陶文沂、张涛	新加坡	参加在新加坡举行的亚洲-太平洋地区生化工程会议

诸葛健在达尔豪斯（Dalhousie）大学

凡宁（Vining）教授指导诸葛健做研究

与此同时，为了培养师资，坚决贯彻"按需派遣"方针，无锡轻工业学院通过世行贷款等各种渠道派遣教师出国进修或直接派遣出国留学人员攻读博士学位。到1994年底，共有24人次学成回院，都已成为发酵工程系教学科研骨干力量，对提高科系教育质量和科研水平起了重要作用（表13）。

发酵工程系出国留学生莫开国，在日本九州大学获博士学位后，于1988年5月返校任教。这是无锡轻工业学院自党的十一届三中全会以来第一个学成回国的博士研究生[1]。

① 《无锡轻工大学年鉴（86—92）》第232页。

表13　1984—1994年发酵工程系出国进修人员情况

出访时间	姓名	出访国家	活动内容
1983.04~1984.04	毛醒一	日本	赴日本国际协力事业团进修
1983.04.08~1983.10.10	陶文沂	日本	赴日本大阪市立工业研究所进修
1986.10~1987.10	张炳荣	日本	赴日本大阪大学进修微生物学
1986.10.22~1987.11.24	徐云	英国	赴英国伯明翰大学进修，进修专业是微生物学（1年）
1987.04.10~1988.04.08	李华钟	英国	赴斯特拉尔克特大学进修，进修专业是生物科学（1年）
1987.10.07	李建科	美国	赴里海大学进修，进修专业是生物技术（9个月）
1989.05.10~1989.08.26	章克昌	美国	赴美国普渡大学进修，进修专业是发酵过程（3个月）
1989.08.14~1990.08.21	诸葛健	加拿大	赴哈利法克斯的达尔豪斯大学进修，进修专业是生物工程（1年）
1989.11.12~1990.11.07	许赣荣	日本	赴日本大阪大学进修，进修专业是微生物（1年）
1990.05.20~1990.10.30	尹象胜	英国	赴酿酒研究基金会研究中心进修（半年）
1990.06~1990.12	王武	美国	赴美国加利福尼亚大学戴维斯分校进修，进修专业是遗传工程（半年）

续表

出访时间	姓名	出访国家	活动内容
1990.09~1991.03	陶文沂	加拿大	赴加拿大多伦多大学高访,专业是植物细胞工程(半年)
1990.7.28~10.30	赵光鳌	英国	3个月
1990.7.28~10.30	吴佩琮	英国	3个月
1991.10~1992.10	徐岩	日本	赴日本大阪大学进修,进修专业是微生物(1年)
1991.10~1992.10	毛忠贵	日本	赴日本名古屋大学进修,进修专业是生化工程(1年)
1992.01.17	曹宁军	美国	进修柠檬酸生产技术(6个月)
1992.06.22~1992.09.17	许赣荣	日本	赴日本大阪大学进修,进修专业是固定化技术(3个月)
1993.10~1994.04.02	张星元	日本	国家教委委派赴日本国立大阪大学进修
1994.12.10	莫开国	日本	赴日本九州大学进修,进修专业是酶工程(6个月)

(一)深度互访,中日学者互通有无

20世纪80~90年代,发酵工程系与日本、美国学者的往来尤为密切。来往的学者中北海道大学高尾彰一、岐阜大学崛津浩章两位教授最具代表性。从互访讲学、举办学术会议、到接受访问学者、设立奖学金等各个领域建立了深度的合作关系,为发酵学科与日本高校长期交流合作奠定了坚实的友谊基础。

1. 名誉教授——高尾彰一

1985年12月3日,轻工业部批文同意聘请日本北海道大学农化系应用菌学教研室主任高尾彰一为发酵系名誉教授。1986年举行授聘仪式。

授聘高尾彰一名誉教授仪式(1986)

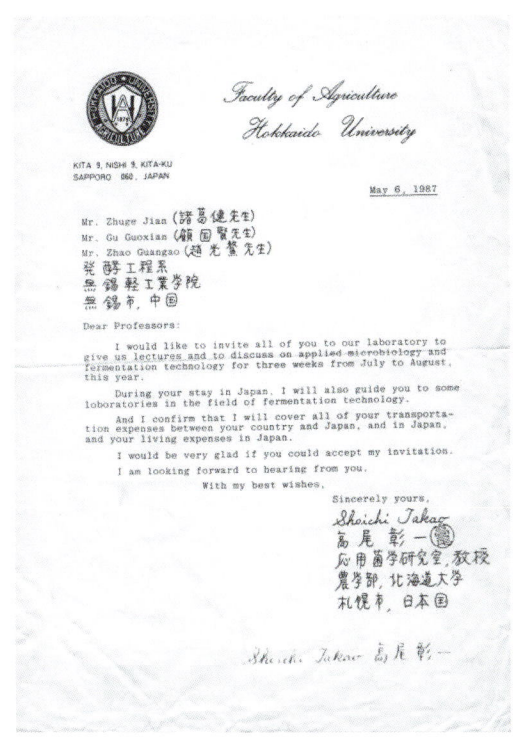
高尾彰一邀请三位老师访日邀请信（1987）

高尾彰一教授迎接我方欢迎宴会（1987）

高尾彰一教授同我们在农学院会议室（1987）

参观北海道啤酒厂博物馆（1987）

1987年8月，高尾彰一邀请学院诸葛健、顾国贤、赵光鳌3位副教授赴日本北海道大学讲学并参观企业，讲学主题内容分别为：细胞融合工程、十年来中国啤酒的发展、中国酒类的芳香成分。高尾彰一着力帮助培养年轻教师，给予初建的发酵工程系大力的支持。

同年11月7日，高尾彰一教授应我院邀请率日本东京大学、京都大学、大阪大学、九州大学、北海道大学等6所大学的7位微生物学方面的著名教授（名录如下）来我院进行交流和访问，并与我校联合举办了"应用菌学"及"发酵工程学"科学报告会[①]。

①《无锡轻工大学年鉴（1986—1992）》第232页。

1. 北海道大学　高尾彰一　2. 东京大学　驹形和男　3. 大阪大学　冈田弘辅

4. 京都大学　栖仓辰六郎　5. 九州大学　林田晋策　6. 名古屋大学　鸭高重三

7. 京都大学　千叶英雄

我校、系领导全部出席欢迎日本代表团（1987）

访问我校的日本七位教授（1987）

伦世仪和王武陪同参观实验室（1987）

伦世仪陪同游览太湖（1987）

日本七位教授抵达无锡

朱宝镛教授参加为日本七位教授举行的送别宴会

1992年10月23日，发酵工程系举行高尾彰一教授奖学金颁奖仪式。从1992年开始，决定在发酵系和食品工程系两系设高尾彰一教授奖学金，每年奖励品学兼优的3名研究生和6名本科生[1]。

[1]《无锡轻工大学年鉴（1986—1992）》第126页。

高尾彰一教授奖学金颁奖大会

2. 名誉教授——崛津浩章

崛津浩章教授于1984年10月25至11月10日首次访问我校，当时受到华静娟院长、伦世仪系主任、邬显章副主任等的热情接待，并做了有关发酵方面的讲座。

崛津浩章教授之后与日本团一行在1987年还参加了江苏省微生物学会年会，参观了圣泉啤酒厂（原怀远啤酒厂）。同年，崛津浩章教授还促成了岐阜大学接待我校华静娟院长以及伦世仪和邬显章两位系主任的访问，并签订了两校学术交流合作协议。

1991年10月16日，无锡轻工业学院举行授予日本岐阜大学崛津浩章为发酵系名誉教授的仪式。1994年诸葛健受邀到岐阜大学进行有关固定化酵母的短期研究。两校的合作在崛津教授退休后仍然延续多年。

华静娟院长、伦世仪系主任等陪同崛津浩章夫妇（1984）

邬显章系副主任陪同崛津浩章参观（1984）

日媒报道我校同岐阜大学合作消息（1986）　　两校学术交流合作协议（1986）

（二）举办参与各类学术会议，打造交流平台

牵头举办学术会议，进行学术交流，掌握学科的前沿，是科学研究的一个重要方面，也是拓展发酵学科学术影响力的重要途径。改革开放后学术活动的开展逐步放开，迎来了科学的春天，发酵系也及早融入全国有关发酵学科的学术活动中并发挥话语权，陆续打造了一些学术交流平台，有的沿袭至今。在这过程中，发酵系充分联系校友，发挥纽带作用，形成了凝聚力。

全国酒曲微生物学术讨论会校友合影（1981）

全国果酒、葡萄酒学术讨论会（1984）

诸葛健在全国分子育种学术讨论会上做报告（1988）

诸葛健在全国酒曲酿酒微生物学术讨论会上做报告（1988）

① 《无锡轻工大学年鉴（1986—1992）》第623页。

② 参考诸葛健稿件整理撰写。

1987年12月，由中国微生物学会、全国发酵学会主办，我校主持的"第一届全国发酵工程学术讨论会"在我院举行。中国、瑞士等国近180名专家学者参加研讨[①]。几乎全国的发酵界著名学术权威都受邀参加这次会议，如陈騊声、秦含章、朱宝镛、焦瑞身、唐孝宣等。无锡轻工业学院的校领导华静娟和丁霄霖也出席指导。这次会议还首次举办了国外仪器参展[②]。

1989年4月，无锡轻工业学院还举办了"中日啤酒技术交流会"。1992年10月，无锡轻工业学院和加拿大平原麦芽公司协作举办的"制麦与酿酒技术国际研讨会"在无锡轻工业学院召开。加拿大、英国、美国、日本和我国酿造业的120位教授、专家、企业

主持人诸葛健主持会议，会徽系王武设计

陈騊声、朱宝镛、唐孝宣、丁霄霖在座（左起）

焦瑞身、秦含章、华静娟在宴席上

德国展商向华静娟、诸葛健、王武展示他们的仪器设备

参加第二届会议的焦瑞身和唐孝宣

第三届全国发酵工程学术讨论会在青山湾校区逸夫馆举行

国际制麦与酿酒技术研讨会（1989）

家共同交流和研讨啤酒、大麦、麦芽制造和啤酒酿造的新思想、新技术。会议对50余篇论文进行了交流，其中外国专家、教授提交30余篇。通过交流和研讨，相互博采众长，使我国酿造界更多地了解国外先进酿造工艺、设备和技术，对推动我国大麦和啤酒生产的发展，提高生产效率，对使中国啤酒以更好的质量走向世界起到了积极作用。

六、故事篇：四大教研室展示行业影响

发酵系单独建系，鼓舞了全体师生建功立业的勇气和信心。在系主任伦世仪的带领下，四个教研室主任以创建国家重点学科为目标，制定计划，积极行动，努力创造条件，经过艰苦努力，以超凡的创业干劲，不断地推动着发酵学科的发展。为了更好地体现四大教研室在这一时期的发展概况，特邀请当时各自教研室的负责人或教师来撰稿，讲述教研室的发展。

（一）生物化学教研室[①]

① 田亚平供稿。

1984年，发酵工程系从大食品专业分出来，伦世仪老师担任系主任，全文海老师作为生物化学的掌门人肩负重任，与两位北大毕业的吴果达和徐云老师一起，首先考虑学科发展的方向和层次，强调专业核心基础课程的重要作用，建议成立生物化学和微生物学两个基础教研室，从设备投入和人员考核的各项政策上适当倾斜，并针对本科、委培专科及企业，全面梳理课程教学重点。作为发酵专业毕业的本科生，全文海老师对学院各本科专业培养的整体规划常常有自己独到的见解，他在专业基础课教学上的表现得到许多教师和领导的赞扬，可以说是有口皆碑的。

生物化学教研室在学科队伍建设方面注重人才的梯度引进，开始没有硕士和博士，只有本校自己培养的有机械设备专科教育背景的华子安、张恩老师及当时本校发酵工程毕业

留校的田亚平老师，后来又留了自己培养的博士曹宁军老师，当时生物化学教研室的师资力量的合理配备，多亏了全文海老师的出谋划策。全文海老师对新留校和分配来的年轻老师都有一个比较长的培养过程，一般是先参加辅助带实验和跟老教师做小助教随堂听理论课，然后研究室组织试讲活动，及时指出不足和改进建议，然后再从给专科和委培带实验及上课开始，慢慢积累教学经验，这有利于年轻教师比较从容地进步发展。这个方式在当时的发酵系虽然不是全文海老师独创，但他的确执行得不错。

当时已经开始逐渐重视科学研究，基础教研室在这方面没有专业教研室的优势，全文海老师特别清楚基础学科的定位，为了更好地发挥作用，愿当配角，先后与顾国贤、赵光鳌及章克昌、余晓斌开展合作课题，分别为企业横向课题——无醇啤酒、企业横向课题——酒用酸性脲酶和国家"八五"攻关项目——碱性纤维素酶。从合作课题和共同指导研究生都有密切的合作，在合作课题中发挥基础学科在理论研究和生物化学基础方面的优势。以后又相继承担了国家级纵向课题和企业的横向课题，他对硕士和博士生的指导非常到位，培养了一批优秀的博士、硕士，如李强军、施玮、杨畅等，并经常作为外院的外请专家参加博士的答辩。

当时依靠世界银行贷款，学院引进了一批较先进的设备，其中德国进口的超速离心机价格不菲，还有日立高速冷冻离心机，当时学校发展的重心是放在本科教学上的，所以这些设备首先满足教学需要，其次为全院科研服务。全文海老师安排有专业背景的华子安老师管理这几台大型仪器，使用效率高，保养得也很好。此外，对于生物化学实验和研究生的分离技术实验，学校会安排新进来的年轻老师从基本的预备实验做起，并不断尝试一些新实验。

记得章克昌老师说过一句话，全文海老师对一些学院发展和政策制定方面的问题常常有自己独到的见解且思辨的逻辑性非常强，一旦出马给学院提建议，一般持相反意见的人都会败下阵的。言语中充满了对全文海老师的欣赏。

生物化学教研室指导研究生答辩现场

(二) 微生物学教研室[①]

①诸葛健供稿。

微生物学教研室是1984年成立发酵工程系时正式成立的,在这之前是发酵教研室下的一门课程,但当时发酵教研室规模不大,教师也不多,仅有微生物实验室和生化与发酵分析实验室两个实验室。同年,诸葛健被任命为微生物学教研室主任,兼微生物学实验室主任,身挑在原有课程小组基础上创建新团队的重担。1984年微生物学教研室获得发酵学科的首个"无锡市先进集体"称号。

发酵学科建设历来强调抓科研、促教学,当时在完成轻工业部蛋白酶菌种选育新技术的课题中攻克难题并创新了原生质体系列育种技术。原生质体融合作为一种新的基因重组手段是在1978年第三届国际工业微生物遗传学讨论会上提出来的。1983年全国第一次原生质体融合学术讨论会的大会报告上,微生物学教研室诸葛健首次报告了以枯草芽孢杆菌为供体转化地衣芽孢杆菌的原生质体时,种间转化频率高达$10^{-5} \sim 10^{-2}$,这一数据较细胞为受体的转化频率高10000倍,当时轰动了会场。教研室也将科研成果很快补充到微生物学的教学中,并特别强调提升教学手段,电化教学方式迅速走到了国内微生物教学前列。在1983年全国高校基础微生物学教学经验交流会议上,大会观摩了根据诸葛健的研究成果自制的教学录像片"显微摄影"和"原生质体融合育种",诸葛健在大会上当选为全国工业微生物教学小组组长。

微生物学教研室1984年首次获得无锡市先进集体全体合影

微生物学教研室欢送朝鲜访问学者李泰俊回国(1985)

山东微生物教学会议全体工业微生物教师合影

诸葛健(右)与山东大学副校长王祖农教授(左)合影(1986)

以北京大学钱存柔教授为首的江苏省教学成果奖评奖组在评议（1992）

当时参评材料：自制的幻灯片和录像片

当时参评材料：团队的论文和教材等（1992）

团队庆贺评奖成功

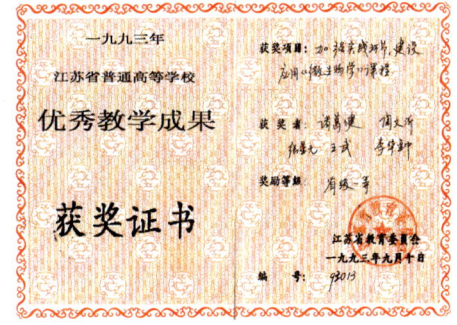
我校首次获得的省教学成果一等奖（1993）

经过微生物学教研室整个团队的努力，几年时间教学和科研都取得较大成绩，在国内也有较好声誉，1992年学校决定推荐微生物学教研室参评江苏省教学成果奖，这也是发酵工程系首次参评该奖项。

在以后的10年中，微生物学教研室同整个发酵工程系一样在新形势下不断进步，不断取得进展，2005年微生物学教研室又荣获了省教学成果二等奖，《工业微生物育种技术》获省研究生培养创新工程优秀研究生课程，《微生物学》获省精品教材，《工业微生物资源、应用与保护》获江南大学研究生培养创新工程优秀研究生课程一等奖等。

由于微生物学教研室的年轻教师日渐成熟，研究方向也各有所长，加上学院的体系改革不断创新，所以原教研室老师有分有合成必然趋势，但原有教研室成员是个友爱大家庭，感情常在，经常举行聚会。

教材建设始终贯穿于微生物学教研室60年的微生物学教学工作中，经过团队的努力，教材和教学参考书、工具书正式出版达10余种。下面展示的仅是正式出版物。

檀耀辉编写的讲义（1957）

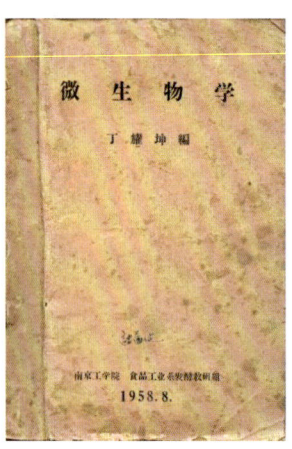

丁耀坤编写的讲义（1958）

北京轻工业学院与无锡轻工业学院合编的教材（1962）

无锡轻工业学院等四院校合编教材（1980）

无锡轻工业学院编写的教材（1990）

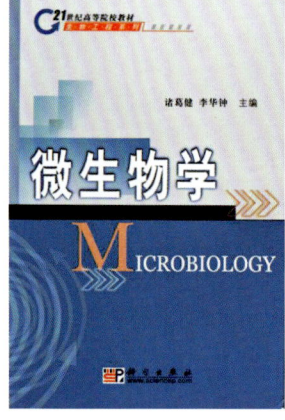

诸葛健、李华钟主编的教材（2004）

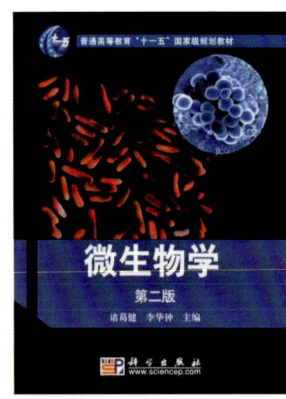

诸葛健、李华钟主编的教材（2009）

张星元主编的教材（2005）

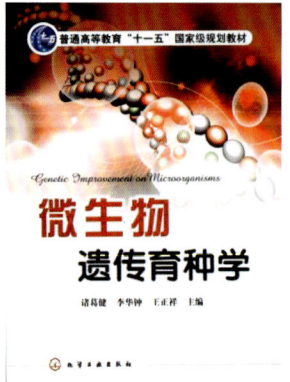

诸葛健、李华钟、王正祥主编的教材（2009）

陶文沂主编的研究生教材（1997）

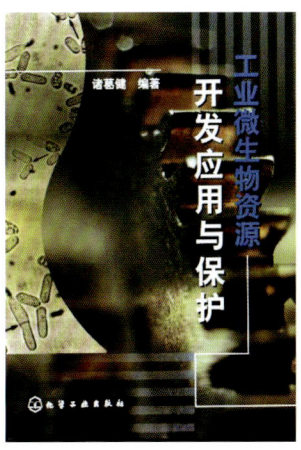
诸葛健主编的研究生教材（2002）

诸葛健主编的研究生教材（2006）

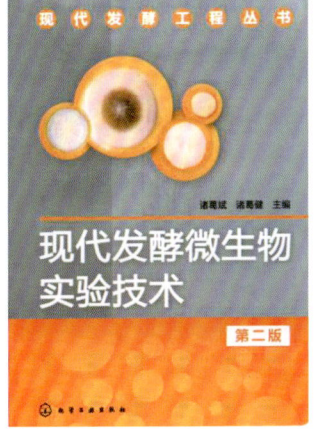
诸葛斌、诸葛健主编的研究生教材（2011）

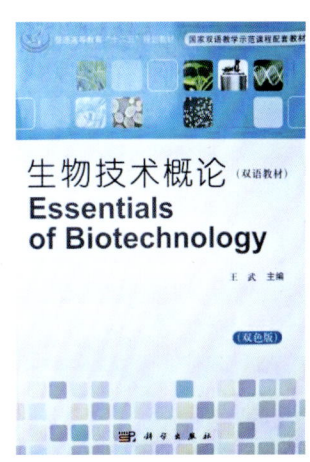
王武主编的生物技术双语教材（2012）

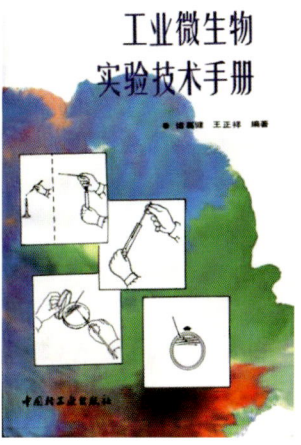
诸葛健主编的参考书（1993）

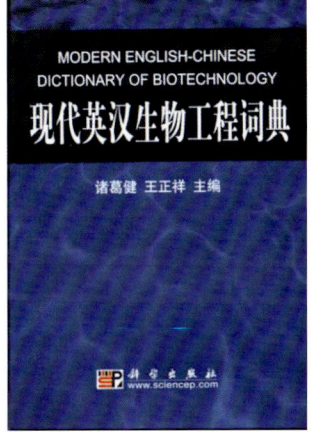
诸葛健 王正祥主编的工具书（1993）

诸葛健主编的参考书（2005）

诸葛健主编的参考书（2007）

(三)发酵工艺第一、二教研室

1. 发酵工艺第一教研室[①]

① 李永仙供稿。

发酵工艺第一教研室根据传统发酵和现代厌氧发酵的工艺原理,结合各位教师的专业特长而组建。顾国贤教授担任教研室主任。

发酵工艺第一教研室组建早期拥有专业教师及教辅人员共12人,研究方向涉及啤酒、白酒、酒精、葡萄酒、黄酒等。经过30多年的发展,教研室已成为拥有26人的专业团队,从事酿酒科学的相关教学和科研工作。

教研室自1984年组建以来,始终本着"站好讲台、服务于社会、广交朋友"的发展宗旨,为学校和学院的发展做出了应有的贡献。

(1)"站好讲台",尽职尽责做好教书育人工作

教研室承担了酿酒工艺学(啤酒、白酒、葡萄酒、黄酒)及白酒和酒精发酵原理、发酵工厂设计、发酵工业分析等本科教学任务。"站好讲台"简短四字,对于教研室的老师们却是更高的要求。首先是任课教师资格的获取。新进教师必须连续两年跟班听课,对授课思路、授课内容应具有充分的理解和掌握,才能通过试讲;其次任课教师开课前必须到企业进行一年的社会实践,深入企业第一线,积累实际经验,丰富课堂教学内容,激发学生对所学专业的兴趣和热情;再次,老师进行专业教学的同时,还要以身作则对学生进行人格培养。教师们以高度社会责任感、爱岗敬业的精神,科学严谨的治学态度,给学生留下了深刻的印象,对学生的健康成长起到了润物细无声的积极作用。从这里毕业的本科生、研究生就职于全国各大酿酒企业,成为企业技术骨干和高层管理人才。顾国贤本人曾担任中国酿酒协会副理事长。名师出高徒,高徒捧名师,师生相得益彰。

(2)服务社会,发挥高校的核心职能

工艺教研组成立以来,在做好教学之余,从事科研为社会尽责,与企业合作,为社会服务,利用科研成果和企业实践经验丰富和完善了专业知识体系。

章克昌教授承担的省部级科技项目的研究成果:低温蒸煮、浓醪发酵、酒糟全回流技术实现了酒精行业发酵技术的革新,简化了原有的发酵工艺,节能减排,将酒精发酵水平从原来8%提高到12%~16%。此项技术目前已被广泛应用到国内外的酒精生产行业和有机酸(如柠檬酸)的生产中。顾国贤教授科研团队承担了"七五"期间轻工业部一条龙项目"优良啤酒酵母的分离选育研究"和霍英东基金项目"啤酒酿造复合酶的研究",啤酒酵母的改良研究成果在国内啤酒企业得到广泛应用,对啤酒行业由传统卧罐式、敞

口池式发酵向立式大罐发酵技术的革新应用起了积极的推动作用。通过改良啤酒生产菌的应用，将啤酒发酵周期由原来的2~3个月缩短至1个月，大大提高了设备的利用率，降低了啤酒的生产成本。教研室对白酒、啤酒风味物质的研究一直处于研究机构、大专院校的前列。

与全国酿酒企业开展广泛的合作，形式包括企业的来样检测、技术培训、技术转让，产品开发等。据不完全统计，自建室以来，为企业举办的各类技术培训班达上百次，学员总数超过3000人次，为国内酿酒行业培养了大批的技术人才。通过多种形式对企业的服务，大大提升了学校本专业在行业的影响力，专业教师也在校内外享有了更高的地位和声誉。行业将无锡轻工业学院生物工程学院的酿酒专业誉为酿酒界的"黄埔军校"，这既是对无锡轻工业学院学术地位的肯定，更是对教研室老师多年努力的认同。

章克昌主编的《酒精与蒸馏酒工艺学》《酒精工业手册》，顾国贤主编、赵光鳌、徐岩参编的《酿造酒工艺学》，赵光鳌主编的《发酵工业分析》等书籍成为全国大中专院校相关专业的首选教材和行业的专业指导书。朱宝镛、章克昌主编的《中国酒经》对酒的种类、起源和发展等方面进行了总结，并赋予酒文化深刻内涵，该书成为酿酒界和酒类爱好者的典藏珍品。

（3）广交朋友 与学生交友，传递人文情怀，与同行交友，共谋行业发展
以诚相待与学生交友，实现了师生之间交流零障碍。老师于学生如父如母、如兄如姐，给予学生全方位的关爱。从研究课题的辅导到恋爱对象的选择，从生活的需求到求职的推荐，只要学生有所求，老师都会尽最大努力给予帮助。顾国贤教授主张的婚恋观：门当户对、就地取材、多谈多了，至今仍在毕业的学生中广为流传和借鉴。教研室还组织文体活动和学生同乐。教研室各团队定期组织打保龄球和卡拉OK活动，丰富了学生的课余文化生活，给学生提供展示才艺的平台。毕业欢送会成为教研室各团队的保留节目，有老师对学生的祝福，更有学生对母校的不舍。学生慕名择校，但对母校的深厚感情源自优良传统的传承，源自学生对母校的感恩和对老师的敬重。

与同行交友，能及时了解行业发展的趋势和对技术方面的需求，确定研究方向和思路。专业的理论源于生产实践，但又高于实践并能指导实践，取得校企的共同发展。

① 赵建国供稿。

2. 组建发酵工艺第二教研室[①]

发酵工艺第二教研室是根据传统发酵和现代通风发酵的不同工艺学原理、设备而分离建立的。金其荣教授担任教研室主任。发酵工艺第二教研室曾获得无锡轻工业学院1990—1992年度优秀教学成果三等奖。

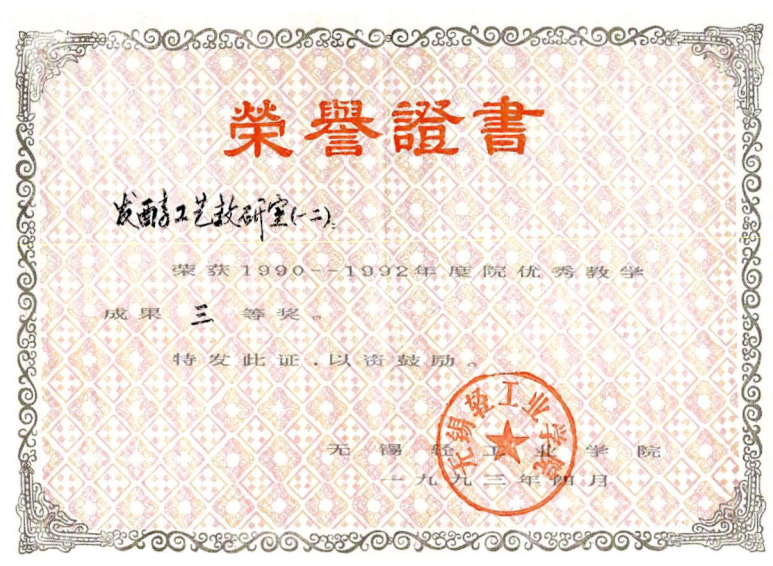

发酵工艺第二教研室的优秀教学成果三等奖证书

该教研室老师以教书育人、培养发酵人才为己任，抓课堂教育，在指导本科生和研究生学位论文的实践性教学环节中营造风清气正的学术氛围，重点培养学生的实验动手能力，严格要求，一丝不苟，深受学生的敬爱。由他们指导的学生大多较优秀，毕业后已成为所在工作单位敢担当、有作为、负责任的科研或生产技术骨干。如学生刘建军在山东省食品发酵研究院工作一段时间后，就晋升为该院院长，并对衣康酸发酵进一步深入研究，达到了节能降耗高产效果，成本显著降低，产酸率、转化率、发酵周期等技术指标达到了世界先进水平。这技术的突破使我国衣康酸年产量迅速达到10万吨，成为全球最大的衣康酸生产国和出口国。

金其荣主编的《有机酸发酵工艺学》（1989，轻工业出版社）具有很大影响力，担任第二主编的《发酵有机酸生产与应用手册》（轻工业出版社）和参编的《汽酒生产》《酿酒技术指南》《糖品工业手册》均对企业技术人员有很大指导意义。

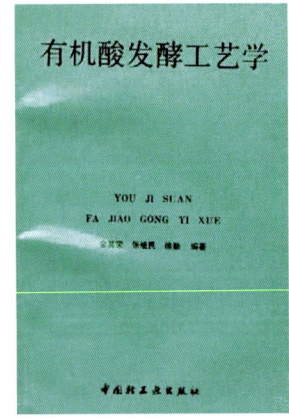
金其荣的专著（1989）

金其荣任第二主编的专著（2000）

金其荣参编专著（1988）

（四）设备教研室[①]

[①] 根据吴佩琮教授访谈稿整理。

"文革"后恢复招生时，发酵工程专业还没有成为系，作为教研组时有四个明确的方向，这些方向之间都是很密切的，生物化学、微生物学是基础，然后是工艺，最后是设备。当时设备组，开始就王鸿祺、伦世仪、蒋征麟、吴佩琮四个人，就是搞设备、搞工程的教师。"工欲善其事，必先利其器"，要搞工程，搞发酵，没有设备是实现不了的，正因为有工程基础，所以我们去申请重点学科有优势。另外我们毕业的学生到工厂里很受欢迎，因为我们的课程设置重视技术。工艺是整个的生产过程，工程很重要，即使是学生都必须掌握。当时我们把实践技术实行到工厂里，因为大量工厂工艺、工程装备知识不可能在学校里通过做实验来学习，其中毕业设计必须全部紧跟生产进度，实习完这一课程的毕业生，才能做到有理论、有实践，以后到工厂里面去就很受欢迎，这对于争取重点学科这方面是很重要的。

当时大部分同学完成毕业设计后，在生产过程中对技术、生产都能得到全面锻炼，之后到工厂里去，适应性非常强，也特别受工厂欢迎。由此观之，这个'工程'地位比较高。同时，我们有工程力量，学生会设计，到工厂又能管理并应用设备和工艺，具有很强的工程能力。可以说，我们这个重点学科在工程方面很出色。我们当时的毕业生很受欢迎，后来开始管理工厂，我的两个同学都到工业局工作了，因为他们掌握自身能力强，能解决工厂的问题。当时我们搞工程的有四位老师，王鸿祺老师就是学科带头人，还有伦世仪老师，后来留下来的蒋征麟是1960年毕业的。

关于建设重点学科，当时的想法就是我们需要特色，我们这个专业特色就不是纯理论，而是技术方面工程力量强。那么所有的课程设置就是围绕着"工程"，开设生物化学、微生物课程和数理化课程。工艺的话，选择开设酒精工艺学、酿酒工艺学等；还有酶制剂工艺学等；工程方面就是把基础知识和工艺知识结合到实践动手能力，计算设备要消耗多少蒸汽、消耗多少能量，因此学生的实习设计很重要，实习都需要到工厂里面去。

"文革"之前，朱宝镛先生已经是老教授了。王鸿祺先生一直是副教授。伦世仪老师原来是讲师，我是助教，蒋征麟老师跟我差不多，比我高两届。我们的主要工作是带课程设计，辅导毕业设计，所以我们的工作很平凡。但做助教，使我们的工作非常扎实，毕竟辅导学生做设计，你自己首先要会，掌握方法，然后教给学生，我们是授之以渔，而不是授之以鱼。

我们当时工作比较杂，比如那时候我们去啤酒工厂帮忙解决问题，查数据怎么设计出来，一做就是半年。伦世仪老师也是，在酶制剂工厂一待就是半年。我们在这个方面的工作做得比较多。又比如我们在那时要大量发展工业，由轻工业部组织，当时学校派我去参加。你说要有多少成绩，这个很难说，我们的工作都纳入整个学校的体系里面。在这方面做了很多工作，比如带实习，我们最常去的是上海，在啤酒工厂，需要我们把他的生产数据重复出来，比如说进去空气状态怎么样，出来空气状态要怎么样，通过哪些设备。实际上这些内容都是建立在我们的工作基础上。

这些企业与我们联系的第一个原因是工厂里有我们的校友。第二个原因是从发酵专业来讲，全国相关专业的学校并不多，我们学校这个专业属于全国一流。天津轻工业学院和我们成立最早，外面关系很多。第三个原因是学生生产实习、毕业实习，这些都要联系工厂，所以和工厂关系比较密切。当时，在工厂待几个月，半年都正常。这样实际上也锻炼了教师。

从这方面来讲，我们方方面面都要跟生产结合，帮工厂解决问题。而且我们在学校就要培养学生的动手能力、思考能力，所以我刚刚讲的方法很重要，学校效率提高了，工厂效率也会提高。思考问题的方法很重要，如果方法对的话，能够发现问题，解决问题，将来我们会受益匪浅。

七、故事篇：世界银行贷款带来创业第一桶金[①]

（一）大学发展可以利用世界银行贷款

改革开放开始之前，银行贷款与大学发展之间似乎风马牛不相及。高校想不到申请贷款，事实上也不可能从银行贷到款项。没想到随之而来的一轮贷款机遇，却为学校的发展送来了第一桶金。

那是20世纪80年代中期，中国的大学终于迎来了可能利用贷款尽快缩小与国外大学硬件差距的路径。当时，我国与世界银行紧密合作，准备引入世行百亿美元的资金，用于推进工业、农业、环保、交通、教育、卫生等多个领域的条件建设与改善。在此期间投向教育事业的贷款称之为"第二个大学发展贷款项目"，受益单位涉及西藏、海南以外的56所大学，还有国家教委下属的4所师范院校。其目标为：加强中央部门下属部分工科和财经、政法、师范类高校的学科建设，促进我国教育事业的发展更好地为经济建设服务。

世界银行亚太地区项目局负责人曾经指出，在投向中国的各类世界银行贷款大类中，从经费额度上看，"大学发展项目"是体量最小的一块，但经过实地考察调研后，他们认为这是准备工作最翔实充分、申请预案最合理完善的一块。很快地，大学发展项目成为上述领域中第一个同世界银行总签约的"部门贷款"项目。

[①]《发展之问》王武2015年4月7日（伦世仪院士、汤坚、虞定华、吴小鸣、沈怡红、周小沪、吴元等提供了若干细节和数据）。

（二）重大机遇考量的是胆识和魄力

其时，"大学发展项目"分配给轻工院校系统的名额仅为一所高校，大凡轻工高校都有机会争取这批世界银行贷款项目，也许是出于无力还款的顾虑，兄弟高校对这个项目的态度并不积极。无锡轻工业学院的思路则大相径庭，决心借此机会全力建设先进仪器设备平台，全面提高教学科研硬件水平。从学校领导到相关学科的骨干教师和管理部门，大家一致认为机不可失，时不再来，于是乎，申请热情空前高涨，筹备工作积极主动。学校及时汇报给轻工业部与纺织工业部，轻工业部承诺帮助解决将来的还款问题。

得到轻工业部的首肯后，学校的注意力就聚焦到了申报事宜之上，紧锣密鼓地成立了世行贷款领导小组、外资办公室以及食品、发酵、计算机等项目方案起草小组。主管部门设备处配备了很强的力量，又从外调来了对仪器设备非常懂行的专家。改革开放后一批经过考试选拔后公派出国留学的骨干教师研修期满，于1982—1984年纷纷回国，学校就组织他们参与到各子项目的工作小组中去，这个节骨眼上，他们的国际视野、业务能力和外语水平派上了新用场。在瞄准当年最高档次的仪器设备开展调研的基础上，各子项目组结合学科发展计划，提出设备引进清单、实验室建造与改造方案，申报工作有条不紊地向前推进。

1984年4月，福音传来，在北京召开的世界银行贷款第二次大学发展项目工作会议上，国家教委认可无锡轻工业学院作为全国轻工高校中唯一的一所接受贷款的院校，认定了食品、发酵等重点建设子项目。学校派出几位既懂设备，又有一定外语交流能力的骨干教师，往返于无锡—北京，参与具体的产品调研、设备列单、价格摸底、标书拟定等工作，发酵工程系的赵光鳌、顾国贤、诸葛健、张星元、王武等多位老师参与了世界银行贷款不同时期的工作，大家认真负责的态度和细致敬业的工作，换来了政府主管部门与世界银行管理人员的信任。同月，世界银行亚太地区项目局教育处副处长吉尔平受命前来实地考察。1985年6月，国家教委再次委派贷款评估专家组来校审查，终于确认无锡轻工业学院完全符合申请条件。

1985年，教育部根据国家计委文（1985）113号《关于利用世界银行贷款加强第二个大学发展项目的可行性研究报告的批复》，分配给我校的世界银行贷款额度为300万美元，其中设备费270万美元，图书费9万美元，出国人员培训费21万美元。同时经轻工业部同意，落实国内配套经费为1155万元。从1985年下半年开始，国家教委统一组织贷款设备招标，并委托中国技术进出口总公司负责仪器采购事务。1985年10月，世界银行贷款项目外国专家咨询组组长弗雷特等4人来校审核，对各项准备工作和配套方案表示满意。世界银行组织还委托国家审计署对贷款使用方案进行了审计，1985年底，相关的审计合格通过。因涉及要用多种外币支付，后期世界银行贷款以特别提款权（SDR）为标准单位进行结算，更加方便。

（三）世界银行贷款设备到位前后的故事

建设大型分析、测试、计算中心的计划也就随之启动了，依山而建的分析测试中心建成了，为透射电镜专门建造的独立地基和内墙防护网，开机的工作环境要确保严格的防位移、防震动、防辐射、防静电干扰。高级分析仪器的工作环境也按标准硬件到位。第一批价值共计198.169万美元的设备陆续签约、购置、运送到校。精密分析仪器和电子显微镜的安装过程至今让人记忆犹新，当时没有专业的安装公司，全靠校内的工作班子动脑筋、想办法，学校机械厂加工了滚木、三角止滑垫、撬杆等，斜坡牵引、滚木推移、肩扛人拉，把各种最原始的方法都用上了。

借助世界银行贷款购进精密分析仪器是另一场重头戏，核磁共振仪、色谱-质谱联用仪、高压液相色谱仪、离子色谱仪、傅里叶红外光谱仪、气相色谱仪、荧光分析仪等陆续开机调试，当年一批极有灵气、动手能力极强的中青年教师与工程师们经过专门培训后，很快掌握了操作技能。学校还借此成立了中央研究所，配备了专职研究人员。主管部门设备处随之出台政策，鼓励教师们在设备的保修期内充分使用这些高级仪器。管理部门不仅不收使用费，还为合格的使用者配上适量的耗材费。举校支持、精心管理、良好使用，世界银行贷款第一批设备很快就发挥出重要的作用，无锡轻工业学院师生的科研热情得到了很好的调动，学术水平大为提升，这个平台还吸引了一批国内一流大学的师资力量加盟我校。

购置的透射电子显微镜是当时日立公司出产的高分辨率型号的Hitachi 7000，最高放大倍数为60万倍，配上英国卫勇公司的超薄切片机，拍出的电镜照片中，可以清晰地观察到谷氨酸棒杆菌噬菌体侵染细胞的过程及精细化工产品的微结晶形态。还有明石公司的扫描电镜对金离子溅射处理的样品拍出效果很好的超微影像，电镜室为生物技术与食品、化工学科师生的科研与教学提供了几千份超微影像资料。来自非洲留学生英语班的本科生主动要求增加"电子显微镜原理与技术"这门课程，并要求安排现场实践教学。扫描电镜还为江苏省纺织贸易公司的生丝出口欧洲所发生的断丝索赔纠纷案出过力，电镜照片提供了微观的、客观的证据，探明出口生丝的断口并非虫咬结果，而是受到机械性外力的破坏所致，为我国出口企业排除了70万元法郎的索赔。

学校所引进的各种仪器设备都得到了精心的保管与养护、高效的利用与局部升级。伦世仪院士主持的"七五"攻关项目鉴定时，参加鉴定会的国家环保部张坤民副部长看到伦世仪院士团队研究的颗粒污泥微结构的电镜成像后赞叹：这是环保科研成果中看到的最清晰、最漂亮的照片。日立公司不止一次派人员前来巡查该公司的电镜产品，当看到吴亢同志管理及操作的Hitachi 7000和其他配套的世界银行贷款设备完好无损，洁净无尘，且利用率非常高，又看到电镜室墙上展示的研究结果后，日方代表当场表扬，这是日立公司售到中国的世界银行贷款设备中最令人满意的案例；当看到电镜室墙上展示的研究成果后，他们惊呼：原来我们的电镜还能拍出这许多意想不到的影像，真是令人高兴。只是碍于老一代电镜在数字化时代到来之前，用的是化学显像系统，不符合现代水平与环保监管的要求，于是学校又添置了新一代的数字化电镜设备。实际上早年这些电镜设备的主机部分至今依然完好如初，但随着时代的变迁，不经意间就成为美好的回忆。

新成立的计算机中心添置了美国IBM公司出产的4381计算机系统，这台中型机连同磁盘、磁鼓等总共价值88万美元。计算机中心大楼楼体、防静电内部装饰与空调系统由学校自筹配套经费予以建设。这在当时不失为单机价值最高的专用设备，是师生引以为荣的标志性装置。可是随着计算机装备日新月异的更替换代，4381系统很快就被更先进的小型机，甚至微机所取代。尽管4381计算机系统的使用寿命很短，但是以此为纽带而创建的计算机专业，引进的专门人才，掀起的学习计算机热潮，开展的计算机应用培训，以及推进的管理信息化等，为学校日后的发展奠定了良好的基础。

（四）第二批设备投放在重点学科

基于引入世界银行贷款项目方面的重视与成功，20世纪90年代初，学校又获得了购置"第二期贷款设备"的申请机会，这批设备不再集中于学校直属的检测中心，而是投放到相关重点学科的系管实验中心。发酵学科于1988年获批为"国家重点学科点"，随后用世界银行贷款新增了一批全自动发酵罐、恒化器，还从西德进口了价值60.66万元的"小型啤酒实验装置"，对发酵学科的发展起到了如虎添翼的作用。利用小型啤酒装置酿制鲜啤，不仅培养了学生的酿酒实践能力，还为前来考察的"211工程重点建设项目"评审组专家、国际酒文化会议的来宾们等各类宾客，提供了鉴赏微生物酿造艺术的机会。食品工程实验室引入了进口的瞬时高温灭菌器、双螺杆挤压膨化设备、超高压均质机、差热分析仪等。

第二期添置的设备中还包括包装专业所需要的"缓冲包装测试台"和"包装冲击实验装置"，使得包装学科在原有的基础上踏上了新的台阶，很快就建设成为"部级包装测试中心"。

（五）世界银行大学发展项目后续的影响

1986—1993年期间，世界银行贷款为我校累计提供了321.45万SDR（特别提款权），折合411.14万美元（购置仪器设备377.35万美元，购置图书10.25万美元，人员培训23.31万美元）。

世界银行贷款中接近1/10的额度用于软件建设，这也是当年的英明之举。利用这笔款项，学校又派送了一批教师到国外知名大学学习先进技术，他们回国后都成为各学科的骨干力量；组织了食品与发酵学科建设方面的出国考察团，认真学习国外同类学科的先进经验；还聘请了若干名对中国友好的国际学术权威为名誉教授或客座教授，指导我校学科方向的确立，合作组织和主持国际学术会议。

回溯当年，我校博士学位授予点的早期建设，更是得益于世界银行贷款设备平台。研究硬件上的领先，加上老一辈学术泰斗的影响力，使得学校在20世纪80年代中期就获得了食品工程、发酵工程、粮食工程、油脂与植物蛋白工程等一批国内首建的博士学位授予点。早期的博士生导师以这批高级仪器为抓手，与国外生物工程与食品科学的知名教授，如张驷祥、曹祖宁、何其傥、高尾彰一、shoemaker教授等开展博士研究生联合培养项目，取得了良好的效果。何其傥教授和Shoemaker教授等与我校的合作从20世纪80年代一直延续至今，Shoemaker教授还获得了2007年度"国家友谊奖"，其间世界银行贷款这"第一桶金"发挥了不可替代的作用。

借助这个平台，教授们面向研究生和留学生开设了一系列新课，"Advanced Instrumentation"这门博士生课程不仅讲解原理，还让博士生到测试中心学习实际操作和使用，"图谱解析"这门新开的硕士生课程也成为深受导师和学生欢迎的公共选修课。2012年校庆期间，首十届研究生回母校参加纪念聚会时，校友们提到，当年的这个平台为他们奠定了引领行业技术发展的眼界和实力。

骨干教师与研究生们争先恐后地使用世界银行贷款设备，排队预约已经习以为常。教授们争取到的"七五""八五""九五"国家攻关科研项目大多数受益于这个先进的硬件平台。"国家自然科学基金"项目的申请实现了零的突破，教授们的研究进入了精细化学层面，进入细胞生物学世界，各类色谱图析讲述着食品科学的分子水平的原理，特种表面活性剂产生的胶束，食品流变学演绎出的质构变化，以及细菌胞内合成的生物塑料等，得到尽善尽美的诠释。世界银行贷款这个平台为教授们获得国家级、省部级各类科研进步奖项及国务院特殊津贴及各类国家级专家称号，也发挥过间接的作用。

当年的西德政府准备对江西省教育系统投放无息贷款项目之前，慕名前来考察我校的世界银行贷款建设项目的以德国专家郝思汉为首的"中国通"用汉语表达了德国在江西的贷款项目就以无锡轻工业学院为榜样，甚至提出希望为之提供所有的设备清单和工作流程。后来德国在江西援建的"中德联合食品研究所"不仅借鉴了我们的设备、我们的实验室建制，还引进了我校研究生，聘请了我们的专家教授作为客座教授。后来该所并入南昌大学，最终我校与南昌大学联合申请"食品科学与工程"国家重点实验室得以成功，那是后话。

上下一心，迎难而上，当年的无锡轻工业学院果断地抓住了百年一遇的世界银行贷款项目，脚踏实地，认真论证、按需购置、精心安装、高效运行、完好保养。世界银行贷款项目的建设与使用的后续效应是拓展了方向，夯实了学科，锻炼了队伍，提高了教育质量，深化了科研内涵，靠近了国际前沿，奠定了轻工、食品、发酵、化工等学科长足发展的基础。同时不可否认的是，就此拉开了无锡轻工业学院与其他轻工类高校在硬件配置和人才队伍上的距离，博弈进入了先手格局。"机不可失迎难上"并非一句口号，而是学校发展历程中的一种自觉、一种习惯、一种精神。从这个层面上理解，世界银行贷款项目的确带来了难能可贵的"第一桶金"。

八、故事篇：我国有机酸工业发酵的主将[①]

[①] 根据赵建国供稿整理。

金其荣教授（1933—2018），安徽省无为县人，20世纪50年代毕业于南京工学院食品工业系发酵工学专业，后留校任教，1958年随系搬迁到无锡建校。他在南京工学院学习时是非常活跃、聪颖的，可惜不幸被错划成右派，长期在教研组当实验员。早期，金其荣老师参加了白地霉发酵提取辅酶A的试验、直接发酵法生产辅酶A的研究等。"文革"期间下放到苏北大丰农村，拨乱反正后返回学校，后来担任发酵工艺第二教研室主任。

金其荣老师虽历经磨难、人生坎坷，却又豁达开朗、不忘初心，他十分钟爱发酵专业，具有非一般的学识、能力、目标和战略眼光。他精通美、俄、日三门外语，专业功底扎实，刻苦钻研发酵技术，即使在农村劳动期间简陋落后的条件下，开发农用微生物土法，为当地农业生产与农业经济服务。

返回学校、右派平反后他焕发青春，帮助檀耀辉老师成功培养研究生起了很大作用。他勤于利用学校的信息资源优势，在图书馆废寝忘食地查阅外文资料；他善于利用学校科研设备设施的有利条件，创新思维，瞄准国际发酵技术前沿选定一个研究方向；他更注重于面向生产实际，以科技服务实体经济，重点围绕工厂生产中存在的诸如节能降耗、产品得率低、转化率低、成本高等核心技术问题；他忠于第一手资料和实验数据，尊重客观规律；他致力于使我国有机酸发酵赶上世界水平，重点立项开发研究。回顾我国柠檬酸生产走上世界绝对优势地位的历程，我们不能忘记金其荣老师。

金其荣老师研究视野开阔，他的科研贡献涉及多种有机酸、低聚糖、酶、废水综合利用、清酒及饮料等众多发酵工程领域，同时取得了丰硕成果。为了将这些成果推广应用到生产中，他深入相关工厂车间、生产现场，日夜埋头苦干，进行中试、放大、应用试验直到产业化为止，有两年春节，他和其他老师还奋战在工厂。如淀粉质原料发酵法生产衣康酸，在浙江衢州市浙江国光集团有限公司投入使用，2008年产量达1万吨。废水资源化生产酵母单细胞蛋白首次在福建云霄糖厂投入使用，产品获轻工业部及福建省新产品奖，后又推广到四川、广东、安徽、浙江等省。学校与工厂这种产学研的合作模式在业界受到广泛的关注。

他的获奖项目有四项：1990年轻工业部酵母新产品奖，甘蔗糖蜜酒精废水生产酵母蛋白项目荣获福建省科技进步二等奖（1990），低聚糖获中国轻工总会科技进步三等奖

（1993），玉米粉生产柠檬酸项目获蚌埠市科技进步一等奖（1996）；发明专利一项。1995年荣获江苏省高校"先进科技工作者"荣誉称号，1996年荣获中国轻工总会"先进个人"荣誉称号。

莲花味精厂清洁生产现场

九、故事篇：首个国家重点学科获批[①]

[①] 根据王武供稿整理，有部分删减。

（一）择优遴选首轮突围

设置国家重点学科是国家根据发展战略与重大需求，择优确定并重点建设培养创新人才、推进科学研究的重要基地。这对于带动我国高等教育整体水平全面提高，满足经济与社会发展需求，提升国家创新能力具有重要的意义。到目前为止，我国共组织了三轮国家重点学科点的评选工作。事实上，建立在"择优遴选""重点建设"原则上的优势学科发展计划，已经成为中国大学向世界一流大学迈进的重要台阶。

《中共中央关于教育体制改革的决定》于1985年5月颁布，提出"根据同行评议、择优扶植的原则，有计划地建设一批重点学科"的任务。1987年8月，原国家教育委员会颁发《国家教育委员会关于做好评选高等学校重点学科申报工作的通知》，启动了第一轮高等学校重点学科评选工作。申报条件是：学科门类较齐全，结构比例和布局合理，利于横向联合，科研优势明显。培养和国际水平大体相当的博士、硕士、学士人才；接受国内外学术骨干进修深造，开展高水平科研，解决"四化"建设中重要的科技问题、理论问题和实际问题，为国家重大决策提供科学根据，为开拓新的学术领域、促进学科发展做出较大贡献。

第一轮共评选出416个重点学科点，其中文科78个，理科86个，工科163个，农科36个，医科53个，分布于108所高等学校。无锡轻工业学院的"工业发酵学科"通过了本次评审。说起来1984年发酵工程系刚刚成立，1988年就获批为全国同类学科中唯一的国家重点学科点。这在本学科发展史上，不能不说是个奇迹。

（二）追溯历史，展望未来还是迎难而上？

首个国家重点学科点的获批来之不易。追溯工业发酵学科的发展历程，可以看出她是国内高校的同类专业中历史最长，基础较好的专业点，早在1952年，南京大学、浙江大学、复旦大学、武汉大学、私立江南大学的食品工程系、农化系、园艺系等系科就已融入新成立的南京工学院，重新组建"食品工业系"，当年就设有发酵专业。如果再往前追溯，发酵学科的历史可以回溯到中央大学农业化学系，我国近代工业微生物学奠基人魏喦寿教授于1930年加盟中央大学，首任农化系主任。他毕业于日本京都大学，回国后继续从事传统发酵微生物的分离和鉴别工作，曾发现了腐乳微生物、拟青霉等新种，他还是酒精发酵专家。更难能可贵的是，他是首位在 *Science* 杂志上发表本土研究论文的中国科学家；他分离出的拟青霉及产抗生素研究被刊入英国出版的青霉素专著之中。他是我国工业发酵学科的第一人。

农化系带着发酵学科的特点自然而然地融入南京工学院的食品工业系。1958年该系从南京整建制迁到无锡，成立"江苏食品工业学院"，因当时国家正在振兴轻工业发展，同年学校便更名为"无锡轻工业学院"，隶属国家轻工业部领导。发酵专业依然设在食工系，1972年，划归化工系，而后于1979年又回归食工系。

期间，发酵专业的师资队伍逐渐壮大，科研方向明朗，学科特色显现。至20世纪80年代初，发酵学科已开始培养硕士生，并获得了国家级与多项省部级科技进步奖，成为学校重点支持的特色学科。1984年，学校决定成立"发酵工程系"，由伦世仪教授首任系主任。发酵系下设工业微生物、生物化学、发酵工艺、发酵设备四个教研组，及系管中心实验室和发酵实验工厂。1986年起，发酵学科成为博士学位授予点。为顺应学科发展的要求，新增了微生物遗传、生化工程、微生物生理、生物能源、大分子分离等新的研究方向，发酵工程系的教学与科研风生云起，有声有色。

1987年，国家轻工业部向下属的高等院校传达了国家教委关于申报国家重点学科点的有关通知，院务委员会及时组织学习，并要求有条件的优势学科点开展讨论研究、领悟文件精神，提出申报意向。校、系两级领导一致认为，这是一次可遇而不可求的大好机会。一时间内，大家信心十足，群情激昂，全力以赴，迎难而上。

（三）双管齐下？合二为一？

分析了全国高校同类学科的基本状态后，校领导认为本校符合申报条件的学科只有两个：食品工程学科与发酵工程学科。申报方略究竟取"双管齐下"还是"合二为一"？若双管齐下，两个学科皆存在实力分散的问题；若合二为一，就以"食品科学与工程"名义申报。

不同层面上的磋商讨论形成了不同的意见。校领导更倾向于"合二为一"，认为只有这样才能十拿九稳，至少获批一个重点学科点。发酵工程系的领导和教授们却提出"双管齐下"的方案，即由两个学科分别申报，理由是两个学科分别都建有博士学位授予点，师资队伍都具有相对优势，都主持过国家自然科学基金项目和国家"七五"攻关项目，国际交流活跃，国内外影响力日益凸显。发酵系的领导和教研组负责人在会商时情绪激动，据理力争，志在必得，并承诺尽快完成申报书的准备工作。

在此期间，两个系的前辈们废寝忘食，分头调研了兄弟高校同类学科的背景情况，盘点自身的比较优势与发展潜力，尽可能做到扬长避短。围绕重点学科点的名称问题，发酵系教授们畅所欲言，集思广益，最终统一了思想，认定"工业发酵"是本源，是特色，食工系自然以"食品科学与工程"为名，双方分头准备。时任无锡轻工业学院华静娟院长指出，遵从民主集中制的原则，也尊重教授们的意见，校领导和有关部门在认真听取了两个学科带头人的详细汇报之后，最终决定双管齐下，以两个学科分头申报国家重点学科点。

（四）北京六天，全力冲刺

环顾当年国内的农业院校，基本上都建有"食品科学与工程"学科，当年的几所轻工高校既有"食品"学科，也有"发酵"学科。我校的发酵学科底子厚，优势明显，"工业发酵"这份申报材料过五关斩六将，进入了最终的答辩环节。接到答辩的通知后，系主任伦世仪教授、教务处长吴观钊、系副主任赵光鳌，还有王武，带着申报材料提前到了北京。在移动通信尚未问世的年代，需要通过上门走访调研，了解分析他人之长，听取外校教授指导，不断优化、润色自身材料和答辩报告。记得当时几位老师白天分头行动，晚上汇拢思路、修改意见，王武每天去文印社打印前一天的修改稿。四人同时还要了解其他学校的准备情况，特别是相近学科所申报的主旨、学科方向和学术队伍等状况，以便凸显自身所长。在京的六天内，尽管竭尽全力不断完善汇报答辩的内涵要义，但大家心中并无绝对的把握。临近答辩时得到通知，只允许学科负责人伦世仪教授一个人进入答辩会场，其他的三位只能非常揪心地守候在外场。

直到1988年7月22日，国家教委正式批文认定"工业发酵"学科入选，大家才松了一口气。这是本校首个国家重点学科点，发酵工程系建系仅仅四年就获此殊荣，可真是发展进程中的里程碑，全校师生都受到了极大的鼓舞，力争成为国内最有实力的轻工院校的信心，从此树立起来了。

无锡轻工业学院发酵工程重点学科建设研讨会（1992）

1995—2018

第二篇

继往开来奔向新时代

经过几代人数万师生的努力奋斗和奉献，无锡轻工业学院办学水平得到稳步提升，终于符合国家教委对于大学更名的条件，1995年3月更名为无锡轻工大学。同年底从北京传来国务院批准，《"211工程"总体建设规划》文件下发，"211工程"正式启动的信息，这对于高校发展又是一个千载难逢的契机。

无锡轻工业学院领导班子认真分析我校作为"211工程"重点建设学校遴选条件的符合度。我校多年来办学思想端正、领导班子团结有力、改革取得一定成效，教学、生活等设施基本稳定，我们具备了稳定的、素质较高的师资队伍；取得了国家级优秀教学成果奖和全国50个优秀教务处的荣誉；有了较先进的教学科研水平和世界银行贷款项目形成的硬件条件；广大本科毕业生在轻工企业的表现和社会口碑好；有了博士点和重点学科点，培养了一定数量质量的高层次专门人才；科研发展态势良好，科研经费上升，成果显著，对国家轻工行业发展贡献较大；在国内外有较大的学术影响力，有良好的行业支撑。

在认真分析基础上，经过学校党政的多方努力，国务院学位办终于来校考察。全校万众一心，凝成一条心，拧成一股劲，高举"211大旗"勇往直前的精气神，有力地支撑了我校争取进入"211工程"的行动。尽管遴选过程崎岖曲折，但是学校抓住了时机，实现了大发展中又一个高平台的建立。

作为我校"211工程"重点建设的三个学科之一，生物工程学院经过三年时间的努力拼搏，达到了建设目标，我们的甘油发酵项目成为标志性成果，我们的工艺大实验成为教学改革提高学生动手能力的成功尝试，我们的颗粒污泥水污染治理和味精废水综合治理项目取得显著效果。当教育部验收专家组来到我校，专家们在生物工程学院相关实验室检查工作成果时，我们的院长和各位教研室负责人汇报的是他们的心血结晶，是他们上千个日日夜夜坚持在清贫的教学一线，为学生成长、成才开展教学改革的成果，是他们在工厂一线艰苦奋斗、呕心沥血，解决生产实际问题的结果，专家们的肯定是对于教育工作者平凡劳动的尊重、对于科技工作者科学创新的尊重。我们拼命了，我们成功了，我们在老一辈的基础上又浓墨重彩地添上了一笔[1]。

[1] 陶文沂撰稿。

第一章　生物工程学院开启新征程（1995—2010）

一、升格大学，新学院迎来新格局

无锡轻工业学院历史悠久。为了提高轻工高等教育的知名度，扩大轻工行业在国内外影响力，加速轻工高教事业的发展；有利于深化学校改革，提高教学质量、办学水平和办学效益；有利于更好地开展对外交流与合作；有利于加快学校建设，争取进入国家"211工程"，实现学校奋斗目标，真正成为特色鲜明、国内领先、国际有影响的轻工业大学。1994年5月，无锡轻工业学院备文上报江苏省教委和中国轻工总会并转国家教委请示，要求将无锡轻工业学院更名为中国轻工大学。

经过近一年的努力，1995年3月9日，中国轻工总会转发国家教委"关于同意无锡轻工业学院更名为无锡轻工大学的通知"。3月18日，正式启用"无锡轻工大学"新校名。无锡轻工业学院成为国内轻工教育史上第一个更名大学的高校。11月23日，无锡轻工业学院隆重举行中国轻工总会与江苏省人民政府、无锡市人民政府共建无锡轻工大学暨无锡轻工大学揭牌庆典[①]。

① 《无锡轻工大学学志》第17页。

1995年11月20日，无锡轻工大学召开中层干部扩大会议，隆重举行院系机构授牌仪式，校长丁霄霖、党委书记承欣茂分别宣布新成立的院、系、部机构设置及相应的中层领导干部任免名单。章克昌为生物工程学院首任院长，陈国新为生物工程学院首任党总支书记。下设系办公室、发酵工艺一组教研室、发酵工艺二组教研室、微生物教研室、生物化学教研室、发酵设备教研室、系中心实验室、系实验工厂、发酵甘油研究设计中心[1995.9.25新建，锡轻大办（95）56号]。

生物工程学院成立时，全院共有专任教师43人。其中教授12名，副教授11名，讲师20名。

正教授（12名）：章克昌、伦世仪、顾国贤、金其荣、吴佩琮、诸葛健、陶文沂、邬显章、赵光鳌、全文海、陈坚、王武。

无锡轻工大学揭牌仪式
（1995年11月）

副教授（11名）：毛忠贵、张莲珍、郑学翔、顾传娴、张星元、赵建国、李华钟、尹象胜、莫开国、余晓斌、徐文琦。

教研室：发酵工艺一组教研室，发酵工艺二组教研室，微生物教研室，生物化学教研室，发酵设备教研室。

实验室：生物化学实验室，微生物实验室，生化工程实验室，发酵工艺实验室、发酵工业分析实验室，系中心实验室等。

研究室：酒精工艺与再生资源研究室，啤酒工艺研究室，氨基酸、有机酸工艺研究室，酶制剂工艺研究室，生物反应器研究室，工业微生物育种研究室，环境生物工程研究室、白酒黄酒研究室等。

主要仪器设备：全自动发酵罐、电子显微镜（扫描、透射）、高速离心机、啤酒酿造中试车间、小型通风发酵搅拌罐、气相色谱仪、超速离心机、显微操作仪、凝胶色谱仪等[1]。

[1]《无锡轻工大学年鉴1995》（院系概况）。

生物工程学院成立大会（1995）

生物工程学院大楼

生物工程学院中心实验室

生物工程学院40周年全体教师合影（1998）

2001年，经教育部批准（教发2001-2号），无锡轻工大学、江南学院、无锡教育学院合并组建一所新的多科性大学，校名为江南大学，同时撤销原三校建制。新组建的江南大学为教育部直属高校。生物工程学院教授陶文沂被任命为江南大学首任校长。2002年11月，教育部作了《关于江南大学建设新校区有关问题的批复》[教发函（2002）259号文]，同意我校在无锡市人民政府的支持下，建设蠡湖校区。从2004年开始，全校经历了六次大规模的搬迁。2007年，生物工程学院大楼落成，江南大学所有学科院系全部入驻新校区[1]。

①《江南大学史》第396页；《江南大学年鉴2002》。

生物工程学院以三校合并为契机，充分整合发展资源，伴随着学科点的增加，科学调整机构设置，完成学院下设系、教研室（学科组）的设置，围绕食品、能源、资源和环境等重大问题开展具有重要理论意义和应用价值的教学研究工作。

三校合并成立江南大学

表14　生物工程学院学科设置

学科方向名称	姓名	职务、职称	研究生导师
发酵工程	伦世仪	院士、教授	博导
微生物学、生物化学与分子生物学	诸葛健	教授	博导
生物制药	陶文沂	校长、教授	博导
环境工程	陈坚	副校长、教授	博导
生物化工	孙志浩	教授	博导

2007年11月5日生物工程学院新楼落成典礼

生物工程学院 School of Biotechnology		
生物科学系 Department of Biology	轻工技术与工程博士后流动站 Post Doctoral Training Station in Light Industry Technology and Engineering	
酿酒科学系 Department of Brewing Science	轻工技术与工程一级学科博士学位点 Comprehensive Ph.D. Program in Light Industry Technology and Engineering	发酵工程 Fermentation Engineering
		环境工程 Environmental Engineering
		微生物学 Microbiology
生物化工系 Department of Biochemical Engineering	硕士点 Master Program	生物化工 Biochemical Engineering
环境与生态工程系 Department of Environmental and Ecological Engineering	本科 Bachelor Program	生物工程 Bioengineering
		环境工程 Environmental Engineering
江南大学工业生物技术教育部重点实验室 Key Laboratory of Industrial Biotechnology, Ministry of Education, Southern Yangtze University		
江苏省工业生物技术教学实验中心 Training Base of Industrial Biotechnology, Jiangsu Province		
江苏省生物活性产品加工工程研究中心 Engineering Research Center of Bioactive Product Processing, Jiangsu Province		

生物工程学院组织图（2004）

2006年,学院设置生物科学系、发酵工程系、生物制药系、生物化工系、环境科学与工程系等5个系。

2007年,生物工程学院经历了史上规模最大的一次格局调整。为优化学校资源配置,进一步提升学科层次,生物工程学院环境科学与工程系脱离学院,和土木工程系组建"环境与土木工程学院",生物制药系脱离学院,和医学院组建医药学院。

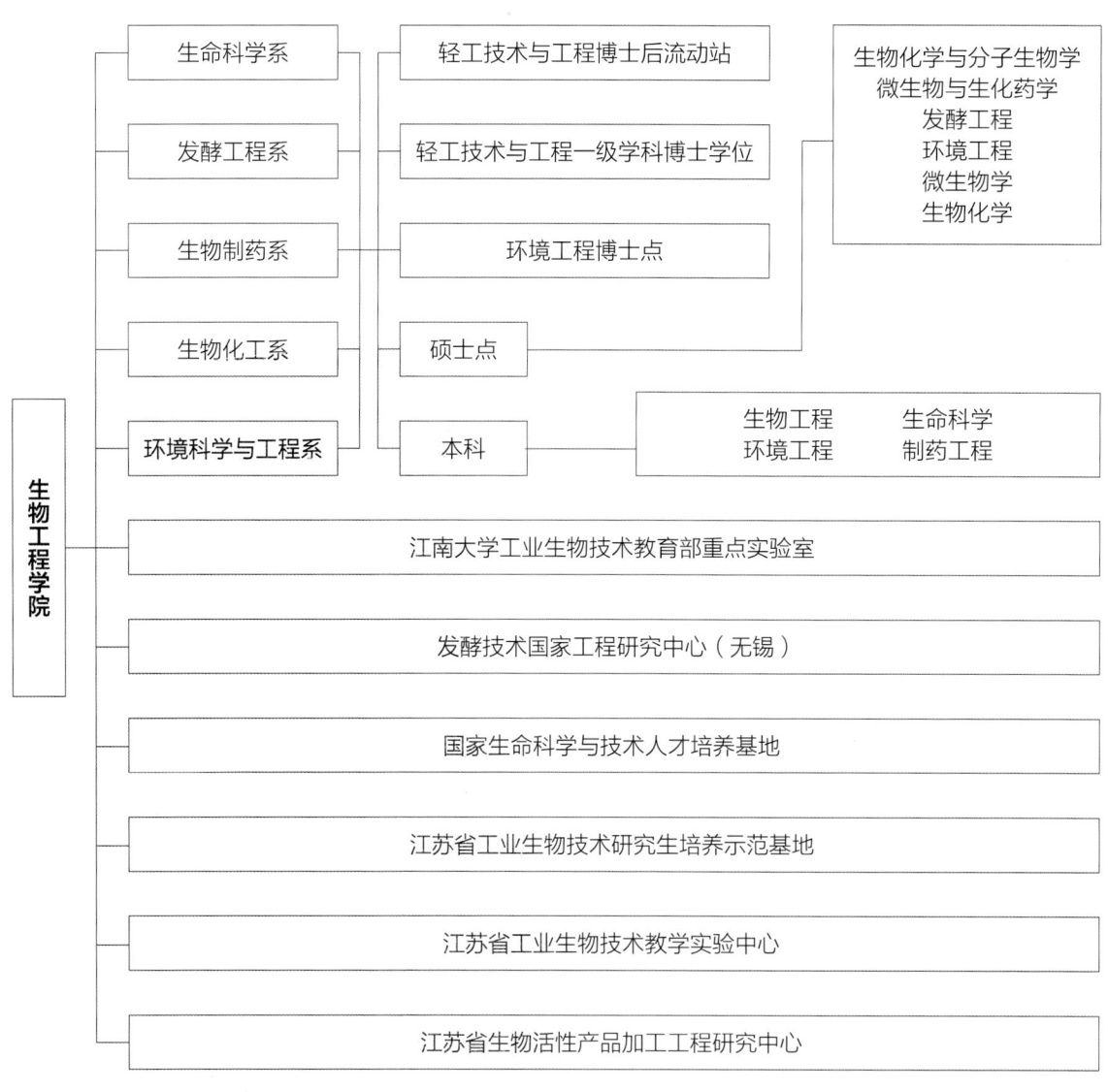

2006年生物工程学院组织架构图

二、调整学科（专业）设置，保障重点学科建设

（一）调整、新设专业，培养工程应用型人才

学校调整、新设专业，培养工程应用型人才。专业设置的内涵从发酵等传统专业逐步向新型、交叉、现代方向的专业发展。

1. 由发酵工程到生物工程

1995年，承担中国轻工总会《面向21世纪高等工程教育教学内容和课程体系改革计划》中"发酵工程专业本科人才培养模式的探讨与实践"课题，开始对原有发酵工程本科人才培养计划进行修改工作。

1997年，教改项目《实施产学研合作专项教育，培养工程应用型人才》立项，随着国家教委进行本科专业调整工作的不断进行，发酵工程专业调整为生物工程专业。在中国轻工总会教学指导委员会的指导、帮助下，将原发酵工程专业本科培养计划更新为生物工程专业的培养方案。

随着学校逐步由教学型向教学研究型转变，在总体发展规模上，采取"稳定本科、压缩专科、发展研究生"的方针，因此，1992年以后，无锡轻工业学院（无锡轻大）全日制教学的专科专业招生数量开始逐年减少。发酵工程专业专科生1996年开始停招[1]。

① 《无锡轻工大学志》第257页。

2005年，生物工程学院生物工程专业通过了江苏省品牌专业专家组现场验收，被授予江苏省品牌专业。生物科学（师范）专业通过了江苏省教育厅组织的学士学位授权评估。2007年通过"质量工程"建设，生物工程专业被评为国家级第一类特色专业建设点[2]。

② http://www.eol.cn/html/g/tszy/

2010年，生物工程专业被确定为学校实施"卓越工程师教育培养计划"的三个专业之一。学院积极配合学校制定培养方案，参与工程实践教育基地建设，推进工程教育改革。

2. 新增环境工程专业

该专业创建于2000年，具有鲜明的生物学和宽口径的特色。该专业以全国重点学科发酵工程专业为依托，将生物学与环境工程紧密结合，培养既具有很强的生物学基础，又具有环境工程领域专门知识的高级人才。该专业的教学涉及生物学、四大化学、工程设计和水、气、固污染控制技术、清洁生产技术、生态学、环境管理学及环境法学等方面的知识，具有较宽的知识面和扎实的专业理论知识，并有较强的动手能力和工程知识能力。2004年6月11日，环境工程学士学位通过了江苏省教委学位委员会组织的环境工程学士学位授权评审。2007年，在学校统一领导下，生物工程学院环境科学与工程系脱离学院，和土木工程系组建"环境与土木工程学院"。

3. 新增制药工程专业

学院于2003年获批微生物与生化药学硕士点；2004年增设制药工程本科专业。2007年6月18日，为优化学校资源配置，进一步提升学科层次，生物工程学院生物制药系脱离学院，和医学院组建医药学院。

4. 获批国家生命科学与技术人才培养基地

2002年9月，经专家评审，教育部、国家发展计划委员会共同研究决定，北京大学、清华大学等36所高校被批准建立"国家生命科学与技术人才培养基地"。我校也名列其中，江南大学第一个国家级教学基地从此诞生。2003年9月，"国家生命科学与技术人才培养基地"开始招生。按照教育部和国家发展改革委员会对"国家生命科学与技术人才培养基地"要培养德、智、体全面发展、具有较强专业基础理论知识和实践技能的生物高新技术创新创业人才的要求，在学校领导下，挂靠国家级重点学科点——生物工程学院，以工业生物技术教育部重点实验室、发酵技术国家工程技术中心为依托，以培养生物高新技术创新创业的高层次人才为目标，根据生物工程本科专业不同年级所处的课程不同，对不同年级以下列不同的方式进行了"基地"班的组建工作。

2003年，"国家生命科学与技术人才培养基地"开始进行直硕研究生的选拔。学院以学生的学位课平均成绩、笔试成绩、面试成绩各占60%、25%、15%的比例，计算出总评成绩，并以此排序录取了15位同学，成为第一批"人才培养基地"直硕研究生[1]。

①《江南大学2004年年鉴》。

2010年，出台《江南大学"生命科学与技术人才培养基地"强化班管理办法（2010年修订）》（江大校办〔2010〕22号），对基地班的组织形式、学生来源、培养措施和要求、考核和分流做了进一步的要求和规范。

5. 卓越工程师计划

2010年生物工程专业被确定为学校实施"卓越工程师教育培养计划"的三个专业之一。学院积极配合学校制定培养方案，参与工程实践教育基地建设，推进工程教育改革。

（二）重点学科建设成绩突出

发酵工程重点学科获得了教育部、中国轻工总会、江苏省教育厅等的持续支持。1997年2月4日，中国轻工总会在1996年底对部属院校的重点学科进行重新评审的基础上，确定中国轻工总会部级重点学科点19个（其中含国家级重点学科点1个）。无锡轻工大学除原有2个部级重点学科点"食品工程"和"精细化工"继续保留外，还新增2个部级重点学科点："发酵工程"（同时为国家重点学科点）、"工业自动化"。中国轻工总会对重点学科建设在资金投入上予以重点保证[2]。

②《无锡轻工大学志》第239页。

2001年，发酵工程学科位列江苏省十五期间重点建设的首批11个重中之重建设学科。2003年12月6日，生物工程学院接受江苏省教育厅组织的专家组中期检查，初评获A等级。同时，专家们建议，学科建设中还应注意进一步加大一流中青年专家的引进和后备力量的培养工作，注重与时俱进地凝练研究方向，扩大学科在国际上的影响力，在江苏"富民强省""振兴苏北"中发挥更加重要的作用[1]。

① 《江南大学2004年年鉴》。

同年，在通讯评议全国高校重点学科中，我校组织申报的"发酵工程"以100%的得票率通过评议。2002年2月，教育部公布高等学校重点学科点名单，我校发酵工程继续榜上有名。

2007年6月，教育部下发了《关于公布国家重点学科考核评估结果的通知》。我校发酵工程等国家重点学科全部顺利通过考核评估。

如前所述，2007年学院经历了历史上最大规模与力度的学科重组，生物制药系、环境科学与工程系整建制地脱离学院，分别与医学院、土木工程学院重组，新组建医药学院和环境与土木工程学院。有力支持了学校学科合理布局、整体优化、提升水平的战略。

2008年6月，江苏省教育厅下发《关于公布江苏省一级学科重点学科名单的通知》（苏教研〔2008〕4号），江南大学"轻工技术与工程"被认定为省一级学科重点学科。江苏省教育厅、财政厅联合下发《关于下达2008年高校重点学科建设专项经费的通知》（苏教财〔2008〕56号，苏财教〔2008〕172号），学校获得2008年重点学科建设经费170万元的支持。

2010年，江苏省教育厅发文公布了江苏省一级学科国家重点学科培育建设点名单，"轻工技术与工程"一级学科名列其中。"轻工技术与工程"被江苏省教育厅遴选认定为一级学科国家重点学科培育建设点，有利于促进学院学科建设水平的不断提高，有利于整体实力和优势特色的不断增强。

根据江苏省"要重点打造一批具有一流创新条件和创新能力的优势学科群"的优势学科建设工程精神，江南大学启动省优势学科申报工作。2010年11月，学校组织生物工程学院等联合申报。根据《关于公布江苏高校优势学科建设工程一期项目立项学科的通知》精神，我院"轻工技术与工程"经申报获得立项。

三、研究生教育规模、质量上台阶

学院按照"依托重点学科，更新教育理念，发挥科研优势，培养创新人才"的基本思路，努力创造条件，培养高素质创新人才。

（一）新增硕博学位点，研究生规模空前增加

2000年12月28日，经国务院学位委员会第十八次会议批准，无锡轻工大学轻工技术与工程、食品科学与工程批准为博士、硕士学位授权一级学科点。

2003年，生物工程学院新增微生物与生化药学硕士点、生物化学与分子生物学硕士点和环境工程博士点。2010年，在微生物学和生物化学与分子生物学两个二级学科的基础上，成功申报"生物学"一级硕士点，同时以生物化工博士点为重要支撑，协助化工学院成功申报化学工程一级博士点。

2003年，江南大学新增列为高等学校教师硕士培养单位，增加了轻工技术与工程学位硕士点。

表15　生物工程学院博士、硕士学位授予点历年变动情况

年份	工业发酵	发酵工程	发酵工程	环境工程	环境工程	生物化工	微生物学	微生物与生化药学	生物化学与分子生物学
1986	博士点		硕士点						
1987	博士点		硕士点						
1988	博士点		硕士点						
1989	博士点		硕士点						
1990	博士点		硕士点						
1991	博士点		硕士点						
1992		博士点	硕士点						
1993		博士点	硕士点						
1994		博士点	硕士点						
1995		博士点	硕士点						
1996		博士点	硕士点						
1997		博士点	硕士点						
1998		博士点	硕士点		硕士点				
1999		博士点	硕士点		硕士点				
2000		博士点	硕士点		硕士点	硕士点	硕士点		
2001		博士点	硕士点		硕士点	硕士点	硕士点		
2002		博士点	硕士点		硕士点	硕士点	硕士点		
2003		博士点	硕士点	博士点	硕士点	硕士点	硕士点	硕士点	硕士点

续表

年份	工业发酵	发酵工程	发酵工程	环境工程	环境工程	生物化工	微生物学	微生物与生化药学	生物化学与分子生物学
2004		博士点	硕士点	博士点	硕士点	硕士点	硕士点	硕士点	硕士点
2005		博士点	硕士点	博士点	硕士点	硕士点	硕士点	硕士点	硕士点
2006		博士点	硕士点	博士点	硕士点	硕士点	硕士点	硕士点	硕士点
2007		博士点	硕士点			硕士点	硕士点		硕士点
2008		博士点	硕士点			硕士点	硕士点		硕士点
2009		博士点	硕士点			硕士点	硕士点		硕士点
2010		博士点	硕士点			硕士点	硕士点		硕士点

1. 专业学位硕士研究生

为适应社会经济发展对人才的多样化需求，国家对研究生教育进行改革，从20世纪90年代后期开始，在传统的学术型学位之外设立了专业学位。1997年，国家设立了工程硕士专业学位，我校是首批获准招收工程硕士的单位之一。工程硕士的培养目标是：为工矿企业和工程建设部门培养应用性、复合型高层次工程技术人才和工程管理人才。工程硕士必须在本学科领域内掌握坚实的基础理论和系统的专门知识，具有从事科学研究和独立担负专门技术工作的能力。

工程硕士教育是在进校不离岗、学习不脱产的原则下，实行无锡轻工大学与企业双方合作培养，是产学研合作的一种重要方式，其培养形式具有校企双方合作培养、论文选题结合工程实践、教学内容针对性强等特点。通过工程硕士培养教育，无锡轻工大学和企业建立了稳固的合作关系。

此前，早在1988年，获准在工业发酵专业（现在的发酵工程专业）尝试培养工程型研究生的探索，并取得成效。1999年生物工程学院轻工技术与工程正式批准招收工程硕士。2007年增设环境工程专业硕士、2008年增设生物工程专业硕士。

2010年，根据教育部下发的《关于批准有关高等学校开展专业学位研究生教育综合改革试点工作的通知》（教研〔2010〕2号），批准江南大学等64所高校开展专业学位研究生教育综合改革试点工作，轻工技术与工程成为学校获批实施教育部专业学位研究生教育综合改革试点工作的三个工程硕士专业领域之一。

2006年，我校开始实行两年制硕士研究生培养制度，2008年起实行2年为主，可延长至2.5年的弹性学制。弹性学制适应了硕士研究生教育国际化、多元化、个性化特点，有利于优秀人才脱颖而出[1]。

① 《江南大学史》第353页。

洋河股份生物工程研究生课程进修班开班典礼（2010）

2. 研究生课程班

在确保全日制研究生教育教学的同时，生物工程学院还与山东张裕葡萄酒、重庆啤酒、北京燕京啤酒、华润雪花啤酒、青岛啤酒、上海三得利啤酒等多家行业重点企业开展合作，开设了多个研究生课程班，帮助企业培训培养研究生层次的人才[①]。

[①]《江南大学史》第353页。

3. 学位点的建设

2004年组织参加了第三次全国一级学科整体水平评估，我校"轻工技术与工程"在参评的7所学校中排名第2，仅次于华南理工大学。2009年教育部公布的一级学科评比中，我校以发酵工程为主体的"轻工技术与工程"排名全国并列第一。2009年3月，国务院学位委员会发文公布了新组成的第六届学科评议组成员名单，生物工程学院教授徐岩入选。

（二）学位论文质量逐年提高

"全国优秀博士学位论文评选"（简称"全国百篇"）是在教育部和国务院学位委员会的直接领导下，由教育部学位管理与研究生教育司组织开展的一项工作，旨在加强高层次创造性人才的培养工作，鼓励创新精神，提高我国研究生教育特别是博士生教育的质量。全国优秀博士学位论文评选是对博士培养质量进行监督和激励的一项重要举措，对培养和激励在学博士生的创新精神，促进我国博士生培养质量的提高具有积极的作用。该评选自1999年开始，至2013年以后不再开展。评选工作每年进行一次，每次评选出的全国优秀博士学位论文不超过100篇。15年间，江南大学共获得3次"全国百篇"，生物工程学院获选2篇。6人次获得提名，生物工程学院占据2席。

周景文博士　　　　　　　　　　　刘立明博士

表16　生物工程学院入选全国优秀博士学位论文（提名）一览表

年份	论文题目	作者	指导老师	奖项
2003	微生物过量合成丙酮酸及代谢网络分析	李寅	陈坚	全国百篇提名
2008	光滑球拟酵母中糖酵解效率与丙酮酸合成的调控研究	刘立明	陈坚	全国百篇
2009	近平滑假丝酵母立体选择性氧化还原酶基因克隆与表达及其催化特性的研究	聂尧	徐岩	全国百篇提名
2011	光滑球拟酵母中ATP的生理功能与作用机制	周景文	陈坚	全国百篇

生物工程学院研究生在江苏省优秀博士、硕士学位论文评选以来，学位论文水平不断提高，连连获得江苏优秀博士、优秀硕士学位论文。1995—2010年，获得的省优秀硕士、优秀博士论文占无锡轻工大学（江南大学）获奖总数的一半以上。

表17　生物工程学院江苏省优秀硕士学位论文（1995—2010）

获奖年份	作者姓名	论文题目	指导教师	备注
2000	金大勇	有机废水处理和生物可降解塑料生产耦合系统的研究	陈坚	
2003	汤一新	微生物酶法拆分制备D-泛解酸内酯	孙志浩	
2004	聂尧	微生物立体选择性转化（S）-苯基乙二醇的研究	徐岩	
2004	刘立明	*Torulopsis glabrata*过量合成丙酮酸：丙酮酸流向与流量的控制	陈坚	
2005	华蕾	固定化细胞技术制备D-泛解酸内酯	孙志浩	
2005	钱鼎	用于棉纺织品清洁生产的PVA降解酶的研究	李寅	
2007	梁滨	镧对UV-B辐射胁迫下大豆幼苗类黄酮的影响	张光生	
2008	邓禹	透明质酸的提取与改性	陈坚	
2009	孟德敬	啤酒酿造过程中超氧化物歧化酶的研究	陆健	

表18　生物工程学院江苏省优秀博士学位论文（1995—2010）

获奖年份	作者姓名	论文题目	指导教师	备注
1998	石贵阳	运动发酵单胞菌 Zymomonas mobilis 的酒精发酵	章克昌	
1999	徐岩	溶剂相中微生物脂肪酶催化脂肪酸酯合成的研究	章克昌	
2000	王正祥	产甘油假丝酵母过量合成甘油的机理	诸葛健	
2002	夏咏梅	微水体系中酶促合成脂肪酸偏甘油酯的研究	章克昌	
2003	李寅	微生物过量合成丙酮酸及代谢网络分析	陈坚	国家优秀博士学位论文提名奖
2005	卫功元	产朊假丝酵母发酵法生产谷胱甘肽研究	陈坚	
2006	王峰	Bacillus macorous WSH02-06发酵法生产 γ-环糊精葡萄糖基转移酶的研究	陈坚	
2007	刘立明	光滑球拟酵母中糖酵解效率与丙酮酸合成的调控研究	陈坚	国家优秀博士学位论文
2008	聂尧	近平滑假丝酵母立体选择性氧化还原酶基因克隆与表达及其催化特性的研究	徐岩	国家优秀博士学位论文提名奖
2009	赵海锋	啤酒抗氧化力与风味稳定性的研究——提高内源性抗氧化力及抑制反-2-壬烯醛形成的研究	陈坚	
2010	周景文	光滑球拟酵母中ATP的生理功能与作用机制	陈坚	国家优秀博士学位论文

四、面向二十一世纪的人才培养

1995—2010年，学校始终贯彻国家教委（教育部）系列方针政策，积极开展面向21世纪高等教育教学内容和课程体系改革，在学校更名为大学和进入国家"211工程"以及办学规模不断扩大的良好态势下，生物工程学院紧跟科技发展和社会需要，主动学习学校"九五""十五""十一五"改革发展计划中的办学思想、教育概念转变，以推进"新世纪教学改革工程"、迎接本科教学评估、推进"质量工程"建设为抓手，积极推进教学改革，逐步形成富有生物工程特色的"工科背景，理科特色，基础宽，专项强"人才培养目标和模式，使生物工程学院特色专业的人才在同类专业中具有明显优势。

(一)狠抓教学改革立项与实践

学校教育事业的发展和教育教学改革的不断深化,提出了许多新的课题。为了保证发展与改革的科学性、先进性及有效性,教育教学改革研究作为发展与改革的前期工作,在生物工程学院得到蓬勃发展。

生物工程学院作为全国发酵专业教材编审主持单位及全国生物工程专业教学指导委员会委员单位。教改立项与实践走在了前列。教改研究呈现良好态势,研究课题的级别面低(校)向高(省部级、国家级)发展,课题研究的内容向综合性、系统性发展,课题研究成果更加注重实践性。

1995年,院长陈坚承担原中国轻工总会《面向21世纪高等工程教育教学内容和课程体系改革计划》中的"发酵工程专业本科人才培养模式的探讨与实践"课题。从此,开始对原有发酵工程本科人才培养计划进行修改工作。1997年,随着原国家教委进行本科专业调整工作的不断进行,在中国轻工总会教学指导委员会的指导、帮助下,将原发酵工程专业本科培养计划更新为生物工程专业的培养方案。

1997年,陶文沂主持的教改项目"实施产学研合作专项教育,培养工程应用型人才"立项,1998年作为教育部产学研合作教育"九五"试点,正式进入教育部"21世纪的中国高等教育"研究项目。通过几年来的教学实践,取得了良好的教学效果,2000年获江苏省教学成果二等奖。2004年7月6日,全国产学研合作教育协会常务副会长、合作教育试点工作领导小组组长、教育部高教司原副司长朱传礼研究员率领专家组一行6人,对陶文沂教授负责的国家级教改项目—产学研合作教育试点项目——"产学研合作实施专项教育,培养工程应用型人才"进行现场鉴定、验收。专家组通过听取项目总结报告、观看多媒体材料、审阅相关材料、分别与教师、企业代表和学生座谈、现场考察校内外实践基地、参观三得利啤酒(昆山)有限公司并与我院校友座谈,充分了解该项目的执行情况及取得的成果。最后,专家组一致同意该项目通过验收。

2001年,陈坚主持的"产学研合作培养工业生物技术人才模式"获批江苏省"新世纪高等教育改革工程"项目,该研究课题于2004年12月29日通过专家鉴定结题。

2005年,堵国成主持的"立足科学发展观,建设有特色的环境工程专业"获江苏省教改项目立项。

2006年,徐岩主持的教改项目"国家生命科学与技术人才培养基地人才培养模式探索与实践"通过结题。

（二）加强教学基本建设，教学成果颇丰

生物工程学院注重不断完善和提高教学保障条件，如课程建设、教材建设、校内外实践基地建设、实验室建设等，为提高教学质量提供保证。

1. 注重课程体系改革

课程建设是高等学校教学建设的基础和核心，直接关系到人才培养质量。为使教育事业的发展和人才培养工作能更好地主动适应国民经济和社会发展需要，必须从当代科学技术发展的特点和趋势出发，深入研究教育规律，不断深化教学改革，并把课程建设和改革作为深化教育改革的一项长期的基本建设工作，有计划、有步骤地抓好。

自1995年开始，随着学校整个教学改革的不断深入，特别是在1999年教学计划修订之后，生物工程学院在新的教学观念指导下，改变了过去一门一门孤立地改革与建设的做法，开始注重课程体系的改革。例如将许多产品工艺学课程取消，重新开设规律性、综合性的工艺原理课等。

通过几年的努力，生物工程学院教师在课程建设上取得了较好的成绩。1999年，田亚平、全文海负责的"生物化学"被评为江苏省二类优秀课程。2006年，徐岩负责的课程"发酵工艺及设备"被评为江苏省二类精品课程。2008年，陈坚负责的"发酵工程原理与技术"获评江苏省高等学校精品课程、国家精品课程；李华钟负责的"微生物学"获评江苏省高等学校精品课程；王武负责的"生物技术基础"获评国家双语教学示范课程。2009年，堵国成负责的"生化工程"被评为国家精品课程；同年，以陈坚为带头人的"发酵工程课程教学团队"入选国家级教学团队。2010年，李华钟负责的"微生物遗传育种"被评为江苏省高等学校精品课程、国家精品课程。

2. 加强教材建设

教材建设是学校的一项基本建设，是教师进行教学活动的基本依据，是深化教学改革、进行科研活动、提高教学质量的主要保证。1995—2010年，生物工程学院以"211工程"建设为目标，结合学校教育与教学内容、课程体系改革计划，加大教材研究和评价活动的力度，全面提高教材质量。其中"十一五"时期，生物工程学院7本教材入选国家"十一五"国家级教材规划选题，为全校入选教材数量最多的学院。

表19　生物工程学院国家、部委级教材研究立项课题及重点立项教材一览表（1995—2010）

研究课题或教材名称	参加者	立项单位
《发酵工艺原理》	章克昌等	"九五"国家级重点立项教材
《生物工业下游技术》	毛忠贵等	

续表

研究课题或教材名称	参加者	立项单位
《环境生物技术》	陈坚等	中国轻工总会重点立项教材
《发酵原理》	张星元	国家"十五"规划教材
《酶工程》	余晓斌	国家"十一五"规划教材
《发酵工程》	徐岩	国家"十一五"规划教材
《发酵工程实验》	李江华	国家"十一五"规划教材
《生物工程设备》	詹晓北	国家"十一五"规划教材
《代谢工程》	张星元	国家"十一五"规划教材
《微生物遗传育种学》	诸葛健、李华钟	国家"十一五"规划教材
《微生物学》	诸葛健	国家"十一五"规划教材

表20　生物工程学院正式出版的图书一览表（1995—2010）

图书名称	作者/编著/参编	出版时间	出版社
《蒸馏酒与酒精工艺学》	章克昌	1995	中国轻工业出版社
《有机酸发酵工艺学》	金其荣	1995	中国轻工业出版社
《葡萄酒工业手册》	朱宝镛　赵光鳌	1995	中国轻工业出版社
《酿造酒工艺学》	顾国贤	1997	中国轻工业出版社
《工业微生物生理与遗传育种学》	陶文沂	1997	中国轻工业出版社
《发酵生物技术专业英语》	许赣荣	1997	中国轻工业出版社
《氨基酸生产技术及其应用》	张伟国　钱和	1997	中国轻工业出版社
《调味品、食品添加剂与人体健康》	章克章	1997	化学工业出版社
《酶制剂应用技术》	赵建国	1998	中国轻工业出版社
《环境生物技术》	陈坚	1999	中国轻工业出版社
《生物工业下游技术》	毛忠贵	1999	中国轻工业出版社
《中国酒经》	朱宝镛　章克昌　许赣荣	2000	上海文化出版社
《细胞生物学》	许正宏	2000	中国轻工业出版社
《生物工程》	许赣荣	2000	中国轻工业出版社
《发酵食品微生物学》	徐岩	2001	中国轻工业出版社
《现代食品微生物学》	徐岩	2001	中国轻工业出版社
《葡萄酒酿造学——原理及应用》	赵光鳌	2001	中国轻工业出版社
《环境生物技术的应用与发展》	陈坚	2001	化学工业出版社
《食品感官评价原理与技术》	王栋	2001	中国轻工业出版社

续表

图书名称	作者/编著/参编	出版时间	出版社
《发酵过程优化原理与实践》	陈坚　李寅	2002	化学工业出版社
《环境友好材料的生产与应用》	陈坚　堵国成	2002	化学工业出版社
《环境生物工程》	伦世仪　陈坚	2002	化学工业出版社
《工业微生物资源应用与保护》	诸葛健	2002	化学工业出版社
《食品新资源（微生物油脂）》	谷海先	2002	中国轻工业出版社
《发酵工程实验技术》	陈坚	2003	化学工业出版社
《食用胶的生产、性能与应用》	詹晓北	2003	中国轻工业出版社
《现代英汉生物工程词典》	诸葛健　王正祥	2003	科学出版社
《微生物工程》	张伟国	2003	化学工业出版社
《微生物学》	诸葛健　李华钟	2004	科学出版社
《微生物酶与生物催化》	徐岩	2004	化学工业出版社
《生物催化工艺学》	孙志浩	2004	化学工业出版社
《食品风味物质与生物技术》	田亚平	2004	中国轻工业出版社
《生物化学》	田亚平　周楠迪	2004	中国轻工业出版社
《酶工程原理与技术》	徐岩	2005	高等教育出版社
《发酵原理》	张星元	2005	科学出版社
《酶工程》	徐岩	2005	科学出版社
《发酵过程解析、控制与检测技术》	史仲平	2005	化学工业出版社
《现代发酵微生物实验技术》	诸葛健　沈微等	2005	化学工业出版社
《微生物重要代谢产物——发酵生产与过程解析》	陈坚　堵国成等	2005	化学工业出版社
《蛋白质纯化技术及应用》	陆健等	2005	化学工业出版社
《食品香精的化学与工艺学》	汤鲁宏	2005	中国轻工业出版社
《生物工程分析与检验》	赵光鳌　帅桂兰	2005	中国轻工业出版社
《麦芽与制麦技术》	李崎	2005	中国轻工业出版社
《酶学原理与酶工程》	孙志浩	2005	中国轻工业出版社

3. 推进实践基地建设

实践基地是培养学生创新精神和实际动手能力的重要场所，对人才培养有着十分重要的作用。实践基地建设包括实验室（中心）和实习基地建设。2008年堵国成负责的"生物工程专业高水平创新创业人才培养模式创新实验基地"获批省级高等教育人才培养模式创新实验基地。三得利、杰能科、青啤、张裕、古越龙山等十几家企业与学院建立实践基础，开拓了学生工程实践能力的培养路径。

4. 教学成果丰硕

1995—2010年,生物工程学院在提高教育质量、教学改革及教学基本建设方面取得了丰硕的成果,获得一批国家、部省级教学成果奖。

表21　生物工程学院教学成果一览表(1995—2010)

年份	成果名称	奖励名称	等级	获奖人	授予单位
1996	在学科建设中培养高质量硕士研究生的实践	优秀教学成果奖	一等	伦世仪、章克昌、陶文沂、王武、陈坚	中国轻工总会
	抓学科建设促教学改革		二等	章克昌、赵光鳌、顾国贤、邱建平、赵建国	
	《微生物学》	优秀教材奖	一等	檀耀辉	
	《生化工程》		二等	伦世仪	
1997	在学科建设中培养高质量硕士研究生实践与探索	优秀教学成果奖	二等	伦世仪、章克昌、陶文沂、王武、陈坚	国家教委
2000	加强实践教学环节培养创新素质人才	高等教育教学成果奖	二等	陶文沂、陈坚、徐岩、赵建国、邱建平	江苏省教育厅
2002	《生物工业下游技术》	普通高等学校优秀教材奖	二等	毛忠贵	教育部
2004	培养高素质发酵工程研究生科研创新能力的研究与实践	高等教育教学成果	一等	陈坚、伦世仪、堵国成、李寅、华兆哲	江苏省教育厅
2004	构建产学研合作教育模式,培养工程应用型人才		二等	陶文沂、徐岩、堵国成、陆健、陈坚	江苏省教育厅
2004	工程学科微生物学系列课程教学的改革和实践		一等	诸葛健、李华钟、樊游、饶志明、曹钰	江苏省教育厅
2005	《微生物学》	精品教材			江苏省教育厅
2005	构建产学研合作教育模式,培养工程应用型人才	高等教育教学成果奖	二等	陶文沂、徐岩、堵国成、陆健、陈坚	教育部
2007	工科学生科研创新能力培养体系的构建	教学成果奖	二等	徐岩、陆健、李江华、堵国成、张光生	江苏省教育厅
2009	食品发酵类研究型工程创新人才培养体系的构建与实践	高等教育教学成果奖	二等	陈坚、张灏、堵国成、饶志明、徐学明	教育部(江苏省教学成果特等奖)

伦世仪在国家级教学成果鉴定会上做工作报告(1997)

国家教学成果奖奖状（1997、2005、2009）

五、全面推进对外交流与合作

学院常年保持与国内外学术交流，积极借用海外优秀资源，搭建国际交流平台，推动学校的科研和学术交流。每年单独组织或与国内其他高校、科研院所举行诸如YABEC、中韩生物技术学术研讨会、国际酒文化研讨会等国际大型学术会议。学院每年参加国际学术会议并报告论文10篇以上；受聘讲学5人以上；每年派遣留学人员4~5人，派遣访问学者2~3人[①]。

① 《无锡轻工大学志》

（一）参加和举办国际学术会议

1. 中韩仁荷生物技术双边学术研讨会

1996年4月，受中国国家自然科学基金会和韩国科学与工程基金会资助，由我校与韩国仁荷大学联合举办的"中韩无锡-仁荷生物技术双边学术研讨会"在无锡轻工大学举行。会上签订了"中国无锡轻工大学生物工程学院-韩国仁荷大学生物工程系科技合作与交流协议书"，至2000年，中韩生物技术研讨会分别在韩国和中国举办了5届，起初两届基本上是两校交流，后期就扩展到了双边区域性的讨论，中国、韩国其他高校也陆续加入。此项成果对加强两国生物技术领域的交流合作、促进我国生物技术的发展有着积极的意义。

仁荷大学在生物工程方面较强，名列韩国前十名。其生物工程系教授全部有留学背景，英文表达十分流畅。但在1996年首届双边学术研讨会上，双方的交流相对较少。这给生物工程学院的青年教师不少触动，亟须提高国际学术交流能力。由于"文革"的断层，20世纪90年代的教授年龄差距较大，除了少数老教授之外，其余的都是年轻的副教授或讲师。据陈坚回忆：韩国教授第一次做完报告是有一定意见的，他们认为我方做

王武副校长率领生物工程学院、食品学院7位教授赴韩参加研讨会（1997）

1999年8月19日与韩国仁荷大学签订交流合作协议

① 根据陈坚口述材料整理。

报告的都是年轻讲师、副教授等，而他们都是年纪较长的教授，双方不对等。随着双方频繁往来，由陌生带来的误解逐渐消除，中韩学术交流逐渐密切[1]。

双边学术研讨持续了5届。20余年来，我校生物工程学院和仁荷大学一直保持着合作。双方互派青年学者进行研修，又联合建立了本科生短期访问、夏令营合作。这也带动了生物工程学院与其他韩国高校的合作往来。

表22　无锡轻工大学与仁荷大学历次交流一览表

年份	学术会议名称	地点	协办单位	参加单位
1996.04.15~16	中韩无锡-仁荷生物技术双边学术研讨会	无锡轻工大学	无锡轻工大学	韩国仁荷大学、山东大学、江苏省微生物研究所等近百名代表，50余篇论文
1997.05.17~24	第二届仁荷-无锡生物技术双边学术研讨会	韩国	韩国仁荷大学、无锡轻工大学	我校陈坚、王武、石贵阳、堵国成、王正祥、章克昌、王璋赴韩国参加会议
1998.05.07~09	第三届中韩地区间生物技术研讨会	无锡轻工大学	无锡轻工大学、韩国仁荷大学	来自韩国汉城国立大学、高丽大学、仁荷大学、明知大学、鲜文大学和UISAN大学和国内山东大学、浙江大学、中国药科大学、华东理工大学、天津轻工学院等50多名代表，40多篇论文
1999.8.19	第四届中韩地区间生物技术研讨会	韩国	无锡轻工大学、韩国仁荷大学	陶文沂、陈坚等
2000	第五届中韩地区间生物技术研讨会	无锡轻工大学	无锡轻工大学、华东理工大学	150多人

2. 国际酒文化学术研讨会

生物工程学院与日本酿造协会自20世纪90年代起便开展交流合作，建立互访机制，轮流在两国举办"国际酒文化学术研讨会",首届国际酒文化学术研讨会于1991年在四川省成都市举办,1994年第二届研讨会移师浙江杭州。截至2010年,已经举办了7届。该研讨会重在促进技术与文化的交融,传承历史,促进创新,成为中日两国传统文化交流、酿酒技艺切磋的重要平台[①]。历届国际酒文化学术研讨会的成功举办,深受国内外酿酒(酿造)同仁、专家、学者的支持与重视,来自中国、日本、欧美等地的与会人员每届数以百计,目前已成为国内外酒文化学术交流的重要平台,具有广泛的影响力。

①《江南大学史》第367页。

1997年11月,第三届国际酒文化学术会议在无锡轻工大学召开。这是当时最大规模的国外专家团来无锡轻工大学进行访问。无锡市政府也非常重视,副市长亲临现场。这次会议的成功举办对于学校有着重要意义,从此开始,无锡轻工大学正式成为国际酒文化的依托单位,获得业内普遍认可。

时任学院领导的赵光鳌牵头促成了国际酒文化会议。他在《香港中外研究》刊登《中国酿酒工程师的摇篮——无锡轻工大学》一文,这是第一篇讲酿酒工程师的摇篮的公开发表文章。现在已经得到国内同行普遍的认可。赵光鳌认为:一个教授就要敢于发表自己

伦世仪教授在大会发言

李华钟、秋山裕一、赵光鳌、徐岩等人合影

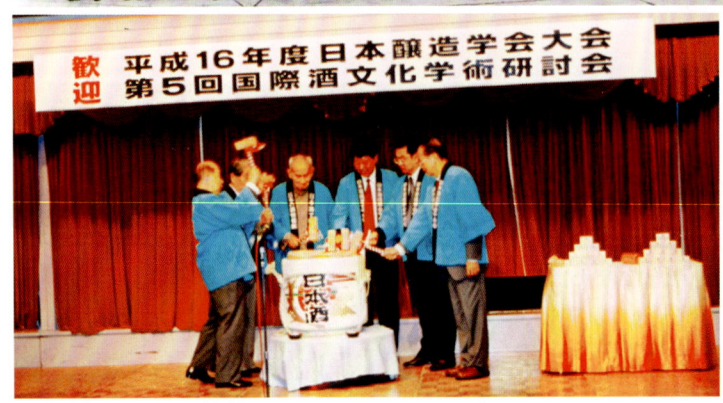

第五届国际酒文化学术研讨会(秦含章、秋山裕一、耿兆林、陶文沂等共同击桶)

赵光鳌单独击桶

陶文沂代表学校给会议赠送牡丹国画

2006年9月第六届国际酒文化学术研讨会在北京召开

2010年第七届国际酒文化学术研讨会在无锡召开

原定于2012年，后延期至2013年的第八届国际酒文化学术研讨会（长沙）

第九届国际酒文化学术研讨会在山西太原召开（2015年）

纪念"赵光鳌教授执教四十五周年及七十寿诞"合影

的意见,不敢发表意见,在外就没有影响。正因为写了这篇文章,现在全国都认可江南大学是酿酒工程师的摇篮[①]。

① 根据赵光鳌提供材料编辑整理。

(二)邀请海外专家讲学

前来我校讲学的海外专家人数逐年增多。1995—2010年间,来自国外(境外)各著名大学和科研机构的专家、学者、教授多达209人次(表23),他们积极参与生物工程学院教学、科研等方面的工作,使我校得益匪浅。频繁的国际学术交流大大开拓了教师的视野,引领学生了解本学科的国际前沿。师生的英语听说能力不断提高,使得绝大多数的国际会议不再提供翻译服务,师生们还能用流利的外语直接向主讲人提问。为了加强与外国专家、教授的合作,生物工程学院先后聘请了国外(境外)著名学者为客座教授(表24)。

表23 生物工程学院来访学者、专家人次(1995—2010)

年份 院系	1995	1996	1997	1998	1999	2000	2001	2002	2003	2004	2005	2006	2007	2008	2009	2010	总人次
生物工程学院	4	5	7	7	8	8	5	6	6	9	21	20	19	28	32	24	209

表24 1995年后生物工程学院聘请客座教授名单(部分)

姓名	国家和地区	原工作单位及职务	受聘职务	聘任年份
尹象胜	加拿大	平原麦芽公司技术部经理	客座教授	1996.11.12
奥列·凡宁	加拿大	达尔豪斯大学教授	客座教授	1997.06.07
秋山裕一	日本	日本酿造协会会长	客座教授	1997.06.11
刘吉泉	日本	日本P&G公司技术开发部	客座教授	1999.03.25
高桥孝雄	日本	名古屋短期大学校长	客座教授	1999.06.09
Bernard A.Prior	南非	南非斯泰勒伯希大学	客座教授	2002.05.07

聘请凡宁教授为我校客座教授仪式(1997)

(三)推动师生海外研修

在学校推进建设"特色鲜明的高水平大学"的需求带动下,生物工程学院紧跟学校教育国际化部署,1995—2010年,生物工程学院共派出教师224人次出国/出境参加国际会议、交流、研修。教师队伍中拥有海外学历、获海外研修的教师比例逐年升高。推进教师海外研修,在很大程度上扩大了教师的国际视野,促进了学科骨干与国际学术界的接轨。

陶文沂在第十一届国际谷物与面包大会上做报告(2000)

诸葛健在ICY2004做大会报告(2004)

诸葛健在ISSY2001做大会报告(2001)

伦世仪(左)与高尾彰一(中)在欧洲第四届生物工程会议

表25 生物工程学院教师派出情况(1995—2010)

年份 院系	1995	1996	1997	1998	1999	2000	2001	2002	2003	2004	2005	2006	2007	2008	2009	2010	人次
生物工程学院	4	5	14	14	12	19	13	10	10	12	14	15	8	16	22	36	224

2000.12.11~20访问荷兰瓦格宁根(Wageningen)大学(金征宇、徐岩、陶文沂)

生物工程学院自成立以来，陆续与国外（境外）大学和研究机构建立了长期的校际合作关系，先后与日本三重大学生物资源学部、韩国仁荷大学、荷兰TNO研究所、荷兰韦格宁根大学就人员互访、进修学习、研究生培养、合作开展科学研究等项目签署了各种协议。

六、"211工程"建设成果卓著

"211工程"，即面向21世纪，重点建设100所左右的高等学校和一批重点学科，是国家推进高等教育发展，促进高等教育与经济社会发展相适应的一项重要措施，旨在为我国经济和社会发展战略培养高层次人才，对提高国家高等教育水平，加快国家经济建设，促进科学技术和文化发展，增强综合国力和国际竞争能力，实现高层次人才培养基本立足于国内具有极为重要的意义。

（一）"九五""211"：发酵工程

无锡轻工大学争进"211工程"工作始于1993年初。从申报筹备、部门预审、立项论证和开工建设，到项目验收，前后历经4个阶段，历时7年有余，至2001年初顺利通过第一期工程项目验收，达到了预期目标。

1. "九五"期间的建设任务全面完成

《无锡轻工大学"211"工程建设项目可行性研究报告》所规定的发酵工程学科"九五"期间的建设任务是：在发酵工程的各个重要领域，包括工业微生物菌种选育与改良、发酵工艺、酶技术、生化工程和环境生物技术、基础理论方面有所创新，应用技术方面有重大突破，取得一批重大科研成果。研究水平达到国内领先，部分研究水平达到国际先进。经过近5年的建设，该国家级重点学科"九五"期间的建设任务已经全面完成，使该学科在人才引进、学科交叉、融合上取得了长足进展，学科的整体水平在原有基础上上了一个新台阶。在应用基础研究、工程及产业化研究和开发等方面形成了跟踪国际科研前沿发展动态和创新能力，高层次人才培养的质量达到国内先进水平，在国家经济建设和社会发展中具备了解重大课题和关键问题的能力。

伦世仪教授与前来进行"211"工程预审的专家交谈

表26　生物工程学院"211工程""九五"期间重点学科建设项目成效统计表

重点学科建设项目名称	项目学术梯队情况				授予博士学位人数					授予硕士学位人数					教学科研仪器设备总值（百万元）	
	合计（人）		有博士学位人员比（%）													
	1996	2000	1996	2000	1996	1997	1998	1999	2000	1996	1997	1998	1999	2000	1999	2000
发酵工程	35	48	11	31	3	5	8	6	10	13	11	13	20	22	650	1250

重点学科建设项目名称	科研经费（万元）					获国家、省部级奖（项）					SCI、EI、ISTP 合计（篇）				
	1996	1997	1998	1999	2000	1996	1997	1998	1999	2000	1996	1997	1998	1999	2000
发酵工程	482	590	501.8	638.8	808.3	3	2	3	7	—	4	4	5	4	4

至2001年初，无锡轻大"211工程""九五"期间建设项目经过5年建设，已经如期完成。为此，根据教重办〔2000〕8号文要求，于2001年2月22日，向教育部"211工程"办公室报送了《江南大学（原无锡轻工大学）"211工程"建设总结报告》。同年4月，备文上报教育部直属高校工作办公室申请进行项目验收。6月7日，教育部直属高校办公室发函，决定组织专家组于6月下旬，对原无锡轻工大学"211工程""九五"期间建设项目进行验收。

6月28日、29日，以青岛海洋大学校长管华诗院士为组长的教育部验收专家组莅临无锡轻工大学，对无锡轻工大学"211工程""九五"期间建设项目进行了验收。在集中进行的"211工程"项目验收报告会之后，专家组实地考察了生物工程学院等三个学科点建设项目的汇报。生物工程学院的几项标志性成果受到专家认可。

生物工程学院陈坚汇报

验收组听取生物工程学院汇报

诸葛健现场汇报

顾国贤现场汇报

石贵阳现场汇报

验收组现场考察

2. "九五"期间建设的具体指标超额完成

发酵工程学科"九五"期间建设的具体指标及完成情况见（表27）。

表27　发酵工程学科"九五"期间建设的具体指标及完成情况

	具体指标	完成情况
学位点建设	①新建一个硕士点 ②单独建立轻工技术与工程博士后流动站	①增加了3个硕士点（环境工程、生物化工、微生物学） ②获得轻工技术与工程一级学科博士学位授予权（含4个博士点）并建立轻工技术与工程博士后流动点
科研基地建设	①建立国家或省酶工程技术研究中心 ②组建生物制药实验室 ③发展工业微生物育种实验室 ④发展环境生物技术实验室	①建立了教育部工业生物技术重点实验室 ②组建了生物制药实验室 ③与有关单位合作建立了江苏省生物活性产品加工工程研究中心 ④组建了基因工程实验室 ⑤扩建了环境工程实验室
科研成果及产业化	①每年力争3～5项科研成果获部、省级以上奖励 ②获专利1～2项/年 ③发表高水平论文30篇/年 ④出版专著2～3部/年 ⑤产业化成果比例达到50%	①获部、省级以上奖励的科研成果15项。其中1999年6项科研成果获省部级科研进步三等奖以上奖励，1项获国家技术发明二等奖 ②申请和获得专利10项 ③发表论文133篇，其中高水平论文50篇，被SCI、EI、ESTP检索收录21篇 ④1999年出版教材3部 ⑤产业化成果比例达到75%
学术梯队建设	①新增中青年博士生导师4～5名 ②新增教授2～3名、副教授8～10名 ③5～8名青年学术骨干成为国内有影响的学者 ④具有博士、硕士学位的教师分别占教师总人数的20%～30%和70%～80%	①新增博士生导师6名（其中3名在45岁以下） ②新增教授8名（其中3名45岁以下）、新增副教授9名 ③8名青年学术骨干成为国内有影响力的学者（其中1名被评为国家有突出贡献的中青年专家；1名入选教育部跨世纪优秀人才培养计划；5名为教育部骨干教师；3名入选江苏省"333"工程；3名为江苏省青年骨干教师） ④具有博士、硕士学位以上的教师分别占教师总人数的30%和95%
实验室基本条件建设	①改善发酵工程重点实验室基本条件 ②增加实验室面积	①装备投入600万元，购置了Bruan Biotech International全自动发酵罐等大型精密仪器设备 ②新增实验面积2500m^2
人才培养与教学改革	①硕士生达到25～30名 ②博士生达到12～15名 ③博士后2～3名 ④建立国际酿造与蒸馏酒高级技术培训中心	①每年招收硕士生35～40名，并另建工程硕士学位点（青岛啤酒公司硕士班40人） ②每年招收博士生20名 ③由于生源原因博士后每年仅1名 ④承担国家教学改革课题1项 ⑤完成中国轻工总会教改课题1项，达到国内工科院校的领先水平 ⑥承担和完成学校教改课题4项 ⑦4项教学成果获省部级三等奖 ⑧1项教学成果获国家教学成果二等奖 ⑨已建立国际酿造酒与蒸馏酒高级技术培训中心和中国酿酒协会无锡培训部 ⑩建立了江苏省工业生物技术教学实验中心

3. 建设经费基本到位，使用比较合理

发酵工程建设项目1998—2000年建设"211工程"资金计划投入660万元（其中主管部门投入30万元，地方政府投入60万元，自筹资金570万元）。实际到位资金784.10万元（其中主管部门投入30万元，地方政府投入60万元，自筹资金694.10万元）。

上述有限资金，经过充分论证，主要用于购置该学科建设必需的大型精密仪器设备。如，根据发酵工程学科的建设任务，将在现代微生物技术、发酵工程、生物制药工程等研究方向上有所突破，原有的全自动发酵罐和生化分离设备已经不能满足发酵工程领域教学和科研的需要，尤其是高层次教学、科研的需要，因此购置了包括快速蛋白分离纯化系统（瑞典法玛西亚，59万元），高压层析装置（美国PE，57万元）和自动化程度较高、功能较全的发酵罐（德国B. Brunn，41万元）等。现已安装调试投入使用，在教学、科研中发挥了重要作用。

4. 建设成果突出，经济效益和社会效益可观

发酵工程学科经过近5年的建设，取得了突出成果，其基本情况在表25中可见一斑。在取得的科研成果中，"发酵法甘油生产技术""酒精高浓度发酵及全回流生产技术""酒精滤液全回流技术""高新技术改造传统酿酒工业""味精清洁生产技术""高浓度有机废水生物处理技术"等项目的工业化成果更为突出。这些工业化成果对工业生物技术产业的改造升级具有重要作用。由于这些工业化成果既具有共性意义，又具有创新价值，所取得的经济效益和环境效益同步，因此能在全行业推广实施。该技术在"九五"期间每年可为我国工业生物技术产业增加产值10亿元以上[1]。

①《江南大学2002年鉴》第155页。

诸葛健教授等研究成功的"发酵法甘油生产技术"，1997年获中国轻工业科技进步一等奖；1999年又获得国家技术发明二等奖。该技术是迄今国际上首例实现工业化生产的好氧发酵法甘油生产技术，拥有自主知识产权。这一创新技术，选育了超过国际上当时公认的甘油对粮理论转化率的新菌种；发明了适用于高沸点、高黏度、易焦化有机物载体蒸馏技术和稳产、高产的甘油工业化生产工艺。国内已有10家工厂采用该技术进行生产，总设计生产能力超过万吨，产值2亿元。前来洽谈技术转让的单位950批，签订技术转让合同20多个，合同技术转让额超过千万元。

再如，毛忠贵教授等首创的"味精清洁生产技术"，由于在废物资源化方面成绩突出，既有环境效益又有经济效益，1998年通过技术招标方式承担了菱花集团（山东济宁）和青岛益青味精有限公司的味精清洁生产技术的工业化改造项目，项目总投资4000余万元，技术转让费200多万元。这两个项目均被列为国家经贸委1999年轻工行业清洁生产示范工程项目。味精清洁生产技术还被国家经贸委列为2000年国家技术创新项目。该技术目前还在我国石化行业中得到应用[2]。

②《无锡轻工大学志》第28页。

1998年底，无锡石油化工总厂采用"环氧树脂高浓废水闭路循环治理新工艺"治理废

水，在国内环氧树脂全行业首次解决了高浓废水的污染问题。由于该工艺在经济效益和环境效益方面均超过日本的浓缩焚烧工艺，因而得到日本同行的高度赞誉。现已推广至环氧树脂全行业。

又如，"酒精高浓度发酵及全回流生产技术"是一项系列高效、节能、无污染的工程技术，其中"酒精浓醪发酵技术"转让给我国最大的酒精生产企业——华润有限公司后，每年可为企业增加产值2亿元。这一系列技术的组合将为我国燃料酒精产业的发展起到关键作用。

此外，伦世仪教授等领衔的"高浓度有机废水生物处理技术"，近三年来，先后用于国家淮河、太湖、长江流域污染治理重点工程，完成了其中的17个重点废水处理工程（包括酒精、黄酒、维生素C、食品添加剂和洗涤剂等生产废水的处理），出水水质全部达到国家排放标准，并在1999年获得教育部科技进步三等奖。

（二）"十五""211"：工业生物技术

通过"九五""211"工程建设，学校进一步确立了学科建设在学校发展中的龙头地位，并把凝练学科方向、提倡学科交叉的观念逐步扎根，形成共识。在优选重点建设的学科时，学校深入研究了原有学科结构的特色和优势，对全国同类高校的学科状况进行了全面比较分析，在此基础上，经过专家论证，"十五""211"工程重点建设的重点学科由"九五"时的3个增加到6个（工业生物技术、食品科学、工程和安全、工业创新系统、纤维制品现代加工技术、中小企业管理与发展、轻工过程信息化工程）。

2006年5月24日，以中国海洋大学校长管华诗院士为组长，华东理工大学校长钱旭红教授等7位专家和领导组成的国家"211工程"验收专家组，对学校"十五""211工程"建设项目进行了全面验收。5月25日，顺利通过教育部专家组对我校"211"工程二期建设项目的验收。

生物工程学院在"211"工程首期建设成果的基础上，继续夯实发酵学科的优势地位，以工业生物技术为新一轮"211"工程建设的龙头抓手，取得了一系列代表性成果。

1. 微生物酶拆分制备D-泛解酸内酯及用于生产D-泛酸钙与D-泛醇（国家技术发明二等奖1项、中国石油和化学工业技术发明二等奖1项）

成果概况：该成果所属学科：轻工技术与工程。"微生物酶法生产D-泛酸（维生素B5）"为国家"十五"重点科技攻关项目，由我校和浙江鑫富生化股份有限公司共同承担，孙志浩为负责人。D-泛酸是一种用途广、市场需求量大的重要维生素药物、食品添加剂和饲料添加剂。传统的生产方法是化学拆分或钙盐诱导结晶法，存在拆分剂太贵，分离困难，步骤多，成本高，扩大生产规模比较困难，以及有毒性和环境污染问题。微生物酶催化拆分方法的成功，既改善了操作环境，又降低了生产成本，还提高了产品品质与产品安全性，从而提高D-泛酸生产的整体技术水平。

运用酶拆分外消旋化合物的原理，以现有工艺异丁醛合成的DL-泛解酸内酯为底物，选育了一株能高产立体专一性D-泛解酸内酯水解酶，不利用、不降解泛解酸内酯或泛解酸的串珠镰孢霉菌，该菌株产D-泛解酸内酯水解酶的基因测序表明为新酶、新基因。该菌株发酵产酶时间短（2~3天），酶转化时间短（5~10小时），反应容易控制，底物浓度高，对D-泛解酸内酯选择专一性高，产品光学纯度高（99%e.e），未水解部分经消旋化后可反复使用，总收率>90%。该菌株产的D-泛解酸内酯水解酶稳定性好，可反复利用多次。通过对酶固定化的研究，建立了霉菌交联原位固定化方法，反复分批酶水解达180次以上，符合实用性要求，并且完成了产业化研究，在国内外首家采用生物拆分制备的D-泛解酸内酯生产D-泛醇，生产规模达到D-泛酸钙2000t/年和D-泛醇300t/年。项目已取得较好的经济效益、环境效益与社会效益。与传统方法相比，不用化学拆分剂，不用多次结晶，减少了操作步骤，减少了化工原料和溶剂消耗，减少了废物排放及环境污染。以生产D-泛醇为例，原材料消耗减少69.2%，废液、废渣排放分别减少65.5%和43.8%，能耗减少12.7%，生产成本降低了26.5%。2002—2004年三年共实现产值5.68亿元、创造利税1.35亿元，出口创汇3987万美元。浙江鑫富公司的泛酸钙生产也因此而进入世界前三，对世界泛酸钙市场有重要影响。通过定向进化方法改造产酶菌株膜生物反应器及生物催化反应与膜分离的耦合技术研究，对微生物酶法生产D-泛酸过程自动化、连续化、进一步提高D-泛酸产品的生产水平有重要意义。

该项目荣获2003年度国家技术发明二等奖、2002年中国石油和化学工业技术发明二等奖。获得授权中国发明专利2项（ZL01104070.X；ZL02125561.X），在国内外学术期刊上发表论文12篇（其中SCI论文4篇），出版了国内第一部有关《生物催化工艺学》的专著。

2. 工业生物技术创新平台（工业教育部重点实验室）

工业生物技术创新平台的主要获奖情况如下：江苏省科技进步一等奖1项、江苏省科技进步二等奖1项、教育部科技进步二等奖2项、教育部技术发明二等奖1项、广东省科学技术奖二等奖1项、中国石油与化学工业协会技术发明一等奖1项、中国食品工业协会科技进步一等奖1项、教育部创新团队。

成果概况：该成果所属学科为轻工技术与工程。成立于2000年的教育部工业生物技术重点实验室，是国内最早成立的工业生物领域的部级实验室，也是"211工程"重点建设的工业生物技术创新平台。5年来，实验室坚持科技和机制创新的指导思想，在工业生物技术的应用基础研究、科技成果转化、学术梯队建设、国内外科技合作等方面都取得了长足的进步。实验室先后主持或承担了国家重大基础（973）、国家高技术（863）、国家自然科学基金、国家科技攻关及国际合作等在内的124项课题研究。取得了很多有创新性的科研成果：获省部级科技进步奖16次；出版著作14部；发表论文

434篇；其中SCI收录53篇；获得授权国家发明专利22项。建立了现代工业生物技术创新研究体系，为工业生物领域的一些关键共性技术提供了支撑，并开发出了系列新产品、新技术和新工艺。完成了一批代表性产业化成果，取得了显著的经济、社会和环境效益。科研成果中50%以上实现了产业化，其中国家或部省级重点攻关成果的转化率高达80%以上，总产值40多亿元。

实验室积极主动地从学科发展的大局出发，十分重视学术团队的建设，使实验室不仅成为团队成员科研创新的平台，更成为本学科高层次人才培养、交流的平台，保证了人才在竞争的氛围中脱颖而出。以徐岩教授等青年教授领衔的科研创新团队，入选2005年度教育部"长江学者与创新团队发展计划"，为学科发展提供有力的支撑，工业生物技术教育部重点实验室也成为我国工业生物技术领域最重要的、并且在国外有一定影响的高层次人才培养基地和科学研究中心。

在2005年教育部组织的评估中，评估组专家一致认为：实验室在学校相关学科长期积累研究奠定的厚实基础上，瞄准学科前沿，紧扣国家重大需求，以"生物质资源高效转化和利用，促进工业生物技术产业的结构调整和提升"为主要目标，深入地开展了工业微生物物种资源、发酵工程、生物催化和生物过程工程等关键共性技术的应用基础研究，实现了关键技术的创新。实验室总体定位准确，研究方向明确、重点突出，获得了一批具有自主知识产权的技术成果，经济效益显著，已建成了专业特色鲜明的工业生物技术实验研究基地，在国内工业生物领域处于领先地位，部分成果获国际先进水平。最终评估成绩在包括中国农业大学和浙江大学等8个生物科学领域重点实验室组成的小组中排名第一，在所有被评估的48个重点实验室总排名第八。

（三）"211"三期建设：新一代工业生物技术

2008年2月，国家发展改革委员会、教育部财政部印发《关于印发高等教育"211工程"期建设总体方案的通知》，明确了"211工程"期建设的重要意义、指导思想、总体目标、主要任务、资金安排、实施与管理等事项。7月，"211工程"部际协调小组办公室下发《关于委托有关学校对"211工程"三期重点学科建设项目进行评审的通知》（211部协办〔2008〕4号）。我校分别组织专家对教育部委托的"艺术体育"组12个项目、"纺织轻工食品"组16个项目进行了评审。"211工程"部际协调小组办公室下发《关于"211工程"三期建设项目评审和建设等有关问题的通知》和《关于"211工程"三期重点学科建设项目等有关问题的通知》，公布了项目评审结果，并就编制建设项目可行性研究报告及其审批、专项投资安排等做出明确要求。9月，教育部下发《关于江南大学"211工程"三期"新一代工业生物技术"等4个重点学科建设项目可行性研究报告的批复》，批复同意我校所报的"211工程"三期重点学科建设项目可行性报告。这标志着我校"211工程"三期建设已进入全面建设阶段。"211工程"三期的建设时间为2008—2011年。

生物工程学院组织申报了"211工程"三期建设项目"新一代工业生物技术",确定了"现代发酵工程技术""微生物代谢工程与组学技术""生物催化与转化技术"三大研究方向。项目在建设目标、研究方向等方面得到评审专家的一致好评,在总体评价中是学校唯一获得全A的"211工程"三期建设项目。

表28 生物工程学院"211工程"三期科研活动概况

年份	科研经费			科研成果					科技论文,著作				三大检索刊物论文			
	总经费	纵向经费	横向经费	鉴定成果	验收成果	申请专利	授权专利	省部级奖	论文	著作	会议	学术报告	SCI	SCIE	EI	ISTP
2006	2782.03	1815.55	966.48	13	5	50	31	5	288	1	2	46	39	15	19	1
2007	3582.68	2249.89	1332.72	3	10	69	23	3	340	11	3	70	34	14	44	10
2008	3649.75	2003.19	1646.56	7	9	67	23	2.5	393	6	3	52	46	23	38	1
2009	3917.76	2467.4	1450.36	7	14	62	23	4	250	4	3	65	/	57	39	0
2010	4742.2	2458.23	2283.97	13	28	115	40	8	266	4	3	23	/	93	38	2

表29 生物工程学院"211工程"三期代表性科研获奖

年度	项目名称	获奖类别	获奖等级	主要完成单位	主要完成人
2006	以高产量,高转化率和高生产强度为目标的发酵过程优化技术	国家科技进步奖	二等奖	江南大学	陈坚,堵国成,李寅,伦世仪,华兆哲,刘登如,刘立明,刘和
2007	棉织物前处理关键酶制剂的发酵生产和应用技术	教育部高等学校科学技术发明奖	一等奖	江南大学,海通食品集团股份有限公司	陈坚,华兆哲,堵国成,王强,范雪荣,高卫东,吴敬
2008	微生物氧化还原酶生物催化制备手性化合物关键技术研究	高等学校科学研究优秀成果奖技术发明奖	一等奖	江南大学,石家庄永生华清液晶有限公司	徐岩,聂尧,穆晓清,刘鑫勤,张荣珍
2009	工业微生物生理特性与代谢功能研究	江苏省科学技术奖	一等奖	江南大学	陈坚,堵国成,刘立明,吴敬,周景文,张娟,刘龙
2009	化工园区工业废水处理新技术及工程应用	国家技术发明奖	二等奖	江南大学(第二单位)	伦世仪等
2010	环糊精葡萄糖基转移酶的制备及应用	高等学校科学研究优秀成果奖(技术发明)	一等奖	江南大学	吴敬,顾正彪,陈晟,吴丹,李兆丰,夏咏梅,洪雁,堵国成
2011	基于谷氨酸双结晶高效提取工艺的味精清洁生产技术	高等学校科学研究优秀成果奖(技术发明)	二等奖	江南大学,菱花集团有限公司	毛忠贵,张建华,唐蕾,杨玉岭,满德恩

2012年3月，以校长陈坚教授为组长、校学术委员会执委会组成的验收专家组对学校"211工程"三期建设项目进行了校内验收。7月，学校接受国家整体验收，经过网络验收、抽查验收和第三方验收，对各建设项目的任务完成情况、资金使用情况、建设成效和标志性成果、项目管理情况、总体评价等方面进行了综合评议。

12月，"211工程"部际协调小组办公室发文，学校"211工程"三期各建设项目全部通过国家验收，7个项目的综合得分均在85分以上，"新一代工业生物技术"项目的综合评分位列学校7个建设子项目之首，在全国202个"基础产业和高新技术领域"的验收项目中位列第35位，排名率17.33%。

七、故事篇：中国发酵工程领域首位工程院院士伦世仪

伦世仪，曾用名伦式如，1928年11月生，山东诸城人，1954年毕业于南京工学院食品工业系发酵工学专业，同年留校任助教。1958年参与无锡轻工业学院的创建，从此，伦世仪就一直在无锡轻工业学院（江南大学）任教至今。

伦世仪1962年初晋升为讲师，1981年评定为副教授，1986年4月，经江苏省高等学校高级职务评审委员会批准，具备教授任职资格。同年经国务院学位委员会专家评审，批准为博士生导师。他是我国发酵工程学科最早的两位博士导师之一。1984—1989任发酵工程系首届系主任。他任职期间主持建成我校发酵工程博士学位授权点，进而主持建成国内首个发酵工程国家级重点学科点。

1985年起担任国务院学位委员会第二、三、四届学科评级组成员和纺织轻工学科组第二届评委，第三、四届召集人。人事部博士后流动站管委会第一届委员，教育部普通高校轻工、食品类专业教学指导委员会主任，《生物工程学报》及《工业微生物》编委。1995年，伦世仪当选为中国工程院院士，也是江南大学历史上首位院士。

伦世仪连续担任学科评议组成员

20世纪50年代起,伦世仪教授就开始从事发酵工程和酶工程的科研研究,80~90年代起,他将发酵工程与环境工程的交叉与渗透进一步做了深入研究,育才多多,科研成果累累。

(一)发酵工程

在新型高效生物反应器的研制和模型化研究中,他主持完成了国家"七五"重点攻关项目"酒精废水生产单细胞蛋白技术",从反应器主要结构与操作条件的关联、菌体动力学和反应器流动特性的研究等方面,成功地完成了50m³反应器的放大。被江苏省计经委列为"八五"重点推广项目。该反应器用于面包酵母生产时,其能耗比优于国际先进水平,被广泛应用于单细胞蛋白生产、面包酵母培养和甘油发酵等工业中。

在发酵过程的优化和控制研究中,他在国内首次应用恒化培养技术和动力学参数评价法筛选出的菌种,成功应用于酒精废水生产单细胞蛋白的工业生产;在他指导下研究的流

伦世仪在"酒精发酵废水生产单细胞蛋白"项目鉴定会上做工作汇报

课题组在厂内通过两级比拟放大建成的气升式50立方米内环流发酵罐

加发酵优化控制策略,在赖氨酸和可降解塑料、L-异亮氨酸、透明质酸等发酵生产中得到成功应用。

(二)环境生物工程

早在20世纪80年代,伦世仪在跟随轻工业部访美期间,就高度关注高浓度有机废水处理的研究和教学工作。回国后,他就开始着手建立了"水生物处理工程"实验室及招收研究生工作。伦世仪在展开环境方面研究的具体方向上非常有前瞻性。他认为研究高浓度有机废水必须先厌氧,然后再好氧,必须把厌氧作为环境生物技术的突破口。实验室围绕着废水处理中的关键技术——污泥自动形成颗粒,进行了探索性的研究,无锡轻工大学也成为国内最早开展厌氧污泥颗粒化研究工作的单位之一。伦世仪对第二代厌氧反应器高效的微生物学机制及在厌氧微生物颗粒内部种间氢转移的作用等方面的研究,导致实现了颗粒污泥培养的可控化,并在工程上实现了高效分相厌氧处理新技术;已应用于10多座大规模上流式厌氧污泥床生物反应器的构建和运行,产业化应用十分突出,为淮河流域、太湖流域和长江流域的点源工业废水的达标治理做出了贡献。在基础研究应用方面,在厌氧微生物颗粒污泥微观结构的基础上,他提出了颗粒污泥培育可控化的步骤,并在工程上实现了有机物的酸化和甲烷化的分相新技术,从而保证了甲烷发酵过程稳定性,并显著提高了产出沼气中甲烷的含率。与此同时,在用生物技术降解毒害性有机物方面,也开展了系统的应用基础性研究。

(三)研究生培养

伦世仪先生的创新精神还体现在对人才培养方面的思路。在确定招收环境工程研究生基本条件时,他并不局限于招发酵背景的研究生,允许化学背景或者生物背景的不同专业学生都可以进行选择。如果没有这个招生思路,陈坚这类本科不是发酵(专业)的考生就无法报考。正是这种交叉融合的思路促进了实验室人才的培养。基于对培养质量研究生重要性的认识和工作在研究生培养第一线的实践,从1983年至今,通过创造优良的学术研究氛围、实施全过程培养的管理体系、建立导师和研究生互动机制,对"以形成敏锐的科研意识为基础、掌握正确的科研方法为核心、激发坚韧的科研精神为内涵"的研究生培养思想进行了研究与实践,在教学成果方面曾获得国家教学成果二等奖,轻工总会一等奖、江苏省高等教育成果一等奖。培养出了30名创新能力和工程素质俱佳的研究生,例如南京大学环境学院院长、长江学者任洪强教授,同济大学环境科学与工程学院陈银广教授,在环境工程领域都取得了突出的成绩。

伦世仪作为一名资深的教授,多年来以能提携和培养学生超过自己为对社会最大的回报,也视为自己最高的荣耀。无论在什么职位或取得什么头衔,伦世仪都保持着优良的学风,带头营造科学民主的学术环境和氛围。虽获"院士"称号,但谦逊克己,不以"权威"自居。多年以后,伦世仪在采访时说:我曾经是学术带头人之一,但现在不是,对此我的感觉好极了。如果我以如此的高龄还不得不坐在学术带头人的位子上,那只能是我所在学科和我本人的悲哀。

桃李不言,下自成蹊。2017年,伦世仪的学生陈坚入选中国工程院院士。这对跨越22年的"师生院士"将成为生物工程学院乃至江南大学历史长卷中浓墨重彩的篇章。

  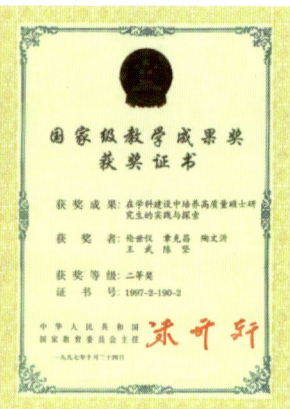

伦世仪在国家级教学成果鉴定会上做工作报告

1983级硕士研究生论文答辩现场　　　　伦世仪指导学生陈坚(中)

① 诸葛健供稿。

八、故事篇：发酵甘油终获国家奖①

在珍宝岛冲突后，军民两用的甘油的生产自然特别引起各方的重视，1970年7月我院承担了轻工业部下达的"淀粉质原料发酵法生产甘油"的科研项目。当时全院相关教师以发酵专业教师为主，老中青三代教师，发挥各自专业特长，采取校园封闭式大团队方式集中精力、全方位进行研究。老教授负责资料查阅，菌种、工艺、设备、检测等的研究开始主要由诸葛健、徐呈祥、蒋征麟、金岭南等教师负责，早期参加者还有朱宝镛、沈学源、黄本立、汤逢、檀耀辉、伦世仪、卜华祥、邱武吉、杨荣珍、郑君铣、全文海、徐柔、毛月琴等老师。在确定了采用耐高渗压酵母发酵法生产甘油的技术路线后，为了寻找和选育菌种，派出诸葛健和邱武吉两位老师去南方7个省市收集400多个样品，筛选出1000多株的耐高渗压酵母，再经过10000多次反复摇瓶筛选，终于获得了研究采用的优良菌种。在实验室工作的基础上在校发酵厂进行了130多次中型实验，又同无锡酶制剂厂合作进行了8批扩大试验，并获得了成功。根据轻工业部指示，在1972年12月由江苏省轻工业局组织了该项目的技术鉴定会议，参加会议的有江苏、江西、上海、天津、山西等有关工厂、科研、院校等16个单位的代表。会议认为：淀粉质原料发酵生产甘油，是发酵行业的一项新成果，目前，选择的酵母菌，是一株优良的菌种。工艺是可行的，发酵比较稳定，建议有关部门采用这项研究成果，投入生产。当然限于当时条件限制，还有技术上的不足，鉴定后暂时还处于休整阶段。在这阶段我们分别在《科学通报》《微生物学通报》和《工业微生物》等杂志上发表了多篇相关研究报告。

1977年接受了郑州胜利化工厂的要求，由河南省计委立项再次建厂中试。学校派出酵74级20余位同学由蒋征麟和诸葛健两位老师带队前往郑州建厂，在极度困难的条件下硬是在一间简陋的厂房内建起了制糖、发酵、提取和动力等工段。老师、同学日夜上阵，厂方也全力配合，虽然生活条件很差，工厂资金也有限，但仍然在短短三个月如期进入中试阶段。期间河南省计委领导还专门来厂视察，对我们师生的苦干精神赞不绝口，后来也才知道原来胜利化工厂只是个街道工厂。当然这次中试并没有达到预期要

轻工业部鉴定会后两合作单位人员合影（1972）

郑州试车现场厂校双方讨论（1977）

求，特别是提取工艺。由于残糖高温结巴问题未解决，蒋征麟老师只能亲自进蒸馏锅用椰头捶打，含着眼泪而无奈。也正是这次教训促使我们下决心一定要解决这一残糖高温结巴蒸馏的世界难题，不然淀粉质原料发酵法生产甘油永远也不能产业化。

由于我国的甘油长期处于供不应求的状态，皂化法生产甘油的原料油脂又大为缺乏，合成法生产甘油成本也过高，发酵法生产甘油此后又被提上日程。这时国家"七五"科技攻关项目也就顺应将发酵法生产甘油立项了，鉴于我校曾长期从事该项研究，我校也成为该项目的主承担单位之一。但此时原先主要参加研究的老师有的调离，有的早逝，为了完成前辈的未竟之业，我决定挑起担子来啃这块硬骨头！

这一次技术攻关目标明确，首先进行高浓度含糖甘油发酵液蒸馏的基础研究。郑州中试给我的灵感就是如何让沥青状的后期蒸馏物形成类似塑料泡沫状，使残余甘油能完全气化，提高得率，又能最后用热水一冲成碎片，易于洗锅，如此蒸馏锅就可持续运行，这就是后来创建的载体蒸馏。我的第一位研究生刘小震就开始进行筛选各种载体的小型研究，最终取得了成功，并在1989年进行了小试技术鉴定。接着在无锡县发酵甘油厂中试，并通过了轻工业部组织的，由焦瑞身教授为组长的国家"七五"科技攻关项目的技术鉴定。

整个"八五"期间是加强团队力量，从评估、设计、设备加工等全方位进入实施产业化实际操作。从1991年第一座年产1000t级工厂建设开始，连续8年完成了从原料开始至合格产品出厂的考察、设计、建厂、试车和产后服务的一条龙。

试车过程并非一帆风顺，由武汉淀粉厂承担的，我校为技术依托单位，编号为"9224212002"的"发酵法生产甘油"国家火炬计划实施过程中有着惨痛的经历。1993年3月，武汉淀粉厂车间真空蒸馏锅爆炸，三位当班工人一死二伤。司法介入并经科学调查后，认定此次事故责任不在我方时，诸葛健等人立刻同厂方讨论再次进厂试车的问题，并主动提出：事故危险工段，由我方全盘操作，待厂方和工人认可是安全

载体蒸馏技术小试鉴定（1989）

"七五"攻关项目鉴定会（1991）

的、成功的，再移交给厂方。研究团队三人又满怀信心地进厂进行第二次试车。按照试车程序，我们再次分工段进行岗前讲课，并特地对第一次试车，着重对蒸馏工段进行了分析总结。再次要求全体工人严格遵守岗位操作规程，圆满完成这次试车任务。这次事件之后我们每次试车都详尽地进行总结修改，每次试车都有长进，用户也越来越满意。

这期间由于无锡县发酵甘油厂和南通通达发酵甘油厂不听从我校的多次劝告，该二厂各自私自转让发酵甘油技术给数个单位以获取巨额收入，为保护我们的知识产权我们不得已诉诸法律，向无锡和南通两个中级人民法院起诉。用了三年时间，在充分有力的证据支撑下，我们都取得胜诉。当时中国化工报曾两次在头版头条进行报道，这在当时极为少见。

在产业化过程中，我们在生产水平稳定提高的基础上，1995年9月及时进行了轻工业部化工部二部组织的众多关注发酵甘油的有关专家参加的生产工厂现场的技术鉴定，得到大家的一致赞誉。其实由于我国有关部门对发酵甘油产业化技术一直不放心，所以化工部二部正式决定现场技术鉴定，国家生物工程中心白新盛处长和轻工业部科技司姚荣萱，校科技处陈效贵处长、生物工程学院领导徐文琦、陈坚，先后数次对现场进行了考察，其后轻工业部科技司徐生庚、李国俊两位处长和姚荣萱又现场进行预鉴，最后才决定进行两个部的两位科技司长领队的联合技术鉴定，可谓非常谨慎和踏实。学校派出的技术鉴定人员由伦世仪院士和章克昌教授带队，也是非常重视。确实由于近一年的稳定生产，鉴定会对技术总的评价颇高，其要点为：载体蒸馏技术是一项突破，属国际

国家生物工程中心白新盛处长、轻工业部姚荣萱考察（1995）

陈效贵、徐文琦、陈坚考察（1995）

轻工业部徐生庚、李国俊两位处长预鉴（1995）

技术鉴定会代表现场听取介绍（1995）

首创。蒸馏效率90%以上，洗锅容易，可连续生产，产品质量符合皂化甘油国标一级品，并有一定经济效益。该优良菌株获得了不同类型发酵罐的最适生产工艺参数，并在节能稳产的新型发酵罐上获得适合生产的工艺条件。这标志已初步建起我国特有的发酵丙三醇工业。完成对美国特大型企业ADM公司的工业化生产技术的转让也标志着我国又一生物技术走向国际市场。

继之，1996年中国发酵工业协会发酵甘油专业委员会在无锡成立，这也是我校作为依托单位成立的第一个全国性行业协会。接着我校又主持制定了发酵法甘油的全国行业标准，并于1998年1月正式发布，1998年9月实施。

在打好上述的基础的前提下，我们相继获得了我校首个轻工业部科技进步一等奖和国家技术发明二等奖。由此为我校"211工程""九五"期间建设项目的顺利验收做出了贡献。特别提到的是工人出身的顾海伦是这两次的获奖人之一。

值得高兴的是，2009年方慧英、诸葛斌等的"利用淀粉质原料好氧发酵法工业化生产优级品（医药级）甘油"项目又获得中国粮油学会科学技术一等奖。

以下为发酵法生产甘油研究与开发各阶段的留影。

为捍卫知识产权起诉无锡、南通二厂并胜诉，《中国化工报》1994年、1997年两次头版报道

轻工业部化工部二部技术鉴定会（1995）

全国发酵甘油专业委员会在锡成立（1996）

诸葛健在美国ADM总部技术验证（1996）

国家评奖委员会在生产厂现场复评（1999）

国家"九五"科技攻关项目专题验收会（2000）　　朝鲜试产成功后中朝双方合影（2006）

 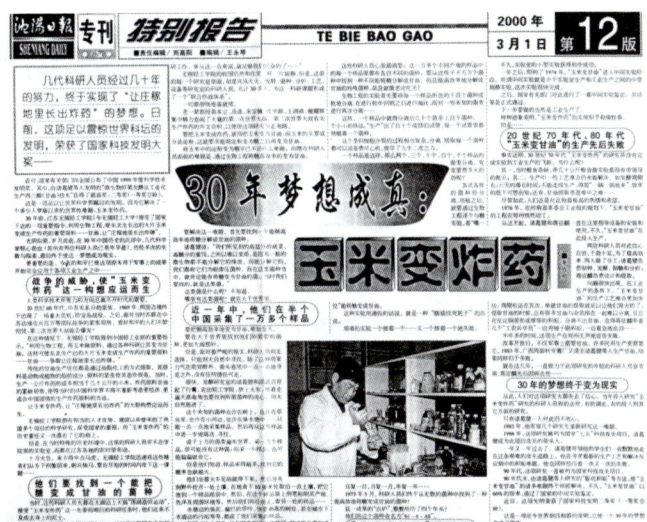

《中国食品报》介绍我校　　　《沈阳日报》对我校发酵法生产甘油撰写的特别报道，全国20余家报纸
发酵甘油研究设计中心　　　转载

九、故事篇：发酵人的中国心[①]

[①] 根据陶文沂、诸葛健供稿整理。

故事一： 2000年，经中国粮油学会推荐，中国科协批准，国际谷物科技学会认可，陶文沂担任国际谷物科技学会（ICC）中国执行委员。国际谷物科技协会是一个国际公认的学术性组织，成立于1955年，它的最初目标是发展国际认可和接受的谷物和面粉的标准测试程序。后来扩展到谷物科研的多个领域，该协会的总部和秘书处设在奥地利维也纳。有50多个国家参加该组织，12个国家派出执行委员。陶文沂参与担任该职务是2000年5月在爱尔兰的都柏林开始的。按照ICC规定，执行委员每年必须参加学会组织的两次执委会议，讨论有关事项。欧洲国家在这个组织里占有多数席位，因此，有时也会地域性地讨论欧洲的事。欧洲国家的科技人员不像美国、日本那样与中国接触多且了解中国，他们往往对于中国的科研水平评估很低。因此，陶文沂履职的任务之一就是使他们了解中国在这一领域的科学研究成就，让他们了解中国高校的发展水平。通过几次会议，陶文沂结识了朋友，也邀请一些同行到中国来访问交流。每次会议中国粮油学会一般也会派代表团参加，可是参加的主要是行政人员和企业家，开幕式露面、宴会露面，学术讨论时往往安排其他事了，所以国外还是不了解中国。

2004年5月在英国的会议是陶文沂最难以忘怀的。会前学会告诉陶文沂，本次会议将讨论中国台湾参加ICC及国家成员资格，要他做思想准备。陶文沂感到自己力量不够，恳请学会派员参加。后来北京反馈学会不派人参加，这个议程经交涉已经取消了，陶文沂心想，如果自己不去，中国等于放弃发言权，等于投弃权票。尽管说取消议程，但陶文沂还是不信，决定单刀赴会。由于行李箱被航空公司摔坏，耽误了半天时间，到达会场没有多久，主持人就提出了吸纳中国台湾作为ICC成员国家的议题。他立即代表中国表明了态度，明确中国台湾是中国神圣不可分割的一部分，国际学术组织不应该有两个中国的行为，中国台湾不能以政府名义参加ICC及占有国家成员资格，同时向大家表明我们与中国台湾学者的兄弟联系和日益增多的学术交流活动，提出他们可以参照奥林匹克组织以中国台北名义参加ICC的建议。陶文沂的意见得到了很多参会学者的支持，但是也有人提出"爱尔兰脱离英国、欧洲有些国家分裂的事，中国台湾也可独立"的话

陶文沂在膳食纤维会议（2000，爱尔兰）

陶文沂在英国出席ICC会议（2004）

语,他立即予以坚决的回击,坚持一个中国不能分裂的立场。主持人最后将这个议题作为不通过处理,并表示进一步商洽。

这一次的经历让陶文沂深深感到:科技工作者在国际舞台上不仅要展示中国科研实力,也要为维护"一个中国"立场而开展斗争。

故事二: 1989年,诸葛健在西安外国语学院结束半年的出国留学培训班学习后,便启程奔赴加拿大最东面的海港城市哈利法克斯的达尔豪斯大学。

当时中国处在被整个西方世界全方位制裁的当口,诸葛健作为高级访问学者,在1989年春夏之交的政治风波后两个月被派出,诸葛健感受到了国家的信任和期望。他一下飞机首先拿到的是加拿大政府发的"中国公民申请加拿大移民程序",里面清楚写明"1989年春天在中国所发生的事情,引起了很多对加拿大政府的立场的问题,主要是如何处理目前在加拿大的中国籍公民,和在华而与加拿大有联系的中国籍公民的立场。"加拿大政府提供了四项基本移民选择给在加拿大的中国籍人士。"①延长临时访问者或留学生的签证;②在加拿大境内申请永久居民的身份;③在加拿大国外申请永久居民的身份;④在加拿大要求申请为公约难民的身份。"不仅如此,还写道,"加拿大政府已通知驻北京的大使馆和驻上海的总领事加速办理加拿大近亲所保证的申请者的移民手续。留学生在中国的家属,和现仍在中国而已被加拿大大学接受的学生,都可以给予优先考虑。"确实这种政治上的诱惑是很有吸引力,事实证明,加拿大的公派留学人员后来的确有很多留了下来。

诸葛健的导师凡宁教授当时是加拿大皇家学会会员(相当于中国的院士),加拿大微生物学会主席,是位博学多才、待人宽厚的老教授。在相互熟悉一段时间后,他给诸葛健的课题是"灰绿链霉菌的研究",这是一株能产生两种光谱低毒的大环肽类抗生素宜他霉素的放线菌。凡宁教授实验室有一套全新的全自动发酵罐,可惜长期没人使用,诸葛健是发酵出身,就从发酵开始。很巧,凡宁教授原来是搞化学的,对提取很擅长,诸葛

中国公民移民程序　　　　达尔豪斯大学校方教务长的欢迎宴会

健就在他指导下学习和应用硅凝胶薄层层析和凝胶色层分离，经过几个月的努力探索，终于发现 Streptomyces griseoviridis 能分泌两种新抗生物质。这一亮点引起凡宁教授的兴趣，这也是诸葛健后来申请并获准延长半年回国的原因。

在异国他乡生活，凡宁教授对诸葛健也特别关心，当他知道国家对他每月的生活费才440加元后不久，就给诸葛健补到1500加元，这在当时的中国留学人员中引起不小反响，有些朋友已经劝诸葛健留下来。

但诸葛健并没有因为外界条件的诱惑而改变初心，毅然按时回国，投入他深爱的发酵事业中。凡宁教授最后也给予了赞扬。两位之间的师生情谊从未间断，在1997年，他还受邀专门来无锡看望诸葛健，参观生物工程学院，并受聘为我校客座教授。1999年，诸葛健的事迹也荣登在教育部的优秀留学回国人员业绩录。

诸葛健在达尔豪斯大学

凡宁教授指导诸葛健做研究

第二章 新时代 双一流（2011—2018）

2011年是江南大学实施"十二五"教育发展规划纲要的开局之年，也是生物工程学院推进第四轮任期目标责任制的起始之年。"十二五""十三五"时期是学院面向工业生物技术领域新动态的跨越式发展阶段。学院围绕学校、学院中心工作，团结全体教职工，不断激发教职工的积极性、主动性和创造性，在人才培养、科学研究、师资队伍、平台建设等方面，形成了具有明显特色、较强竞争力和可持续发展能力的学科整体优势。

2017年9月21日，教育部、财政部、国家发展改革委印发了《关于公布世界一流大学和一流学科建设高校及建设学科名单的通知》，公布世界一流大学和一流学科（简称"双一流"）建设高校及建设学科名单。生物工程学院轻工技术与工程学科顺利入选"双一流"建设学科名单。

同年12月29日，教育部第四轮学科评估结果公布，生物工程学院轻工技术与工程一级学科获评A+，继续保持了生物工程学院以发酵工程为主体的轻工技术与工程学科在全国范围内的领先地位。

生物工程学院将抓住"双一流"建设的契机，坚持以江南特色、世界一流为核心，以立德树人为根本，以支撑创新驱动发展战略、服务经济社会发展为导向，进一步加强队伍建设，推动本学科进入世界一流行列。

一、调整学院架构，凝练六大发展方向

2011年，围绕学科内涵建设，进一步凝练学科方向，规范学科设置。形成了"生物设计与过程工程""酿酒科学与酶技术""微生物制造与生态工学""工业微生物与生物反应工程""生物资源与生物能源"等5个特色鲜明、优势突出、互为支撑的学科方向，

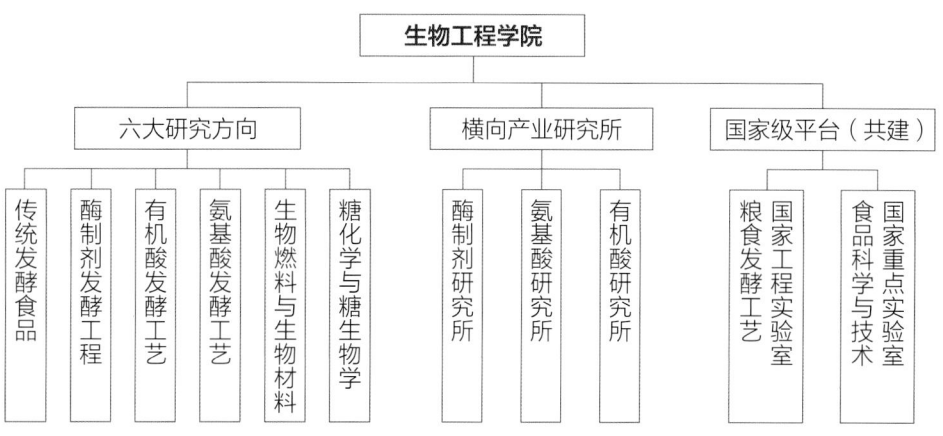

成立对应的研究中心。2011年，"糖化学与生物技术教育部重点实验室"通过教育部论证建设，成为国内第一个系统从事糖质科学研究的科技创新与人才培养基地。2012年组建成糖化学与生物技术研究中心。至此，生物工程学院形成六大研究方向、三大横向产业研究所、两个共建国家级平台、两个教育部重点实验室的格局。

（一）六大研究中心

1. 工业微生物与生物反应工程研究中心（主任：詹晓北）

该中心以微生物育种和代谢工程、生物反应工程与糖生物技术、生物制药工程为研究基础，致力于通过现代生物技术对工业微生物进行遗传育种和高通量筛选，结合生物反应工程和装备技术，最终实现发酵产品的成果转化。主要微生物产物包括多元醇、氨基酸、有机酸、酶制剂、多糖、药物中间体、功能食品添加剂等。

研究特色：工业微生物育种和基因工程改造技术，微生物资源开发与应用，发酵过程优化控制技术，下游纯化制备技术，成果产业化优势。

该研究中心下设3个研究室。现有教授3人、副教授6人、高级工程师1人、助教1人。中心主任为詹晓北教授，诸葛斌教授为副主任。

（1）生化工程与生物反应器研究室（生物工程学院A楼5层） 本研究室以推动微生物多糖、寡糖及其衍生物等生物产品走向工程化和商业化生产为主要目标，重点探索高黏度发酵体系下微生物细胞代谢特征、非牛顿流体流动和传质行为、高效节能生物反应器及其相互关系；与英国帝国理工大学糖生物学研究室开展合作，利用糖芯片技术平台研究糖与蛋白相互作用，致力于探索和发现糖的潜在功能和创新应用；致力于传统发酵调味品的菌种改良、新工艺和工程开发技术。

（2）工业微生物研究室（生物工程学院A楼4层） 该研究室由诸葛健等老一辈教师建立和发展起来，是我国最早开展工业微生物技术研究（1963年）的单位之一。研究室以产业化为目的，以发酵工程、现代微生物育种和分子生物学技术相结合为手段，开发和改良工业微生物资源为主导研究方向，承担多项国家、省部和横向项目，与多家大型企业和工程技术研究中心联合建有研究生研究平台和中试基地。研究领域：①工业微生物资源开发与应用；②酵母高渗调控机理、多元醇代谢工程及三碳化合物生物合成研发；③他汀药物及新型生物功能物质的探索；④发酵食品与调味品微生物技术的研究与产业化。

（3）遗传育种研究室（生物工程学院A楼4层） 该研究室主要通过传统与现代育种技术，对工业微生物菌种进行选育与改良，构建适用于工业生物技术、生物制药和传统酿造等领域的微生物菌种。该研究室长期致力于微生物学和微生物遗传育种学的教学工作，主编出版"十一五"国家规划教材《微生物学》和《微生物遗传育种学》，建设国家精品课程"微生物遗传育种"和江苏省精品课程"微生物学"。

2. 酿酒科学与酶技术研究中心（主任：徐岩）

本中心主要针对传统发酵工程领域和工业酶与生物催化领域中的关键科学技术与工程问题展开研究。

（1）酿造微生物学及应用酶学研究室（生物工程学院B楼7层东） 应用发酵工程、基因工程、酶工程等手段，结合基因组学、转录组学和蛋白质组学技术，研究中国传统优势产业白酒、黄酒、葡萄酒、果露酒等酿制过程中的功能与群体微生物及其发酵特征、重要风味成分及其代谢途径与调控机制，提升和改造传统发酵产业；在分子水平上通过改造重要工业酶的特性和高效表达生产，开发新型工业酶制剂，引领工业酶制剂及其应用产业发展。

（2）酶工程与技术研究室（生物工程学院B楼7层西） 致力于新型酶制剂菌种的研究开发，酶制剂的复配与应用技术研究；发酵法生产保健食品功能因子，包括系列药食用菌多糖、抗氧化因子、系列保健发酵饮料，系列保健酒的酿造与勾兑技术；低值植物蛋白原料高效发酵蛋白富化与转化增值技术；丁醇高产菌及小麦淀粉废水、秸秆原料发酵生产丙酮–丁醇绿色工艺等。

（3）酿酒科学与工程研究室（生物工程学院B楼8层东） 啤酒原料研究及产品分析检测、酿造微生物新功能研究、酒类新产品研究开发、啤酒工厂清洁生产及节能降耗新技术、酿造酶学研究及应用开发、传统发酵食品生产用功能微生物的改良和发酵技术等方面。

（4）食品安全与功能基因组学（生物工程学院B楼9层） 研究方向为微生物功能基因组学，主要应用于食品安全、人体益生菌和医药营养素的微生物法生产。

（5）分子及应用酶学（生物工程学院B楼9层） 主要研究方向：构建工业酶高产菌株，深入研究酶结构与功能并对酶分子进行改造。

3. 微生物制造与生态工学研究中心（主任：毛忠贵）

本中心依托微生物发酵的传统优势，以学科发展、社会需求为导向，理论与实践相结合，以提高学生的创新和实践能力为己任，致力于人才培养和成果转化搭建平台。中心以研究微生物制造和生物催化为重点，以发酵生态工程学、生物基材料与能源、功能性产品生物合成为基础；向工业微生物、分子生物学、生物分离、清洁生产、酶技术、资源微生物学等领域拓展。中心现有教授7名，副教授9名，讲师2名，师资力量强、队伍结构合理、成果转化率高。

（1）发酵与生态工学研究室（生物工程学院B楼5层） 发酵生态工程技术的开发与应用：酒精沼气双发酵耦联技术、谷氨酸双结晶高效提取技术、柠檬酸沼气双发酵耦联技术、新型生物食品防腐剂发酵技术研究：ε-聚赖氨酸等、纤维质沼气与生物质资源、发酵技术研究发酵产品的高效结晶技术开发与应用。

（2）代谢调控研究室（生物工程学院B楼4层） ①工业微生物菌种选育：氨基酸产生菌（谷氨酸、赖氨酸、异亮氨酸、亮氨酸、缬氨酸、精氨酸、组氨酸、谷氨酰胺和脯氨酸等）和有机酸产生菌（乳酸、苹果酸等）的选育代谢工程；②基因工程：上述氨基酸和有机酸高产菌的筛选与构建；③发酵工程：氨基酸和有机酸发酵条件优化与工业化生产的研究。

（3）微生物生物化学研究室（生物工程学院B楼5层） 木质素代谢酶的微生物资源及发酵合成极端酶的微生物资源及发酵产酶、色素的生物合成途径、发酵生产及应用、不饱和脂肪酸的发酵合成与代谢调控、虫草素生物制造、中草药的发酵转化、制备及应用、蜂源微生物资源及其在工业生物技术中的应用。

（4）应用微生物与代谢工程研究室（生物工程学院B楼4层） 高产氨基酸、维生素微生物代谢工程改造及产品开发、生物基平台化合物的微生物高效制造、高附加值药物中间体甾体激素生物转化关键技术研究及开发、高产新型酶制剂基因工程菌的构建及其开发利用。

（5）生物催化与手性技术研究室（生物工程学院B楼5层） ①生物催化与转化：生物催化剂的筛选与改造、重要手性医药中间体的制备、生物催化反应工程；②发酵工程：重要生物化工产品的发酵生产（琥珀酸、生物丁醇、香兰素等）；③工业微生物代谢工程；④蛋白质工程：酶的基因挖掘、蛋白质定向改造；⑤细胞膜工程：细胞膜改造、细胞有机溶剂耐受性研究。

（6）固态发酵研究室（生物工程学院B楼5层） 固态发酵的在线检测与控制技术的研究；微生物固态和液态发酵天然色素（红曲红、红曲黄、红曲橙等）；微生物固态和液态发酵生理活性物质：①红曲生理活性物质，如洛伐他汀、红曲多糖；②樟芝生理活性物质，如安卓奎诺尔，樟芝多糖酶法及微生物发酵转化法处理烟草原料、茶叶原料以提高其附加值；固态发酵微生物饲料的脱毒、高值化。

4. 生物设计与过程工程研究中心（主任：堵国成）

生物设计与过程工程研究中心从事代谢工程与合成生物学、食品微生物学、生物过程优化与控制、分子及应用酶学等方向的研究。成立时中心成员包括中国工程院院士1人，教授5人，副教授7人，外籍固定客座教授2人。团队成员先后获得国家杰出青年基金、"973"首席科学家、长江学者特聘教授、长江学者创新团队、教育部新世纪优秀人才、全国优秀教师、全国优秀博士论文等多项荣誉。

目前中心共承担国家自然科学基金面上项目14项、重点项目2项、杰出青年基金项目1项，国家973项目1项、课题4项，863项目6项，国家攻关、支撑计划项目5项，省部级科技和人才基金项目30多项，工程技术项目50多项。本中心培养的毕业研究生中20多人已成为大学和中科院研究所教授或研究员。

（1）生物过程优化与控制（生物工程学院B楼9层） 主要研究方向：重要微生物代谢产物的发酵过程优化技术和反应器的设计与放大等。

（2）合成生物学（生物工程学院B楼9层） 主要研究方向：模块化调控天然产物高效合成；基于反义RNA的代谢途径调控；天然产物转运蛋白与高效分泌；植物来源基因半理性设计与改造。

（3）生物反应过程自动控制（生物工程学院B楼8层） 主要研究方向：计算机联机自动控制；发酵过程的计算机模拟；代谢途径分析和新型代谢模型的开发；基于智能工程的在线控制技术和应用；新型自动控制理论和技术的开发。应用对象和产品：重组毕赤酵母生产异源蛋白；谷氨酸发酵；丁醇发酵；头孢菌素发酵。

（4）代谢工程改造（生物工程学院B楼9层） 主要研究方向：重要氨基酸、微生物多糖、维生素、酶制剂以及医药蛋白的开发研究。

（5）食品微生物功能强化与调控（生物工程学院B楼9层） 主要研究方向：食品微生物功能强化与生物法防治、食品微生物分子改造与功能性代谢产物的发酵生产、新型食品酶的开发与性能研究。

5. 生物资源与生物能源研究中心（主任：王正祥）
本中心着眼于当前社会发展中所面临的能源、资源和环境等严峻问题，紧紧以生物资源和生物能源为研究主线，致力于微生物资源挖掘和共享平台建设，重要工业微生物分子改良，重要工业酶制剂的高效制备，微生物细胞工厂生产具有高附加值产物或生物活性物质，重要有机酸和氨基酸等大宗发酵产品生产技术，发酵过程代谢与智能化控制技术等相关领域的研发工作。中心现有科研人员15名，其中教授6名，副教授7名，讲师1名，助教1名。

（1）分子微生物学研究室（生物工程学院B楼6层） 研究方向主要包括工业微生物资源与分子育种：资源分类与育种新理论、新技术和新方法以及微生物资源与信息平台的建设和公共服务；工业酶制剂：基因挖掘、人工进化、表达系统、大规模制备和工业应用；工业微生物生理和代谢工程：基因组学、表达组学和代谢组学。目前，建有中国第二多微生物资源库，承担多项国家级科研项目，部分研究成果实现了工业化应用。

（2）生物酶学与酶工程研究室（生物工程学院B楼6层） 阐明生物酶的合成机理及催化机理；完成对酶分子的定向改造以及新型蛋白质表达技术的开发；筛选分离新型工业用酶；酶制剂及工业产品的发酵优化。

（3）生物发酵与分离研究室（生物工程学院A楼5层） 研究室以国家需求和学科发展为导向，重点研究生物资源和生物能源高效生产和处理。

目标：在于"未来的生产"，涉及用以提供"基础材料产业的生产的根本性变革，即从事更清洁、安全和环境友善的生产"的生物技术研究。

技术：重点开发的生物技术将包括生物发酵优化技术和工业化层析技术的研究。

经济：注重通过新工艺集成的中试和初步的经济比较进行商业评估。

人才：注重为新产业提供既掌握技术，又熟悉产业经济的专业高级人才。

（4）生物活性物质研究室（生物工程学院B楼8层） 主要研究方向：活性物质产生菌筛选、发酵过程优化；活性物质的分离纯化及功能与应用；生物分析与检测及应用技术研究。

（5）工业微生物与生物技术研究室（生物工程学院B楼6层） 研究方向主要包括：酿酒酵母等工业微生物的生化与分子生物学；重要工业微生物产品的制备技术和发酵工艺。

（6）生物信息学研究室（生物工程学院B楼6层） 主要研究领域包括计算分子生物学、生物信息学。

6. 糖化学与生物技术研究中心（主任：高晓冬）

中心主要围绕自然界中糖类的存在形式、糖类的结构与生理功能、糖类的有机合成与生物制造、糖结构修饰与功能强化等基础科学问题开展研究。目标是建设系统的糖化学、糖生物学、糖工程创新研究开发平台与人才培养基地，为功能糖及糖复合物等在医药和食品等行业的开发以及利用提供理论基础和技术支持。建立时有教授4名，副教授2名，助教1名。

研究理念：运用糖化学、糖生物学、高分子化学等的研究理念和技术通过对糖链结构特征、糖链功能、调控糖链合成的糖基转移酶和构建人源性糖蛋白酵母表达系统，寡糖的全自动合成、糖类药物及疫苗的研究，开发糖生物学研究和糖生物制造的创新平台。

研究领域：糖生物学与糖基化工程、糖化学与糖结构修饰、糖生物制造与利用。

研究技术：分子生物学技术、糖链测定技术、细胞遗传学技术。

（1）糖复合物与糖基化工程研究室　团队成员致力于糖生物化学、酶学、酵母遗传学、生物工程等领域研究，尤其在酵母蛋白质糖基化领域取得了系统性研究进展，开发了多种酵母生产医药糖蛋白的高新技术，处于真核细胞蛋白质N-糖基化研究的世界领先地位。

（2）糖生物学与生物技术研究室　团队成员致力于糖鞘脂Gg4在上皮间质转化中的调控及功能研究，多聚唾液酸酶STX和PST在上皮间质转化中的表达和调控，神经节苷脂GM3抑制表皮生长因子受体（EGFR）激活的研究。

（3）细胞工程研究室　团队成员多年来以真核酵母孢子膜融合机理为模型，在真核细胞分泌途径的基本机制及酿酒酵母孢子形成机理研究方面取得极大进展。主要涉及研究酿酒酵母产孢过程内质网输出途径，解析酿酒酵母孢子形成过程必需基因，内质网分泌蛋白折叠机理探究等。

（4）化学糖生物学与制糖工程研究室　团队成员致力于功能性糖类物质的化学合成研究，建立糖生物学研究必需的糖物质库；进行基于糖类物质的药物和疫苗的开发，以及纳米技术在糖生物医学中的应用研究，从化学生物学的角度对糖类物质开展深入的探讨。

（二）三大产业研究所

2014年5月14日下午，江南大学生物工程学院产业研究所成立仪式在生物工程学院三楼会议室隆重举行。江南大学校长陈坚教授、生物工程学院院长堵国成教授、副院长周哲敏教授以及酶制剂、有机酸、氨基酸等三个产业研究所的成员出席了会议。聂尧教授、李江华教授以及张伟国教授分别被聘为江南大学生物工程学院酶制剂研究所、有机酸研究所、氨基酸研究所所长。

生物工程学院在现有六大研究中心"纵向"学术组织架构的基础上，建立跨中心的、以发酵产品为基础的横向产业研究所，旨在通过网格化组织架构的建设进行体制机制层面的改革探索，意在进一步发挥学科优势，更多地加强与产业界的接触和交流，为相关行业产业的发展提供技术支撑，更快地促进科研成果的产业化速度，更好地扩大发酵工程学科在行业产业的影响力，引领行业的发展。三大研究所目前已有55位教授与青年博士加盟。

生物工程学院产业研究所成立大会（2014）

二、广纳贤才，打造一流师资人才梯队

教师队伍的建设是高校建设中最基本的要素，是具有战略意义的任务。经过了60年的发展，生物工程学院积累了极为雄厚的教学与科研队伍，既有一批在国内乃至国际上具有较高声望的老专家、老教授，更有一大批具有高学历和高学术造诣的中青年学科带头人，在发酵工程、生物工程领域内享有很高的声誉。

学院对教师队伍的年龄结构、职称结构、学缘结构、学历结构和专业结构等提出了明确目标：保证师资力量稳步增长，教师队伍的年龄、学缘和学历结构进一步优化，坚持自主培养和重点引进并举的原则，努力接轨国家和地方的各种人才计划，优化海内外优秀人才引进的政策；依据学科领域的特点和教学科研发展的需要，鼓励在岗教师通过各种学术交流和培训进修，加强教学科研团队建设；加强学院教师队伍的传帮带和教学督导，着力提升青年教师的教学和科研水平。

2007年，生物工程学院共有专任教师54人，其中博士生导师27名（含8名兼职博导），教授22名。

2010年底，学院共有专任教师66人，其中具有博士学位的教师有54人，占82%；正高职称专任教师24人，占36%。副高职称专任教师35人，占53%；45岁以下专任教师45人，占68%。具有一年以上海外研修经历或在其他学科完成某一学历（学位）教育的教师比例达85%。

2010年后，学院着重开展着眼于国外知名高校及研究所的海外高层次人才及团队引进工作，利用"太湖学者""双创计划""千人计划"等项目，集中引进了10余名海外学历的高层次人才，并通过支持青年教师海外研修，增加学术后劲，整体提升了学院师资的国际化水平。

截至目前，学院现有专任教师137名，中青年教师占70%，其中教授46名、研究员

2名、副教授54名、副研究员6名，博士学位比例达92%，57%以上具有一年以上的海外研修经历。学院拥有省部级及以上教学科研团队8个，省部级及以上人才109人次，其中国家级人才称号24人次，囊括了本领域完整的国家级拔尖人才师资队伍，包括工程院院士、国家杰出青年基金获得者、长江学者特聘教授、千人计划专家等。形成了我国工业生物技术领域，特别是现代工业发酵领域，最具品牌影响力和竞争力的科研团队。

2017年，陈坚教授入选中国工程院环境与轻纺工程学部院士，成为江南大学历史上第二位工程院院士。

表30　生物工程学院国家级人才项目名单（更新至2018）

专家类别	专家姓名	获批时间
中国工程院院士	伦世仪	1995
中国工程院院士	陈坚	2017
国务院政府特贴专家	伦世仪	1991
国务院政府特贴专家	王武	1993
国务院政府特贴专家	陈坚	1997
国务院政府特贴专家	毛贵忠	1999
百千万人才工程国家级人选	陈坚	2004
国家杰出青年科学（简称"杰青"）基金获得者	陈坚	2006
国务院政府特贴专家	徐岩	2006
教育部创新团队学术带头人	徐岩	2006
长江学者特聘教授	王小元	2007
百千万人才工程国家级人选	堵国成	2011
千人计划入选者	白仲虎	2011
"973"首席科学家	陈坚	2011
教育部创新团队学术带头人	堵国成	2011
长江学者特聘教授	堵国成	2012
国务院政府特贴专家	堵国成	2012
青年千人计划入选者	尹健	2012
万人计划青年拔尖人才	刘立明	2013
万人计划青年拔尖人才	聂尧	2014

续表

专家类别	专家姓名	获批时间
国家优秀青年科学（简称"优青"）基金获得者	刘立明	2014
国家优青基金获得者	吴敬	2014
青年千人计划入选者	藤田盛久	2015
青年千人计划入选者	许菲	2015
国务院政府特贴专家	李华钟	2015
长江学者特聘教授	吴敬	2016
科技部创新团队带头人	堵国成	2016
万人计划科技创新领军人才	吴敬	2016
国务院政府特贴专家	李江华	2016
国家优青基金获得者	刘龙	2016
青年长江学者	刘龙	2016
青年千人计划入选者	饶义剑	2017
国家优青基金获得者	周景文	2018
青年长江学者	周景文	2018
万人计划科技创新领军人才	刘立明	2018
万人计划科技创新领军人才	许正宏	2018

表31　生物工程学院科技创新团队名单（更新至2018）

创新团队类别	创新团队名称	团队负责人	批准部门	起止时间
科技部重点领域创新团队	新一代工业生物技术	堵国成	科技部	2015—
教育部创新团队	工业发酵与生物转化	徐岩	教育部	2006—2008
教育部创新团队	生态纺织关键科学问题和技术	堵国成	教育部	2011—2013
教育部创新团队	纺织酶高效表达、分子改造、定向复配与纤维制品功能化研究	堵国成	教育部	2016—2018
江苏省科技创新团队	重要微生物产物发酵过程优化与控制	陈坚	江苏省	2006—2008
江苏省科技创新团队	生物能源研发的关键技术	石贵阳	江苏省	2008—2010
江苏省科技创新团队	创新性微生物外源蛋白质高效表达体系的研发	白仲虎	江苏省	2013—2015

续表

创新团队类别	创新团队名称	团队负责人	批准部门	起止时间
江苏高校优秀科技创新团队项目	食品酶的制备及应用	吴敬	江苏省	2015—2018
至善创新团队	酿酒科学与酶工程	徐岩	江南大学	2015—
至善创新团队	生物系统与生物加工工程	堵国成	江南大学	2015—
至善创新团队（培育）	微生物系统代谢与发酵工程	许正宏	江南大学	2017—
至善创新团队（培育）	细胞糖生物学	高晓冬	江南大学	2017—

三、故事篇：陈坚院士专访——我感受到国家和学科的沉重使命[①]

[①] http://xcb.wuxi.gov.cn/doc/2017/11/30/1649543.shtml《无锡日报》，记者春贤。

2017年11月27日，江南大学校长、生物工程学院教授陈坚当选中国工程院院士。多了一重院士的身份，陈坚以及他带领的团队有哪些变化？29日，接受《无锡日报》记者采访时，他说目前的工作节奏并没有因为当选院士而打乱，但自己深知重任落在肩头，今后自身、团队、工作都将因为这重身份而发生改变。

1. 一部《天命》，触动很大

参加完中国工程院2017年当选院士颁证大会回到无锡，陈坚的时间立即被大量工作填满。当被问及当选院士的感受时，他答道："这是对我个人、对整个团队的认可。我当选院士离不开组织的培养以及伦世仪院士等前辈的指导和提携，还有我们整个团队的共同努力。"陈坚觉得，院士只是在科研工作上做得更好一些的研究人员，他目前的工作没有变化。

不过有些变化却在他当选院士的那一刻已然发生。"在参加颁证大会时，现场播放了一部名为《天命》的视频，给我触动很大。在那一刻，我感受到当选院士的同时，国家、学科的沉重使命也一同落到了肩头。"陈坚郑重地表示，当选院士就是站在了新的高度，在科研方面，应该带头为科技兴国甚至改变世界做更多的贡献。今后，他自身在研究领域不断探索的同时，也会带领团队持续创新。此外，作为科研方面的先锋，不仅要在科技创新的道路上承担更多的责任，在科学精神、学术道德以及为人方面更要做好表率，培育更多优秀的青年人才，共同为科教兴国贡献力量。

2. 带领团队培育优秀人才

优秀青年人才从何培养？陈坚认为，优秀人才最终从团队产生，他相信团队领头人做好各方面的表率，在优秀思想和精神力量传承中，必然会不断诞生优秀人才。

陈坚谈起了他和导师、中国工程院院士伦世仪的往事。"当年我把研究成果写成论文，按照当时惯例把伦老师作为第一作者发给杂志社。伦老师得知后立即联系杂志社要求更改，就是这件小事给我震动不小，这是一代人的学术追求和操守。"

像伦世仪院士那样为人严谨、淡泊名利，对学生严格要求又爱护有加的育人方式一直在他们团队里传承着。2015年成立的"伦世仪教育基金"给江南大学优秀学生乃至中国发酵工程研究领域的青年学者提供支持，300多万元基金都是由实验室毕业的学生自掏腰包组建。陈坚所在的生物系统与生物加工工程研究室团队成立已有30多年，走出了100多名博士、200多名硕士，其中不乏杰出青年、长江学者等国内顶尖研究人才。

这个优秀的团队还传承着已经浸润到血液的创新精神。"只有新的方法才能解决在发展中不断遇到的问题。"他们团队中的年轻人敢于创新和突破，此前不断提高丙酮酸的生产水平，其生产技术获得了发酵工业世界领先的日本味之素公司的青睐。

3. 坚持把论文写在大地上

"目前中国是发酵大国，但还不是发酵强国。发酵工艺、发酵产品与生活息息相关，甚至关系到一个国家在某个产品方面的国际话语权。"陈坚和他的团队一直坚持实践科研课题从生产中来，再把科研成果回归生产，与全国各地的企业建立技术合作，使科研和生产相互促进共同提升。

对于未来科研工作的设想，他表示将不断提升自己和团队的技术创新水平，除了与已经建立合作关系的企业加深技术合作之外，还将不断增加与大型企业的合作。"国内企业特别是大型企业的技术创新需求不断增加而且越来越迫切，我们坚持一点：科研论文写在祖国大地上，从实际生产中寻找问题，提炼课题，再通过双方密切协作将科研成果转化为企业蓬勃的生产力。"

四、扎根科学研究，助力五大国家奖

"十二五"以来，在江南大学"建设特色鲜明的研究型大学"战略目标引领下，生物工程学院以创新和改革进一步推进科学研究，取得了一系列突破性的成绩，2011年以来，生物工程学院教师主持的科研经费在5000万~8000万，总经费达5个亿。年度经费基本实现逐年递增，2018年，年度科研总经费首次破亿，取得历史性突破。纵向经费对比横向经费近1∶1。尤为突出的是，在2012—2015年，生物工程学院连续获得五项国家科技奖，为学院科技创新、学科建设迈上新台阶打下了坚定的基础。

（一）科研项目渠道不断拓展

2011—2017年，生物工程学院在申报国家重点基础研究发展计划（"973"计划）、国家高技术研究发展计划（"863"计划）、国家科技支撑计划、国家重点研发计划、国家自然科学基金等方面取得接连突破。国家重点研发计划（含子课题）达10项，国家重点基础研究发展规划（含子课题）达18项，国家高技术研究发展计划达29项，国家自然科学基金达123项。

2011年，江南大学作为第一承担单位，陈坚作为首席科学家获得"973"计划项目"食品加工过程安全控制理论与技术的基础研究"立项支持，合同经费3300万。这是江南大学"973"计划项目零的突破。2014年，刘立明教授获得国家自然科学基金优秀青年基金项目支持，实现江南大学在优青项目上零的突破。2016年、2018年，刘龙、周景文教授接连获得优青项目。2015年，吴敬教授获得国家自然科学基金杰出青年基金项目支持，这是继2006年陈坚教授首次获得国家杰出青年基金项目支持后，生物工程学院第二位教授获此殊荣。

表32　生物工程学院2011—2018代表性纵向科研项目一览表

序号	项目/课题名称	编号	负责人	起止时间	经费/万元	类别
1	食品加工与食品安全的互作关系与调控基础研究	2017YFC1600400	陈坚	2018—2021	2239	重点研发
2	食品加工过程安全控制理论与技术的基础研究	2012CB720800	陈坚	2012—2016	3000	973
3	微生物胞内物质/能量耦合规律	2013CB733602	陆健	2013—2017	567	973
4	微生物基因组的精简优化	2012CB725202	王小元	2012—2015	384	973
5	手性生物催化的理性设计	2011CB710802	徐岩	2011—2015	290	973
6	重要食品酶微生物发酵生产与高效制备关键技术	2011AA100901	堵国成	2011—2015	902	863
7	重组高分泌型枯草芽孢杆菌重组表达系统的开发与应用	2014AA021304	周哲敏	2014—2017	1013	863
8	高效合成非天然α-氨基酸生物催化剂分子修饰和改造技术	2015AA021004	饶志明	2015—2017	760	863
9	生化网络重构与维生素生产新菌种	2012AA022103	周景文	2012—2015	1024	863
10	生物印染用酶改造与生物印染工艺	2012AA022202	刘龙	2012—2015	1053	863
11	食品酶及其应用	2012AA022207	喻晓蔚	2012—2015	749	863
12	酿酒原料高效安全制造技术研究	2013AA102108	徐岩	2013—2016	434	863
13	生物催化不对称合成手性苯基乙二醇及其衍生物芳基醇	2011AA02A209	穆晓清	2011—2015	550	863

续表

序号	项目/课题名称	编号	负责人	起止时间	经费/万元	类别
14	有机酸生物合成途径构建与优化技术	2015AA021003	刘松	2015—2017	226	863
15	食品酶制备及应用的基础研究	31425020	吴敬	2015—2019	400	杰青
16	食品发酵过程酿酒酵母氮代谢物阻遏效应形成机制及其调控	31130043	陈坚	2012—2016	262	重点
17	基于组学技术的我国优势酿造食品特征风味组分及其微生物代谢机制	31530055	徐岩	2016—2020	280	重点
18	生物化工过程优化	21422602	刘立明	2015—2017	100	优青
19	微生物遗传育种	31622001	刘龙	2017—2019	130	优青
20	合成生物技术与生物系统工程	21822806	周景文	2019—2021	130	优青

表33 生物工程学院2011—2018年国家自然科学基金立项一览表

年份	申报数							立项数						立项率					总经费（单位：万）
	面上	青年	优青	杰青	重点	其他	总计	面上	青年	优青	杰青	重点	总计	面上	青年	优青	杰青	总计	重点
2018	39	11	3	1	1	3	58	10	4	1		1	15	25.64%	36.36%			25.86%	1008
2017	34	16	3	2	1	1	57	13	7				20	38.24%	43.75%			35.09%	980
2016	32	24	3			1	60	9	13	1			23	28.13%	54.17%			38.30%	1047.7
2015	30	20	5		1	1	57	3	7			1	11	10.00%	35.00%			19.30%	729.2
2014	14	23	5	1	2	1	46	3	10				13	21.43%	43.48%			28.26%	488
2013	35	21	4	1	1		62	6	10				16	17.14%	47.62%			25.81%	726
2012	43	15	1		1		60	10	3				13	23.26%	20.00%			21.67%	855
2011							45	6	2			1	9					20.00%	682
总计	227	130	24	5	7	7	445	60	56	2	0	3	96	23.03%	40.67%			28.07%	6515.9

在横向项目方面，生物工程学院继续夯实传统科技服务模式，企业出技术经费或研发经费，委托学校科研人员进行针对性的技术开发、服务、咨询等四技合同的单个项目模式。通过企业和学校专家的洽谈达成技术合作。"十二五"以来，近500项高水平研究成果转让至600余家生物制造龙头骨干企业，助推我国由发酵大国向发酵强国迈进。

2017年，徐岩教授团队与江苏一乙生态农业科技有限公司合作的"江南大学——一乙农业中国白酒评价体系及酒文化研究"项目，合同金额达1000万，实现生物工程学院横向千万级项目的突破。

除此之外,"十二五"以来,生物工程学院不断创新产学研合作模式,以"多元、开放、融合、共享"为理念,联合知名高校、企业建立协同创新中心实验室;推进成果转化,开辟成果转移转化试验田,地方政府联合建立地方研究院所;开阔思路灵活运行,立足地方产业需求,与地方政府联合建立技术转移地方分中心;长期合作建立信任,优势学科团队服务行业龙头企业,建立校企联合研发中心,取得了一系列社会服务成效、成果。

1. 江苏省现代工业发酵协同创新中心

学校立足于省级协同创新平台,开启校内设立企业研发中心的新模式。建有面积约为2万平方米的校企协同创新大楼,吸引龙头骨干企业进驻设立联合研究室;企业不出校门,直接与优秀教授团队合作参与新产品、新技术、新工艺的研究开发。江苏一鸣生物股份有限公司、宜兴协联等企业入驻协同创新大楼,建立联合实验室,为校企双方带来了双赢的效益。

2. 江南大学(宿迁)联合产业研究院

学校响应江苏省科技厅"重视和倡导产学研载体向苏北地区转移"的号召,与宿迁市政府联合建设江南大学(宿迁)联合产业研究院。宿迁市政府提供2000m^2研发场地并投入1000万元用于联合研究院平台建设、工作人员招聘、运行管理及产业联合研究;研究所提供教授和团队进行产业对接,开展技术转移、技术推广、技术贸易和产业服务。

运行以来,联合研究院取得了丰硕的成果,校地双方共同开展了产学研合作项目30余项。其中,徐岩教授团队与江苏洋河酒厂股份有限公司合作成果荣获2013年国家技术发明二等奖。

江南大学(宿迁)联合产业研究院的成立

3. 江苏省产业技术研究院食品生物技术研究所

学校与扬州、如皋两地政府合作创建"江苏省产业技术研究院食品生物技术研究所"。依托产业集聚地探索"一所两制、项目经理、合同科研、股权激励"模式,在扬州、如皋两地落户,围绕地方重点发展的食品和生物发酵方向开展产业技术研发,促进地方产业发展。

江苏省产业技术研究院食品生物技术研究所

（二）科研基地建设持续推进

"十二五"以来，学院继续抓好已有科研平台的建设，做好发酵技术国家工程中心、国家微生物资源信息平台等的日常管理工作，充分发挥其对教学科研的服务作用。

与食品学院联合共建的食品科学与技术国家重点实验室经过几年的建设，所有建设项目都取得预期建设成效。2011年3月，实验室参加科技部组织的生命科学类国家重点实验室的评估，获"良好"等级。

2011年5月26日，与食品学院联合共建的粮食发酵工艺与技术国家工程实验室项目获得正式批复，批准学校启动该项目建设，国家投资1500万。该实验室主要以提高粮食的食用率、利用率、产出率和减少粮食产后加工损失为目标，加强技术创新和技术集成，构建具有世界一流水平的我国粮食精深加工技术和产业创新体系。2014年6月12日，国家工程建设项目验收以全优的成绩通过受国家发改委委托的教育部组织的国家工程实验室验收。

"糖化学与生物技术教育部重点实验室"是2010年获教育部批准立项建设，主要是围绕自然界中糖类的存在形式、糖类的结构与功能、糖类的生物转化、糖分离纯化、糖结构修饰与功能强化等基础科学问题开展研究。它将是国内第一个系统从事糖化学、生物转化、结构修饰、分离纯化的科技创新与人才培养基地。2011年5月19日通过教育部组织的专家论证，进入实质性建设阶段。同年召开了糖化学与生物技术教育部重点实验室发展战略研讨及第一届学术委员会会议。2014年12月20日，糖化学教育部重点实验室项目验收。截至目前，实验室已召开第一届学术委员会第五次会议。

第八届亚洲糖科学与糖技术会议（2016）

2010年9月23日，教育部对生命科学领域的57个教育部重点实验室进行评估，经过现场评估和分组答辩两轮角逐，学院"工业生物技术教育部重点实验室"位列11个评估结果为"优秀"的实验室之中。2016年，重点实验室再次以优秀的成绩通过评估，自成立以来，已连续获得三次评估优秀成绩，实验室运行情况良好。2017年12月10日，工业生物技术教育部重点实验室第四届学术委员会第一次会议在江南大学召开。

2012年，生物工程学院组织完成了以江南大学为牵头单位，南京工业大学、天津工业生物技术研究所和天津大学为核心单位，江苏洋河集团、江苏今世缘酒业、江苏恒顺醋业、宜兴协联、江山制药、江苏汉光集团、无锡晶海、泰兴市一鸣和宜兴百圣龙生物制品有限公司等为参与单位的江苏省"现代工业发酵协同创新中心"的申报工作并顺利获批，这是学校获批的首个江苏省协同创新中心。2017年顺利通过第一轮考核，并获得第二轮滚动支持。

江苏省现代工业发酵协同创新中心发展论证会

工业生物技术教育部重点实验室学委会会议（2017）

（三）科技成果产出保持增量

1. SCI论文

2011—2017年，生物工程学院发表SCI论文1500余篇，其中NC、PNAS和ME等本领域权威期刊上发表论文共80余篇。教师发表的论文质量和数量均有较大提升，高影响因子（IF>5）论文更是逐年取得突破。

2012年，我校食品科学与技术国家重点实验室王小元教授团队研究生李颜颜在美国科学院院刊（PNAS）上发表了一篇学术论文，题为《改进脂多糖结构是细菌进化出来的一种生存策略》。在博士学习期间，李颜颜多次参加国际学术会议，做大会主题报告，并被国际内毒素协会授予青年学者称号。

2016年6月21日，以我校生物工程学院刘延峰博士为第一作者，刘龙教授与陈坚教授为通讯作者，我校与瑞士苏黎世联邦理工学院合作完成的（江南大学为论文第一单位）论文A novel dynamic pathway analysis approach reveals a limiting futile cycle in N-acetylglucosamine overproducing Bacillus subtilis在Nature Communications（自然通讯，2016，7：11933）发表。该论文建立了一种快速、准确鉴定微生物代谢调控网络中反应限速步骤的方法，显著提高了N-乙酰氨糖的合成效率。

表34 生物工程学院2011—2017年科研情况一览表

学院	年份	到账经费（单位：万元）			国内发明专利		获得奖励数	高水平论文情况
		总经费	纵向	横向	申请发明	授权发明		SCIE
生物工程学院	2011	5899.86	2547.47	3352.39	141	42	4	123
	2012	6120.28	4254.91	1865.37	205	71	13	134
	2013	6755.31	4423.29	2332.02	210	121	15	203
	2014	6859.17	4534.23	2324.94	223	101	9	208
	2015	8442.05	5511.74	2930.31	301	129	7	199
	2016	7760.84	4249.11	3511.73	435	89	7	211
	2017 2018	8775.05	3838.29	4936.76	274	95	13	218

2. 授权专利

2011—2018年，学院教师申请国家发明专利2057项，授权专利758项；其中授权国际专利40余项。

2014年，陈坚教授团队发明的"一种产α-酮戊二酸酵母工程菌及其构建方法"专利荣获中国专利金奖。该专利一举突破了生物技术法生产α-酮戊二酸的关键技术瓶颈，解决了其用于工业生产的最后障碍，对于解脂耶氏酵母的工业化应用奠定了坚实的技术

基础。这一技术的推广,将极大地增强其生产过程的安全性、降低产品价格,为相关下游行业带来较大的促进作用。

(四)硕果连年 喜获五大国家奖

2011年以来,生物工程学院在科技奖励方面成绩突出,特别是在2012—2015四年间,获得五项国家科技奖,其中江南大学作为第一单位的占4项,体现了生物工程学院在发酵工程领域强大的科技创新能力和影响力。

1. 成果一:酮酸发酵法制备关键技术及产业化

酮酸是一类同时具有羧基和酮基的有机酸,在食品、医药和化工等领域具有重要的应用价值。α-酮戊二酸和丙酮酸分别位于碳氮代谢平衡和糖酵解途径调控的关键节点,其合成与积累涉及复杂的调控机制,由此成为碳中心代谢途径中最后两个未能实现工业发酵生产的有机酸。该成果首次实现了α-酮戊二酸和丙酮酸的工业规模发酵,主要技术创新点包括:①发明了基于非营养缺陷型细胞特异性干扰的定向筛选方法;②发明了同时强化碳中心代谢途径、辅因子再生和酮酸转运的理性代谢工程方法,显著提升了酮酸积累效率;③发明了流加特异性底物提高细胞对酸/高渗胁迫耐受能力的方法和基于实时代谢通量分析的酮酸发酵优化与控制技术;④发明了酮酸全膜法提取技术和醇析-低温多效蒸发浓缩结晶精制工艺,实现了高收率、低能耗、低成本制备。相关成果自2009年起在多家生物技术企业实施工业化生产,产生了显著的经济效益和良好的社会效益。同时,该项目的发酵法生产丙酮酸技术转让至国际著名发酵公司日本味之素,成为该公司从中国购买的第一项发酵技术。本成果从2000年开始在4家境内企业实施了工业化生产。

近三年累计新增产值6.04亿元,利税2.37亿元,出口创汇1902万美元。此外,丙酮酸发酵技术转让至国际著名发酵公司日本味之素,成为该公司自1908年创建以来从中国购买的唯一发酵技术。陈坚教授作为本成果第一完成人获2015年国家技术发明二等奖,对上述四个创新点均做出了重要贡献。

2. 成果二:基于风味导向的固态发酵白酒生产新技术及应用

该项目以中国传统白酒的现代化改造为目标,发明了白酒微量特征风味化合物的鉴定技术、酿造关键微生物的鉴定技术、关键微生物固态发酵调控生产技术等,实现了白酒的高效、优质、安全制造。主要技术发明成果包括:①应用食品风味化学的理论,建立独特的检测方法,测定中国白酒风味物的阈值,采用人机交互闻香技术,新发现了白酒特征风味物质;开发了白酒质量数字化评价技术,产品批次稳定性显著提高;②应用分子生物学理论,建立群体微生物的未培养-风味导向组合技术,准确鉴定关键风味微生物;建立了全基因组序列解析的高产酯华根霉菌种的安全性分析技术,从基因组水平上证明了华根霉菌种的安全性;③应用风味导向理论与技术,首次发现了产异嗅土味素的关键微生物，开发了土味素预警技术；选育了低产杂醇油的酵母，开发了有效控制杂醇油的白酒机械化生产新工艺；④应用微生物基因组学与风味调控理论，建立了基于关键微生物相互作用机制的微生物共发酵调控技术，成功实现了白酒纯种制曲和风味导向调控技术在机械化生产中的应用。

徐岩教授作为该项目的第一完成人，主导了该项目的完成，获得了重要的研究成果。本项目共授权国家发明专利12项；参编英文专著（章节）3部；发表SCI论文12篇；15项成果达到国际领先（先进）水平，验收3项，该项目成果已经在20多家白酒龙头企业得到应用，经济效益显著。

3. 成果三：重大淀粉酶品的创制，绿色制造及其应用技术

淀粉酶品与人民生活密切相关，但我国淀粉酶品的特性和活力与国外先进水平存在差距，本研究成果解决了我国淀粉酶品多年来一直依赖进口的问题，主要创新点如下。

（1）重要淀粉酶品新分子的发现和获得　获得了包括高温耐酸性α-淀粉酶、普鲁兰酶、真菌α-淀粉酶、中温α-淀粉酶、高温α-淀粉酶等新的酶蛋白和编码基因。

（2）地衣芽孢杆菌全新淀粉酶高表达系统的构建　选育出可高效分泌外源蛋白的宿主细胞；系统构建出适合淀粉酶高效表达的芽孢杆菌系列载体；建立相应的遗传操作技术体系，酶蛋白能力可达到30g/L以上。

（3）高效发酵生产工艺技术的建立　建立了淀粉酶系的可控发酵技术；平均节省原料成本15%以上，发酵残液中磷含量降低90%以上；建立并工业化应用生物絮凝剂为核心的酶制剂高效绿色提取工艺，各产品提取得率超过或接近85%。

王正祥、石贵阳分别是本成果的第一和第四获奖人，对上述3个技术发明点做出了创造性贡献，指导高温α-淀粉酶、糖化酶、真菌α-淀粉酶和普鲁兰酶新基因的创制、地衣芽孢杆菌和其他表达系统的构建及工程菌株的创建等研究工作，为4项核心发明专利的第一发明人和/或主要发明人。该技术成果达到国外同类酶制剂应用效果，显著降低了生产或使用成本。成果在合作企业应用并实现工业化生产，自2009年1月至2013年1月，新增销售额38708万元，新增利税6792万元。本成果共授权国家发明专利15项，发表SCI论文10篇。

4. 成果四：棉织物染整前处理关键酶制剂的发酵生产和应用技术

据2010年《第一次全国污染源普查公报》，纺织工业产生的污水量和COD值分别居各行业的第5位和第2位，染整加工能耗和污水排放量分别占纺织工业的65%和90%以上。棉织物是最重要的染整加工产品，开发用于棉织物染整前处理的酶制剂，以解决传统工艺存在的能耗大、水耗高、废水处理难等问题，是国际公认的染整工业清洁生产的

必然趋势。国内外已有的类似酶制剂尚存在品种缺乏、耐高温耐碱性能不佳、成本高和应用效果差等问题。该成果在国内外率先进行了棉织物染整前处理关键酶制剂群的系统开发和应用。

该成果筛选得到了具有自主知识产权的产酶微生物,进行了酶基因高效表达和酶分子改造,确定了发酵过程优化策略,完善了酶发酵放大和产品提取技术,优化了基于酶作用机制的复配方法和应用条件,建立了棉织物酶法处理工业化应用工艺,创新点如下。

(1) 开发了耐高温、耐碱性的系列酶制剂。

(2) 在工业规模高效生产碱性果胶酶和过氧化氢酶,并在国际上率先研制出角质酶和PVA酶。

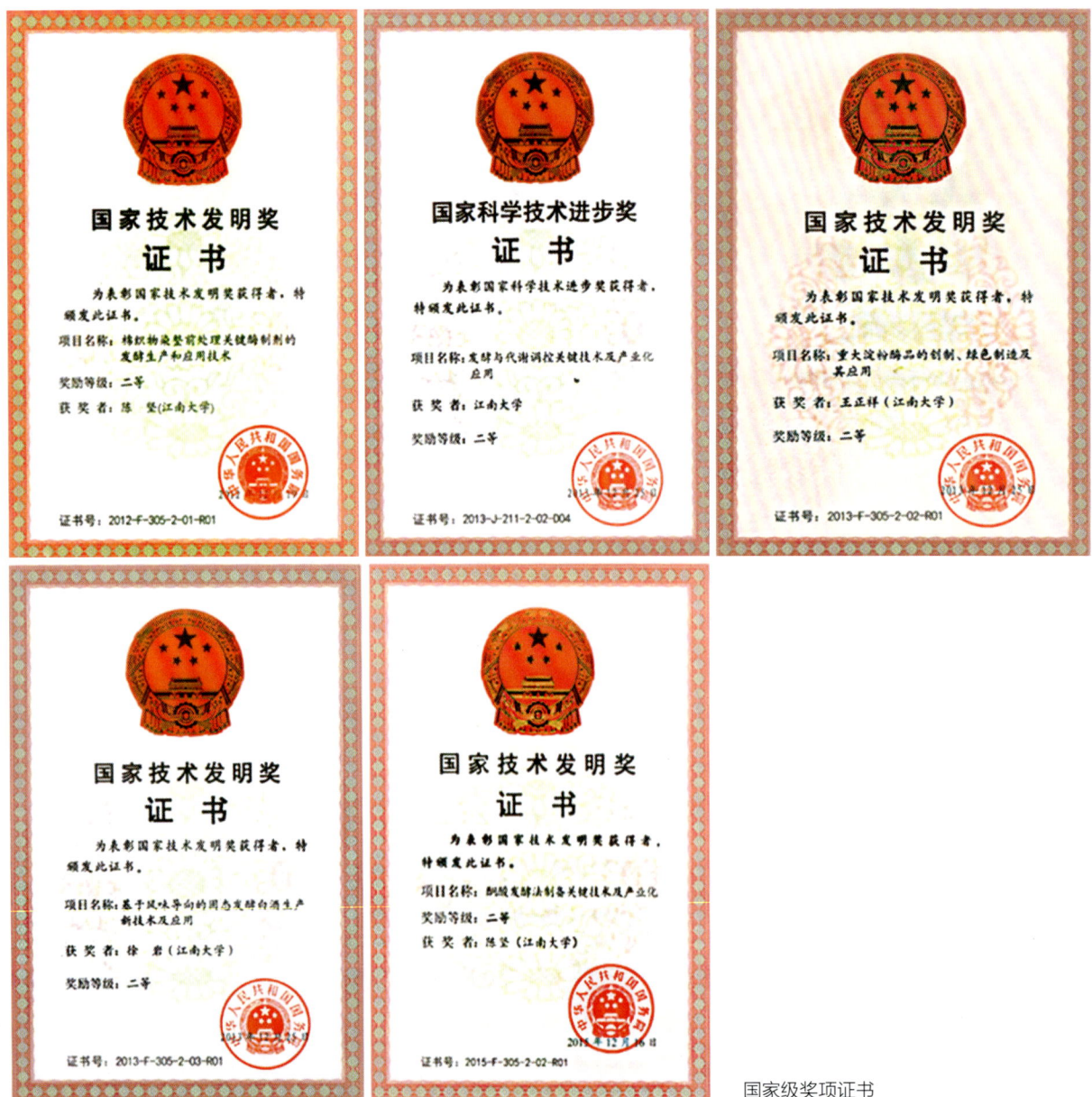

国家级奖项证书

（3）完成酶制剂产品群的工业应用，获得了显著的节能减排效果。

该成果从2005年开始在6家企业实施了工业化生产、制备和应用，其中3家是中国发酵工业协会酶制剂分会副理事长单位（全国共7家），近三年实现生产产值4.38亿元，利税1.84亿元。酶制剂产品已经销往19家纺织品生产企业和纺织助剂销售公司，其中典型的5家纺织品生产企业近三年节支达到1.63亿元。陈坚教授作为本成果第一完成人获2012年国家技术发明二等奖。

五、培养复合工程型人才，"本科教学工程"多点开花

2011年7月1日，中华人民共和国教育部和中华人民共和国财政部印发了"本科教学工程"实施意见，正式启动了"高等学校本科教学质量与教学改革工程"。高等学校本科教学质量与教学改革工程简称"本科教学工程"，该工程项目将以质量标准建设为基础，探索建立中国特色的人才培养国家标准。中央财政将安排专项资金支持"本科教学工程"5个方面的内容建设。

"本科教学工程"在影响和制约本科人才培养质量的关键领域、薄弱环节和突出问题上，选择五个方面内容重点建设：一是以质量标准建设为基础，探索建立中国特色的人才培养国家标准；二是以专业建设为龙头，加强专业结构优化与内涵建设，引导高校办出特色、办出水平；三是以优质资源建设为保障，加强视频公开课和精品课程共享资源建设；四是以强化实践教学为重点，进一步强化实验实践教学平台建设，培养大学生实践能力和创新创业能力；五是以提高教师教学能力为关键，加大教师培训力度，创新教师培训模式。

2011年以来，生物工程学院紧跟学校发展部署，以提高教学质量为核心，以实施本科教学工程建设为抓手，加强内涵建设，提高人才质量，探索轻工生物技术类高水平复合型人才培养模式，取得了一系列可喜的成绩。

（一）优质资源建设成果累累

1. "微生物遗传育种"系列成果突出

《微生物遗传育种学》为"十一五"国家级规划教材，是生物工程学院诸葛健、李华钟、王正祥教授经过多年的教学实践和探索形成的精品教材。2011年，获评江苏省高等学校精品教材。内容涉及微生物遗传育种的遗传学原理、基因突变及其机制、基因突变的应用、基因重组育种、基因工程及其应用等。

"微生物遗传育种"是由李华钟教授作为负责人的课程,继2010年先后获得江苏省高等学校精品课程和国家精品课程后,2013年,该课程又再次获得国家级立项建设,入选第一批"国家级精品资源共享课程",入选课程将在"爱课程"网免费向社会开放,助力优质教育资源共享,建设服务学习型社会。2015年,李华钟作为负责人的《工业微生物遗传育种学》(未出版)获江苏省重点教材立项建设支持。

2. 其他系列教育成果

2012年,由陈坚、堵国成、张东旭主编的《发酵工程实验技术》(第二版)入选第一批"十二五"普通高等教育本科国家级教材。2014年,陈坚主编的《发酵工程原理与技术》、徐岩主编的《发酵工程》入选第二批"十二五"普通高等教育本科国家级规划教材。

在课程方面,2013年,堵国成的《生化工程》入选国家精品资源共享课程。徐岩的"把酒论科技"入选第四批"精品视频公开课";2014年,王武主讲的"生物技术概论"入选江苏省高校省级英文授课精品课程。

在教育成果奖方面,2013年,学院申报的《"轻工生物技术类"高水平复合型人才培养模式的创新与实践》荣获江苏省教学成果二等奖。2017年,以堵国成、饶志明、尹健、夏小乐、高敏杰、周哲敏、王珏、冯守帅为主要完成人的"现代工业发酵特色生物工程专业创新人才培养体系构建与实践"再获江苏省教学成果奖(高等教育类)一等奖。

江苏省教学成果奖证书

(二)实验实践教学平台建设顺利

2010年,生物工程专业被确定为学校实施"卓越工程师教育培养计划"的三个专业之一。根据学校定位,江南大学本科生层次"卓越工程师教育培养计划"采取"3+1"培养模式。学生在校4年期间,其中3年在校内学习,1年(累计)时间在企业学习实践(包括企业实习和毕业设计等环节)。企业实践是通过在实际工作环境中的实践教学,使学生在学习期间能完成分层次、分类别、分岗位、分流程的实践训练,以培养学生动手能力和实际工作水平以及创业、创新能力。

学院积极配合学校制定培养方案,参与工程实践教育基地建设,推进工程教育改革。国家级工程实践教育中心是由教育部联合国务院有关部门负责管理,高校依托企业建立的,为落实高校"卓越工程师教育培养计划"培养方案中的企业学习阶段的任务,由高校和企业密切合作开展工程人才培养的综合平台。

2011年,青岛啤酒股份有限公司、江苏洋河酒厂股份有限公司入选第一批国家级工程实践教育中心建设单位,使学院拥有两个国家级的工程实践教学中心,进一步提升了综合实践教学水平。

2013年,生物工程学院与希悦尔有限公司正式签约"卓越工程师教育培养计划",这是江南大学迄今启动该项培养计划以来设立的首个海外基地。根据双方协议以及学校"卓越工程师教育培养计划"的相关要求,从2013年起,江南大学将陆续从部分学院选拔一些学生赴荷兰,在希悦尔(荷兰)公司进行为期一年的"卓越工程师教育培养计划"实习培养。

卓越工程师培养的教育改革实践也获得了省部级教改立项支持。堵国成、周哲敏作为负责人的《生物工程国际化视野"卓越工程师"实践教学模式探索》或2013年江苏省高

江南大学&希悦尔校企合作签约仪式(2013)

等教育教改研究重点立项。2015年，尹健、夏小乐负责的"生物工程'网络化'国际导向教学体系建设"也获得省级立项支持。2017年，以许正宏、郭凯为主要完成人的"生物工程'靶向人才'分类培养体系构建与实践"获江苏省高等教育教改研究立项重点课题。

在实验教学方面，2013年，生物工程学院、食品学院联合申报的食品发酵实验教学中心入选国家级实验教学示范中心名单。食品发酵实验教学中心，是以江南大学两个国家级首批特色专业的优势学科——食品科学与工程和生物工程（发酵）为基础的实验教学平台，覆盖全校生物化学、微生物、化工原理等基础课程及食品科学与工程和生物工程（发酵）两个学科专业课程的所有实验与实践教学。经过多年努力，形成了从基础性实验→综合性实验→工程性实验→创新性实验的多层次、递进式的创新实验教学体系。

（三）专业结构优化创特色

生物工程学院适时根据学科发展方向、人才培养目标进行本科专业的优化调整。2010年以后，学院本科专业集中在生物工程、生物技术、生命科学基地班三个方向上开展教育教学工作。

1. 生物技术、生物工程专业持续建设

2011年，获批第七批高等学校特色专业建设点。2012年，生物技术专业取得学术学位授权资格。同年，生物技术、生物工程两个专业入选江苏省"十二五"高等学校重点专业。2015年，生物工程专业（堵国成）入选江苏省高校品牌专业建设工程一期名单。

2. 新增酿酒工程专业

2013年，学院新增酿酒工程专业。酿酒工程专业以化学、生物学和工程学为基础，将传统酿酒工艺艺术与现代生物工程技术有机结合，旨在培养酿酒行业在生产、技术和管理等各方面的高级人才。该专业主要针对白酒、黄酒、葡萄酒、啤酒等日常饮用酒的特征风味成分和酿制过程中的功能微生物、酶及其代谢调控机制，对其中重要微生物和酶在分子水平上进行认识与改造，开发新产品，实现传统产业的改造和提升。2017年4月25日，江南大学"酿酒工程"专业学士学位授权实地评审会在生物工程学院茅台厅举行。专家组由四川大学轻纺与食品学院周荣清教授任组长，南京农业大学食品科技学院党委书记董明盛教授，南京工业大学食品与轻工学院院长徐虹教授，华东理工大学郭美锦教授，四川理工学院白酒学院院长罗惠波教授任专家组成员。江南大学副校长陈卫教授、教务处处长魏取福教授、生物工程学院党委书记黄壮霞、生物工程学院院长许正宏、教务处副处长孙子文教授等相关人员出席评审会。

"酿酒工程"专业学士学位
授权实地评审会（2017）

3. 国家生命科学与技术人才培养基地

在江南大学"国家生命科学与技术人才培养基地"（以下简称"基地"）建设之初，围绕学校"工科背景、理科特色、基础宽、专项强"的办学指导思想，明确了基地班"培养适合社会发展的具有创新精神、实践能力和创业能力的新世纪高层次工业生物技术人才"的培养目标。

在教育教学方面，人才培养基地建设15年来，逐步建立了融发酵工程上、中、下游知识为一体的课程体系和融课堂内外与校内外为一体的立体实践教学体系。

基地班培养计划包含4个知识模块：通识教育与素质教育（学分）、学科平台课程（学分）、专业知识（生物工程基础及专业选修，学分）和集中实践（综合大实验、生产实习、科研创新训练等，学分），在重视生物科学和生物工程基础知识的同时，全面培养学生的综合素质和科研创新能力。

通过多年来的持续建设，目前已初步建成以"微生物遗传育种学"国家精品课程和《微生物学》江苏省精品课程为核心的专业基础课程群，以"发酵工程原理与技术"和"生化工程"两门国家精品课程为核心的发酵工程核心课程群，以"生物技术基础国家双语教学示范课程"为核心的生物技术课程群，基本覆盖了整个课程体系，确保骨干课程精品化、系列化，极大地保障了创新人才培养体系和基地的建设。

强化班社会实践基地揭牌仪式
（2007）

在管理工作方面，2015年，学校出台了《江南大学生命科学与技术人才培养基地班管理办法》（江大校办〔2015〕31号），对基地班的组织形式、学生来源、培养措施和要求、考核和分流做了进一步的要求和规范。

（四）创设十大课程群 提升教学质量

2014年10月，为了进一步规范本科教学秩序，更好地实现教学培养目标，经学院教学指导委员会研究决定，成立生物工程学院本科教学课程群，并聘任相应的课程群负责人。学院将现有课（含实验）分为10个课程群，生物工程学院（含食品科学与技术国家重点实验室、粮食发酵工艺与技术国家工程实验室）的每位专任教师须归属于1~2个课程群，各位专任教师需根据各自专业背景与专长，最多可申请生物工程学院的2门课程（不含学科前沿课及工程实践环节）。新入职教师加入课程群的流程为：个人填写选课表→课程群负责人选拔为课程群预备成员→填写全程听课登记表申请全程听课→试讲合格者成为课程群正式成员，课程群正式成员方有资格承担课程教学任务。

2017年，为了更好地整合生物工程学院三大专业及基地班的教学资源，打造高效、协作的课程群。在之前10个课程群的基础上，重新凝练为6个课程群：微生物课程群、生物与分子生物学课程群、生物技术课程群、生物工程课程群、工艺与设备课程群、实验与实践课程群。形成"四纵"（生物工程专业、生物技术专业、酿酒工程专业、基地班）"六横"（六大课程群）的本科教学体系。

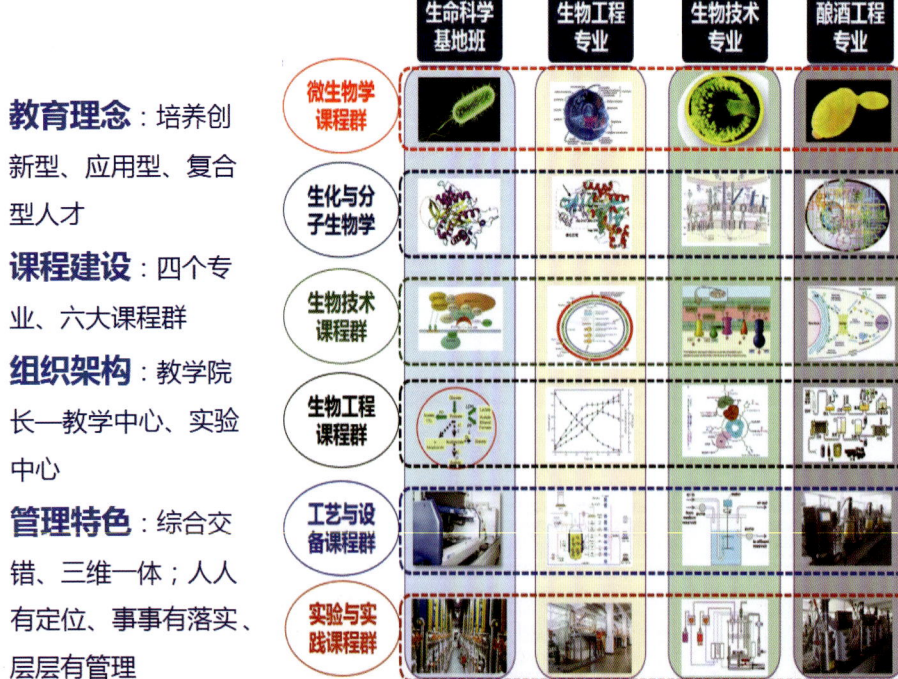

本科教学组织模式

六、研究生培养创新工程卓有成效

2011年以来，生物工程学院研究生招生规模进一步扩大，截至2017年，学院在校研究生人数已逾千人。学院以提高研究生培养质量、培养研究生创新能力为目标，进行研究生教育改革。学院先后制定了系列文件，有力地推进了研究生教育改革，加强了研究生的招生、培养和管理工作。

博士生规模稳步上升。2011年，我院共有在校博士生119人，到2017年，在校博士生人数达到178人。年招生人数从2011年38人增长至2017年70人。

2010年，我院共录取学术型硕士研究生154人，专业型硕士59人。近年来，学术型硕士招生人数保持稳定，工程硕士的招生比例逐年提升。2017年，硕士研究生录取人数达254人。其中学术型硕士152人，专业型硕士102人。

截至2018年，在校研究生人数达到1050人，其中博士生329人。

（一）改革培养模式，推进研究生培养创新工程

学院积极开展研究生人才培养模式改革、教育教学改革研究与实践，产学研联合培养，提高工科研究生的理论水平与创新实践能力。

2009年，学校获批成为江苏省企业研究生工作站首批合作高校，开启校企合作培养创新模式。自2009年以来，生物工程学院合作企业已达18家获批设立企业研究生工作站。

2011年，以徐岩为主持人的课题项目"企业研究生工作站培养模式的改革与实践"获批江苏省2011年度研究生教育教学改革研究与实践课题。

江南大学-江苏今世缘"研究生工作站"合作揭牌仪式（2012）

2011—2018年，学院研究生申报江苏省普通高校研究生科研创新计划、实践创新计划共116项。

表35　生物工程学院江苏省企业研究生工作站（2010—2017）

序号	企业名称	获批时间
1	江苏汉邦科技有限公司	2010
2	江苏江山制药有限公司	2010
3	宜兴协联生物化学有限公司	2010
4	江苏洋河酒厂股份有限公司	2010
5	江苏大富豪啤酒有限公司	2011
6	江苏汉光生物工程有限公司	2012
7	江苏今世缘酒业股份有限公司	2012
8	江苏施美康药业有限公司	2012
9	泰兴市一鸣生物制品有限公司	2012
10	镇江东方生物工程设备技术有限责任公司	2013
11	苏州市吉成酱业酿造有限公司	2013
12	江苏汤沟两相和酒业有限公司	2013
13	扬州凯尔化工有限公司	2013
14	无锡佰翱得生物科学有限公司	2014
15	无锡晶海氨基酸有限公司	2014
16	无锡鑫连鑫生物医药科技有限公司	2015
17	南京汇肽生物科技有限公司	2015
18	江苏省农垦麦芽有限公司	2017

（二）加强学术交流，激发研究生创新热情

生物工程学院积极鼓励研究生开展学术交流，支持研究生参加国内外学术会议，并主动承办研究生相关学术会议，让研究生参加学习以提高自身学术水平，激发研究生的创新热情，促进学科之间的交流和融合。

2012年6月19～21日，2012生物技术青年学者自主创新学术论坛在江南大学隆重举行。本次生物技术青年学者自主创新学术论坛，由江苏省学位委员会、江苏省教育厅主办，江南大学轻工技术与工程江苏省研究生创新与学术交流中心和生物工程学院承办，

南京工业大学协办。共有来自江南大学、南京工业大学、江苏大学、江苏科技大学、常州大学等6所高校的共120名青年教师和学生参加。

2017年11月14日，第一届江南大学-韩国庆尚大学研究生学术论坛（The first intercollegiate graduate symposium between Jiangnan University and Gyeongsang National University）在粮食发酵工艺与技术国家工程实验室（二楼报告厅）隆重召开。韩国庆尚大学应用生命科学学部主任Il-Keun Gong教授和Seon-Won Kim教授、Kwang-Dong Kim教授一行；江南大学研究生院院长堵国成教授、生物工程学院院长许正宏教授、党委书记黄壮霞、副院长刘龙教授及双方研究生代表共100余人出席了学术论坛。

2018年7月11～20日生物工程学院成功举办了2018年江苏省研究生"新一代工业生物技术"暑期学校。此次暑期学校由江苏省学位委员会办公室、江苏省教育厅主办，江南大学生物工程学院承办，共招收来自清华大学、上海交通大学、华南理工大学、华东理工大学、中国科学院、江南大学等23所知名高校和科研院所的101名学员。来自清华大学、美国马里兰大学、山东大学、中科院大连化物所、华南理工大学等海内外知名高校和研究院所的16位工业生物技术领域权威专家、学者担任主讲嘉宾（其中国家杰青、长江学者10名）。

新一代工业生物技术江苏省博士生学术论坛（2010）

生物技术青年学者自主创新学术论坛（2012）

许正宏院长给韩国庆尚大学教授颁发客座教授聘书

江苏研究生新一代工业生物技术暑期学校（2018）

（三）培育优博、优硕论文，培养成果突出

在学位论文质量方面，学院对学生严格要求，抓3个关键节点：第一，提高毕业要求，在《江南大学学术型硕士学位授予工作细则》和《江南大学全日制硕士专业学位授予工作细则》的基础上，学院学位委员会讨论制定了《生物学硕士研究生培养方案》，其毕业要求高于学校的硕士毕业标准；第二，执行学校抽盲审制度，对于研究生申请答辩的所有毕业论文，由学校研究生院抽查送到外校进行"双盲审"评阅，通过者方可进入答辩程序。对于研究生论文外审、省抽审中出现不合格者，视不合格数量多少，启动对导师及学科点的追责机制，包括导师减招、停招，学科点警告、减招和停招等，对优良率和不合格率等数据进行公示；第三，严格执行格式预审查环节，显著提高了论文的质量，2011年以来，先后有12篇硕士学位论文获江苏省优秀硕士学位论文。5篇博士论文被评为江苏省优秀博士学位论文，其中1篇为全国优秀博士学位论文（表36，表37）。

2011年以来，研究生以第一作者在包括 *Nature Communications*、*PNAS* 等权威期刊发表SCI论文300篇（其中IF>5.0的60篇）。研究生获中国授权发明专利300项，国际授权发明专利10项。2012—2015年在学科主流期刊 *Journal of Industrial Microbiology & Biotechnology*、*Process Biochemistry* 等发表论文数量排名居全球前列。

2011年，生物工程学院与食品学院联合申报的"轻工食品学科研究生高层次创新人才培养体系的构建与实践"项目获得2011年度江苏省高等教育教学成果特等奖，这是学校首次在研究生教育方面获此殊荣。

江苏省高等教育教学成果特等奖证书

表36 生物工程学院获得江苏省优秀硕士学位论文一览表（2011—2018）

获奖年度	作者姓名	论文题目	指导教师	备注
2011	汪志浩	重组毕赤酵母生产碱性果胶酶的流加策略及工业化放大	堵国成	
2012	闫 真	重组氧化还原酶体系及其催化不对称还原潜手性羰基化合物的研究	徐 岩	
2013	张 波	绍兴黄酒麦曲及其制曲过程的宏蛋白质组学研究	陆 健	
2013	曾祥康	毛栓菌发酵产漆酶及其在合成染料脱色中的应用	廖祥儒	
2014	刘小波	丙酮丁醇梭菌的选育及其丁醇耐受性和发酵工艺的研究	余晓斌	
2014	殷晓霞	代谢工程改造解脂亚洛酵母产α-酮戊二酸	陈 坚	
2014	周芸芸	酒花新鲜度评价体系的初步研究	李 崎 陈 平	优秀专业学位硕士论文
2015	颜 强	利用纤维床反应器高效发酵生产丁二酸的研究	郑 璞	
2015	张 欢	双液相发酵生产樟芝活性产物Antrodin C 的研究	许赣荣	优秀专业学位硕士论文
2015	刘 佳	大肠杆菌K4合成果糖软骨素关键基因的功能研究	史仲平	优秀专业学位硕士论文
2016	叶 超	典型产油脂真菌高山被孢霉和裂殖壶菌基因组规模代谢网络模型的构建与解析	刘立明	
2016	宋 伟	酶法水解精氨酸胍基制备L-鸟氨酸和L-瓜氨酸的研究	刘立明	优秀专业学位硕士论文
2017	程 功	L-精氨酸产生菌选育及其发酵条件优化	张伟国	优秀专业学位硕士论文
2017	樊祥臣	L-谷氨酸酶法生产α-酮戊二酸的条件优化	刘立明	优秀专业学位硕士论文
2018	张景景	钝齿棒杆菌N-乙酰谷氨酸激酶分子改造及其在L-精氨酸合成中的应用	徐美娟	优秀学术学位硕士学位论文
2018	吕 俊	红曲黄色素发酵提取技术的研究	张薄博	优秀专业学位硕士学位论文

表37　生物工程学院获得江苏省优秀博士学位论文一览表（2011—2018）

获奖年度	作者姓名	论文题目	指导教师	备注
2010 2011	周景文	光滑球拟酵母中ATP的生理功能与作用机制	陈坚	2010江苏优博，2011全国优博
2012	郭忠鹏	代谢工程改善工业酒精酵母发酵性能	石贵阳	
2013	李颜颜	弗朗西斯菌类脂A的结构多样性及其分子机制研究	王小元	
2015	韩瑞枝	环糊精葡萄糖基转移酶的分子改造及合成糖基化L-抗坏血酸	堵国成	
2016	陈修来	系统代谢工程改造光滑球拟酵母生产富马酸	刘立明	
2017	刘延峰	代谢工程改造枯草芽孢杆菌高效合成N-乙酰氨基葡萄糖	堵国成	
2018	方真	*Stenotrophomonas maltophilia*角蛋白酶的分子改造	堵国成	

七、学术交流常态化，海外引智提升层次

"十二五"以来，生物工程学院的学术交流活动进入空前活跃期。国际交流方面，更加注重提升交流层次，在更高的平台上多方面展开合作。在国内，通过打造各类学术交流平台继续提升学科的影响力。

2011—2017年，在学校的有力政策支持下，生物工程学院通过派遣教师、科研人员赴外访问学习，提高教学和科研能力的整体水平。每年均有30余人次参加海外会议做学术报告或墙报。每年外派4~7名教师进行海外研修或访学。同时积极聘请长、短期外国专家来访讲学。每年举办40余场国内外专家学术报告会。

诺贝尔奖得主费里德·穆拉德（Ferid Murad）教授到生物工程学院访问

美国科学院院士Christian Raetz教授做学术报告

(一)内外互动 搭建国际性学术交流平台

生物工程学院积极借用海外优秀资源,搭建国际交流平台,推动学院的科研和学术交流。2011—2017年间,学院先后举办的国际会议主要有:2013年国际酒文化学术研讨会,2014、2016国际微生物和生物技术前沿进展研讨会,2015年中日国际学术交流会,2017年国际生物过程协会——第七届工业生物过程论坛,2016年第八届亚洲糖科学与糖技术会议。截至目前,生物工程学院每年举办2~3次国际性学术会议。

第七届工业生物过程论坛(2017)

第八届亚洲糖科学与糖技术会议(2016)

在国内层面,学院积极开展学术交流活动。2011—2017年间,学院多次举办承办国内外大型学术会议和活动,如2011年首届中国白酒学术研讨会以及2012、2014、2016年第五、六、七届全国发酵工程学术研讨会,2014年第四届全国酶制剂研究开发应用技术研讨会,2015年微生物代谢工程与发酵工程学术研讨会,2017年工业生物技术太湖青年学者论坛等。7年间共举办、承办国内学术会议22场。持续保持了生物工程学院在行业内的发声地位。与此同时,在生物工程学院内部,每年定期举行青年学者日活动,搭建了学科内部青年学者交流研讨的平台,活跃了学院内部的学术氛围。

国际酒文化学术研讨会(2015)

全国酶制剂研究开发应用技术研讨会（2014）

第五届全国发酵工程学术研讨会

首届中国白酒学术研讨会（2011）

（二）聘专引智效益凸显

1."111计划"引智基地获批并滚动支持

2011年，我院"应用微生物及其生物制造技术学科创新引智基地"获批立项建设。这标志着生物工程学院海外交流踏上了深度合作、精准引智的道路。基地的获批将进一步结合生物工程学科自身特点与发展方向，重点引进高层次外国专家及外国专家团队，促进引进海外人才与国内科研骨干的融合。

"高等学校学科创新引智计划"（以下简称"111计划"）由教育部、国家外国专家局联合实施，旨在瞄准国际学科发展前沿，以国家重点学科为基础，从世界范围排名前100的著名大学及研究机构的优势学科队伍中，引进、汇聚1000余名优秀人才，形成高水平的研究队伍，建设100个左右世界一流的学科创新引智基地，以推进我国高等学校建设世界一流大学的进程。自2006年教育部、国家外国专家局启动"111计划"的建设以来，江南大学共获批5个学科创新引智基地。

"应用微生物及其生物制造技术学科创新引智基地"在教育部、国家外国专家局的大力支持下，经过首期五年的建设，通过海外高层次专家的引进，有效推动了学科的全面发展。2017年5月7日,教育部科技司综合处李楠处长、国家外国专家局教科文卫专家司成果处调研员魏玲、教育部科技司综合处专员杨文辉和"111基地"验收专家组一行来到江南大学,对2011年立项建设的高等学校学科创新引智基地进行验收。

2017年6月27日,教育部科技司、国家外国专家局教科文卫专家司联合发文,公布高等学校创新引智基地滚动支持名单,我院"应用微生物及其生物制造技术学科创新引智基地"获得二期滚动支持。

"111基地"验收专家组合影(2017)

2. 中德国际伙伴联合实验室成立

在"111计划"引智基地项目支持下,生物工程学院与德国马普学会建立了良好的合作与交流。德国马克思-普朗克研究所的Peter H. Seeberger教授与我校共同申报获批中德PPP项目。2013年12月12日,国际著名糖物质科学家、德国马克思-普朗克胶体与界面研究所所长Peter H. Seeberger教授、德国驻上海总领事馆科技文化领事Gudrun Lingner博士专程赴我校,出席江南大学—马克思-普朗克学会"国际伙伴联合实验室"揭牌仪式。在双方嘉宾的见证下,尹健教授和Seeberger教授共同签署了合作协议,在未来的5年内,马普学会将对尹健教授及其团队提供经费等多方面的实质性资助,而Seeberger教授也为尹健教授颁发了马普学会主席Peter Gruss教授签署的官方委任书,委任尹健教授为联合实验室中方组长。陈坚校长与Lingner博士共同为联合实验室揭牌,标志着该项目的正式启动。

国际实验室项目的获批及启动标志着我校与德国马克思-普朗克学会正式开始了实质性的科学合作与交流,对于生物工程学院进一步提高国际学术声誉具有积极作用。

江南大学—马克思-普朗克学会"国际伙伴联合实验室"揭牌仪式（2013）

八、校庆特别篇：甲子芳华，岁月如歌

建校60周年是江南大学发展史上重要的里程碑，也是江南大学发酵学科66年的新起点。在"善于实践、勇于创新"的发酵精神指引下，生物工程学院围绕着产教融合、文化传承、励志教育、科学启蒙开展了校庆系列活动。校友从中回忆起往昔风流，了解近来之事，持续关心学院的发展；社会各界人士认识生物工程学院，走进生物工程学院，增强与生物工程学院合作的动能；全院师生能够有所感悟，增添身为生工人的自豪感，坚定为之奋斗的信念。

江南大学六十周年校庆合影

（一）用重逢去追忆青春

2018年10~11月，酵62、63、64、78、84级、酵专委培87级、生工98级、环境2002级、2003级以及通过微信预约回校的各届校友陆续返回母校，在生物工程学院举行座谈聚会，尽享重逢喜悦。

校友座谈现场

为营造家的氛围,学院用心接待每一批回校重逢的校友,向他们介绍学校和学院近年来发展和建设的情况,带领他们参观学院实验室和平台,直观感受学院发展成果,并向校友们赠送精心策划编撰的"发酵"系列图书,在图文中共同追忆青春。

酵84级校友返校合影留念

黄壮霞书记与校友合影留念

酵专委培87级校友在校友大会现场合影留念

校友、退休教师及在职教师合影留念

走出菁菁校园，这些曾经意气风发的少年如今而立不惑抑或白发苍苍，无论经历了什么酸甜苦辣，在这相聚时刻，浓浓的同学情谊在每个人心中是永恒不变的。美好的相聚时光转瞬即逝，温暖的生工之家期待下一次重逢。生物工程学院感谢有您，欢迎回家！

（二）用重温去唤醒使命

2018年11月17日下午，由生物工程学院主办的"发酵"系列图书首发式在生物工程学院茅台厅举行。上海校友会及历届校友和在校师生代表出席活动。

许正宏院长致辞

"发酵"系列图书首发式现场

许正宏院长作为系列图书的主编之一，向校友及在校师生代表介绍了"发酵"系列图书的出版背景。2017年初，生物工程学院启动了"重温发酵历史，讲述发酵故事，传承发酵精神"主题活动。2018年，江南大学迎来建校60周年校庆。发酵学科也走过了66个年头。这一历程不仅是新中国轻工教育的缩影，更折射出新中国发酵工程教育的发展历程。六十一甲子不忘初心，面对新时代，我们要将发酵学科发展的历史、故事和精神精心梳理、发扬并传承下去。

现场举行了赠书仪式，所有返校校友都获赠一套"发酵"系列图书：《图说发酵》《发酵工程师的摇篮》。有些未能返校的校友也嘱咐同窗代领收藏。

许正宏院长向季克良校友赠送"发酵"系列图书　　黄壮霞书记向校友赠书

许正宏院长向校友签赠图书

（三）用桥梁去承载情谊

2018年10月，在上海生工校友会的提议下，学院设立"江南大学生物工程学院校友基金会"，短时间内，校友基金得到了全国各地校友及社会各界人士广泛的支持捐赠。

2018年11月15～16日，江南大学生物工程学院茅台厅、洋河厅、泸州老窖·国窖1573厅、恒顺之家揭牌仪式在生物工程学院隆重举行。各企业代表及生物工程学院领导班子共同出席了仪式。就职四家企业的优秀毕业生和在校生一同见证了仪式活动。通过此次冠名，校企双方将不断深化友谊，在加强合作的基础上，紧密结合，加强优势互补，拓宽合作领域，深化产教融合，共同发展，持续共赢。

2018年11月15日，江南大学生物工程学院第一届理事会成立大会暨轻工生物技术产教融合论坛在校图书馆五楼报告厅隆重召开。60家理事会成员单位嘉宾代表以及全院党政领导出席本次大会，200余名学院师生代表参加大会。理事会将致力于为学科建设出谋划策，支撑学科优质发展，密切产教深度融合，以及发展为我国生物产业最为重要的交流合作平台。

江南大学生物工程学院校友基金

环境工程2003级2班、环境工程2002级1班等分别捐赠认植

会议室冠名揭牌仪式

授牌仪式现场

（四）用榜样去叩动梦想

梦想公开课现场

2018年11月16日，茅台集团总工程师、校友王莉为生工学子进行了一堂以"人生选择与工匠精神"为题的梦想公开课，为生工学子讲授了青年大学生职业发展的生动一课。王莉结合自己的人生经历，教导同学们要做好踏上工作岗位后的三个五年规划，鼓励同学在工作岗位上要有"空杯"心态和工匠精神，积累沉淀，俯身下来、沉下心好好干事，从小事做起，慢慢积累沉淀，抓住人生重要转折点，提升核心竞争力。

2018年11月15日下午，在江南大学60周年校庆，生物工程学院第一届理事会成立之际，学院理事会成员单位2018年度奖学金颁奖典礼在图书馆五楼报告举行。8家设奖单位的领导嘉宾出席典礼，为90名获奖学生代表授奖。颁奖典礼借由仪式的力量，促使同学们把优秀企业的社会责任与担当意识以及生物工程学院"善于实践，勇于创新"的精神传递下去，做一个有志、有才、有为的新时代青年。

2018年11月16日下午，在江南大学60周年华诞之际，生物工程学院"醉忆是江南——庆甲子华诞，承发酵精神"主题访谈活动在生工楼重啤厅举办。江南大学原校长、关心下一代工作委员会委员陶文沂老师受邀为同学做主题分享。陶文沂老师向同学们讲述了学校悠久的办学历史和厚重的文化积淀，他从1902年我校母体三江师范学堂的创办，讲到1958年无锡轻工业学院的成立，再到2001年三校合并成立江南大学；从两江师范学堂的"嚼得菜根，做得大事"谈到如今江南大学的"笃学尚行，止于至善"。学校百余年的发展变迁也是我们国家的历史缩影，寄寓着民族对救亡图存、改革图强的深深希冀。

颁奖现场

访谈活动现场

2018年11月13日下午,"路通往何方"主题座谈会在生工楼重啤厅举行。诸葛健教授以"干一行,爱一行,精一行"为主题做分享。诸葛健老师和同学们分享了他与"甘油"的科研故事,由此告诉同学们,人生必然不是规划出来的,而是实践出来的,在特定的时期做自己应该做的事,不要好高骛远,一步一个脚印踏踏实实走下去,就会有所收获。

座谈会现场

（五）用科学去启迪未来

公众科学日活动

11月14～17日,为喜迎江南大学建校60周年华诞,江南大学生物工程学院、粮食发酵工艺与技术国家工程实验室举办了四场主题为"从生命科学到生物制造"的公众科学日,分别接待了来自江南大学低年级本科生、金桥小学、吴桥小学、稻香小学、育红小学等通过开放渠道预约报名参加的小学生和家长朋友共计200余人。

活动充分利用一流学科雄厚的师资力量和完备的科研设施，通过科普讲座、参观中试车间和酒博物馆、动手参与创意小实验、科学梦想绘五个环节，向参加活动的同学普及微生物知识、展示生物工程学科最新科研成果，带领他们走进神奇的微生物世界，体验微生物的奥秘与乐趣。

生物工程学院将秉承"善于实践、勇于创新"的发酵精神,"精益求精、创新谋变"的工匠气质,"兼容并包、务本求真"的文化品格,成为"笃学尚行,止于至善"一以贯之的精神内核,再接再厉,书写新时代的发酵故事,绘就生工人醉美画卷!

附录一　历届党政班子成员名单

届别	姓名	职务	任职时间
第一届	伦世仪	无锡轻工业学院发酵工程系主任	1984.01—1989.01
	曹建纲	无锡轻工业学院发酵工程系党总支副书记	1984.01—1989.01
	徐文琦	无锡轻工业学院发酵工程系党总支副书记	1984.01—1989.04
	张仲甫	无锡轻工业学院发酵工程系副主任	1984.01—1986.01
	邬显章	无锡轻工业学院发酵工程系副主任	1984.01—1989.01
	赵光鳌	无锡轻工业学院发酵工程系副主任	1986.01—1989.03
第二届	章克昌	无锡轻工业学院发酵工程系主任 无锡轻工业学院生物工程系主任 无锡轻工大学生物工程学院院长	1989.01—1996.10
	陈国新	无锡轻工业学院发酵工程系党总支书记 无锡轻工业学院生物工程系党总支书记 无锡轻工大学生物工程学院党总支书记	1989.01—1997.01
	徐文琦	无锡轻工业学院发酵工程系党总支副书记	1984.01—1989.04
	路桂荣	无锡轻工业学院发酵工程系党总支副书记 无锡轻工业学院生物工程系党总支副书记 无锡轻工大学生物工程学院党总支副书记	1992.01—1997.01
	赵光鳌	无锡轻工业学院发酵工程系副主任 无锡轻工业学院生物工程系副主任 无锡轻工大学生物工程学院副院长	1991.09—1996.10
	陶文沂	无锡轻工业学院发酵工程系副主任	1989.03—1993.12
	徐文琦	无锡轻工业学院发酵工程系副主任	1989.03—1993.12
	陈坚	无锡轻工业学院发酵工程系副主任 无锡轻工业学院生物工程系副主任 无锡轻工大学生物工程学院副院长	1993.02—1999.08
第三届	赵光鳌	无锡轻工大学生物工程学院院长	1996.10—1999.08

续表

届别	姓名	职务	任职时间
第三届	陈国新	无锡轻工业学院发酵工程系党总支书记 无锡轻工业学院生物工程系党总支书记 无锡轻工大学生物工程学院党总支书记	1989.01—1997.01
	路桂荣	无锡轻工业学院生物工程系党总支副书记 无锡轻工大学生物工程学院党总支副书记	1992.01—1997.01
	邱建平	无锡轻工大学生物工程学院党总支副书记 江南大学生物工程学院党总支副书记	1997.01—2002.11
	陈坚	无锡轻工业学院发酵工程系副主任 无锡轻工业学院生物工程系副主任 无锡轻工大学生物工程学院副院长	1993.02—1999.08
	毛忠贵	无锡轻工大学生物工程学院副院长	1996.10—2001.04
	徐岩	无锡轻工大学生物工程学院副院长 江南大学生物工程学院副院长	1998.08—2002.01
第四届	陈坚	无锡轻工大学生物工程学院院长 江南大学生物工程学院院长	1999.08—2002.01
	林炳贤	无锡轻工大学生物工程学院党总支书记 江南大学生物工程学院党总支书记	1997.01—2005.01
	邱建平	无锡轻工大学生物工程学院党总支副书记 江南大学生物工程学院党总支副书记	1997.01—2002.7
	毛忠贵	无锡轻工大学生物工程学院副院长	1996.10—2001.05
	徐岩	无锡轻工大学生物工程学院副院长 江南大学生物工程学院副院长	1998.08—2002.01
	石贵阳	无锡轻工大学生物工程学院副院长	2001.01—2005.03
第五届	徐岩	江南大学生物工程学院院长	2002.01—2007.12
	林炳贤	无锡轻工大学生物工程学院党总支书记 江南大学生物工程学院党总支书记	1997.01—2005.01
	戴月波	江南大学生物工程学院党委书记	2005.01—2010.12
	荆燕	江南大学生物工程学院党委副书记	2002.11—2007.03
	詹鲁	江南大学生物工程学院党委副书记	2007.03—2011.01

续表

届别	姓名	职务	任职时间
第五届	石贵阳	无锡轻工大学生物工程学院副院长 江南大学生物工程学院副院长	2001.01—2005.03
	陆健	江南大学生物工程学院副院长	2003.11—2007.12
	堵国成	江南大学生物工程学院副院长	2005.03—2007.12
	李华钟	江南大学生物工程学院副院长	2003.11—2005.01
	张影陆	江南大学生物工程学院副院长	2005.03—2009.03
第六届	堵国成	江南大学生物工程学院院长	2007.12—2016.12
	戴月波	江南大学生物工程学院党委书记	2005.01—2010.12
	高雪梅	江南大学生物工程学院党委书记	2010.12—2014.11
	黄壮霞	江南大学生物工程学院党委书记	2014.11—2020.01
	詹鲁	江南大学生物工程学院党委副书记	2007.03—2011.01
	黄敏	江南大学生物工程学院党委副书记	2011.01—2012.07
	王珏	江南大学生物工程学院党委副书记	2012.07—2017.09
	石贵阳	江南大学生物工程学院副院长	2008.01—2010.05
	饶志明	江南大学生物工程学院副院长	2008.01—2014.02
	李崎	江南大学生物工程学院副院长	2009.05—2017.03
	周哲敏	江南大学生物工程学院副院长	2011.01—2017.03
	尹健	江南大学生物工程学院副院长	2014.02—2020.01

续表

届别	姓名	职务	任职时间
	许正宏	江南大学生物工程学院院长	2016.12—2020.01
	黄壮霞	江南大学生物工程学院党委书记	2014.11—2020.01
	王维	江南大学生物工程学院党委书记	2020.01—至今
	王珏	江南大学生物工程学院党委副书记	2012.07—2017.09
	陈勇	江南大学生物工程学院党委副书记	2017.09—2020.06
	周云龙	江南大学生物工程学院党委副书记	2020.06—至今
第七届	饶志明	江南大学生物工程学院副院长	2017.03—2020.06
	刘龙	江南大学生物工程学院副院长	2017.04—2020.01
	尹健	江南大学生物工程学院副院长	2014.02—2019.05
	陈献忠	江南大学生物工程学院副院长	2019.09—至今
	聂尧	江南大学生物工程学院副院长	2020.06—至今
	刘延峰	江南大学生物工程学院副院长	2020.06—至今
	丁重阳	江南大学生物工程学院副院长	2020.06—至今

历届院长（系主任）

伦世仪

赵光鳌

章克昌

陈坚

徐岩

堵国成

许正宏

附录二　生物工程学院历年教授名录

朱宝镛　檀耀辉　王鸿祺　伦世仪　章克昌　邬显章　金其荣　诸葛健　顾国贤　陶文沂

吴佩琮　赵光鳌　全文海　王　武　陈　坚　毛忠贵　王正祥　张星元　孙志浩　李炜疆

邵蔚蓝　赵健国　周　青　金　坚　徐　岩　李华钟　张伟国　史仲平　堵国成　廖祥儒

许赣荣　詹晓北　余晓斌　石贵阳　田亚平　华兆哲　吴　敬　李　崎　陆　健　许正宏

王小元　饶志明　郑　璞　周哲敏　诸葛斌　倪　晔　刘立明　蒋伶活　高晓冬　中西秀树

尹　健　白仲虎　李　强　范文来　张震宇　李江华　聂　尧　蔡宇杰　喻晓蔚　张　梁

吴志猛　藤田盛久　唐　蕾　刘　龙　周景文　邓　禹　许　菲　丁重阳　周楠迪　杨海麟

张荣珍　饶义剑　王　栋　陈献忠　吴　群　康　振　陆震鸣　夏小乐　方　芳　孙付保

张　娟　史　锋　陈　昇　刘延峰　张建华

附录三　生物工程学院大事记

1950—1965年

1950年

1950年9月22日，南京大学（原中央大学）校务委员会第二十五次会议决定将农学院的农业化学系分设为土壤系及食品工业系，系下面设置发酵、制糖等4个组。

1952年

1952年，全国高等学校院系调整，南京大学（原中央大学）食品工业系、浙江大学农化系、停办的江南大学食品工业系和武汉大学、复旦大学等校有关系科的部分师生合并至南京工学院，成立食品工业系，荟萃了当时全国发酵等学科领域中享有盛誉的一批专家、学者。诸如酿造专家朱宝镛教授等。

1952年，建立了中华人民共和国第一个发酵工学专业。朱宝镛任发酵教研组主任。专业建立后，开展了以学习苏联高等教育经验为中心内容的教学改革。实行了专业教育，着手制订出专业教学计划，开出了专业基础技术课及专业课，加强了基础理论和工程技术基础课程，增加了课程设计、生产实习、毕业设计等教学环节，建立起比较完整的课程体系，基本上扭转了理论脱离实际、教学脱离生产的旧学风，使毕业生质量有了显著提高。1956年根据新制定的教学计划培养出了第一批毕业生。

1956年

1956年夏，为适应国民经济发展的需要，江苏省人民委员会开始酝酿筹建食品工业学院。先在南京工学院食品工业系成立建院小组，进行大量的资料收集工作，并拟定了建院规划草案，旨在1958年创建食品工业学院。

1958年

1958年8月18日，根据江苏省人民委员会指示，南京工学院食品工业系东迁无锡市，在社桥原华东艺专旧址扩建成院，归属省人民委员会领导，命名为无锡食品工学院，后改成无锡轻工业学院。开设发酵剂制造工学等专业。

1958年11月17日，学校迁至无锡后正式上课，并定为校庆日。

1958年，在保证完成教学任务的前提下，积极开展科学研究。在建院初期，就明确了科学研究的目的性。科学研究的选题中，为解决当前国民经济重大问题的课题占80%左右。学生的结业作业在保证完成教学要求的前提下，也参加了科学研究工作。与工厂协作，设计试验成平板膜式蒸馏塔、简易小型丙酮丁醇生产工艺和设备的研究，师生亲自动手协助工厂进行安装试车工作，取得了显著成绩，受到了有关部门的普遍重视。1960年经中央化学工业部和轻工业部在无锡锡新溶剂厂组织了现场会议，加以介绍和推广。

1958年，发酵专业先后建立了微生物实验室、生物化学和发酵分析实验室，引进了电子显微镜等多种现代化实验设备。

1958年底，发酵教研组王鸿祺副教授带领师生完成科研项目"平板膜式蒸馏塔的设计与应用"，为国家扩大酒精生产创造了有利条件，同时受到当时苏联访华专家的好评，并在全国20多个省、市推广。

1959年

1959年2月17日，江苏省人民委员会任命朱宝镛为无锡轻工业学院副院长。

1959年8月，江苏省教育厅同意我校各专业（造纸专修科除外）为五年制。

1959年10月10日，江苏省轻工业厅同意在无锡轻工业学院暂设"发酵工业学"专业的老干部特别培训班。

1960年

1960年6月1日，全国文卫教群英会在北京开幕，发酵教研组王鸿祺副教授作为代表赴北京参会，获得全国先进工作者荣誉称号。

1960年上半年，首次在发酵、粮工、油脂专业中招收研究生4名。袁身淑为发酵工业专业培养的首位研究生。

1960年以后，主要结合研究生培养，开展科学研究。筹建了发酵等三个科研室，配备一定的专职科研人员。檀耀辉讲师为发酵科研室主任。

1961年

1961年，发酵科研室负责轻工部所属高校发酵专业教材的主持编写任务。主编出版了《生物化学》《酿酒工艺学》《酒精工艺学》《工业发酵》《发酵生产设备》《微生物学》《发酵工业分析》7种高等工业学校试用教材（后两种以北京轻工业学院发酵工业专业为主要撰稿单位）。

1962年

1962年12月，经教育部批准，无锡轻工业学院划归轻工业部领导，从1963年起，校经费预算转交轻工业部。

1963年

1963年5月21日，教育部、轻工业部同意我校的规划调整意见，即，无锡轻工业学院发展规模为1500~2000人，设置发酵工学等7个专业，除日用品美术设计专业年限为四年外，其余专业均五年。

1963年6月，大兴调查研究之风，组织校内外力量，对历届毕业生情况进行调查。在此基础上，成立教改试点小组，并在发酵专业酵651班、652班进行教改试验。

1958—1963年，在科学研究方面，学校正式建立了科研室，承担了国家科研长远计划中的10多个项目，并在计划的第一年里，发酵科研室已在菌种选育及发酵生产设备研究等方面，取得了初步成绩：如选出了适宜于碱法纸浆黑液生产的GN-103菌种，酒精生产用糖化力高的黑曲菌和细菌淀粉酶等。

1963年，承担了为国家培养研究生的光荣任务后，发酵专业第一个研究生期满结业。1960—1965年，招收了五届三个专业（发酵工程，粮食加工，油脂工程）共14名研究生：袁身淑、詹福慧、朱正福、李永本、沈德炎、马振华、徐生庚、周渭熊、贺家明、邵绵云、张书圣、张鑫洪、顾志行、丁福其。

1966—1971年

1966年,"文化大革命"爆发,停止招生达6年。发酵教研组、发酵科研室的正常教学科研秩序陷入瘫痪状态。

1972年

1972年,恢复招生,从工农兵和上山下乡知青中招收学生。

1972年,恢复化学工程系建制,工业发酵专业由食工系并入化工系。

1977年

1977年,国家恢复了统一招生考试制度,学校教学科研恢复正常。

1978年

1978年,工业发酵专业诸葛健、徐呈祥、金岑南、蒋征麟等完成的"耐高渗压酵母发酵法生产甘油的研究"获江苏省科学大会奖。

1978年,发酵教研组和发酵厂被评为省科技先进集体。

1978年1月,中共江苏省批复:朱宝镛任院革委会顾问。

1978年3月,恢复高考制度后的第一届新生(77级)正式开学。

1978年3月,在全国科学大会上,邬显章教授主持的"1398枯草杆菌蛋白酶活性提高"和"辅酶A直接发酵法生产"均获得1978国家科学大会奖,邬显章作为代表参会。

1979年

1979年7月20日,轻工业部决定:朱宝镛教授为无锡轻工业学院副院长。

1979年8月，工业发酵专业又划归食品工程系。

1979年9月26日，朱宝镛教授当选为院学术委员会副主任委员。

1980年

1980年5月3日，酵771班等12个班级被评为院"先进集体"。

1980年，发酵工程专业开始接受2名外国留学生（本科），来自肯尼亚，分别为木松古、吉龙作，2人于1987年7月毕业。

1981年

1981年，朱宝镛任国务院学位委员会第一届（工学）学科评议组成员（轻纺组召集人）。

1981年5月4日，学校表彰了在"创三好"活动中取得优异成绩的先进班级酵771班等14个先进班级、三好学生219名，优秀干部79名。

1981年11月3日，国务院学位委员会批准我校为第一批硕士学位授予单位，工业发酵专业等5个专业有硕士学位授予权。

1982年

1982年，发酵工程专业接收朝鲜进修生李泰俊（1985—1986学年）首届外国进修生。

1982年3月8日至4月8日，朱宝镛教授参加法国"啤酒与非酒精饮料座谈会"，并考察了酿酒、饮料生产。

1982年12月3日，校学位评定委员会成立，朱宝镛教授任主席。

1983年

1983年，我校共承担了10个国家"六五"科技攻关项目，发酵科研室承担了"生物反应器的研究"（王鸿祺）、"α-淀粉酶高产菌株的选育及中间试验"（邬显章）等2项。

1983年，发酵教师赵玉莲被评为"轻工业部科技先进个人"。

1983年1月4日，扬州市人民政府同意我院在扬州筹建发酵专业函授站。

1983年10月22日，轻工业部关于利用世界银行第二个大学贷款备选通知，要求成立贷款领导小组和食品工程和发酵工程两个重点项目起草小组及外资办公室，并立即着手开展工作。

1984年

1984年，根据科研工作发展需要，筹建和恢复了发酵等4个科研室。

1984年2月，以食工系发酵专业为基础独立建系。下设工业微生物教研室、生物化学教研室、发酵工艺教研室、发酵工程与设备教研室，另有发酵工程科学研究室以及发酵中间试验工厂一座。首届系主任伦世仪，副主任张仲甫、邬显章。

1984年9月，教育部批准我院利用世界银行无息贷款300万美元，用于改善发酵、食品两个学科的教学设备条件及图书资料。

1985年

1985年1月，经江苏省招生办公室批准，发酵工程等为江苏省第一批录取新生的专业。

1985年2月26日，经国务院学位委员会第六次会议审议，伦世仪教授为国务院学位委员会第二届学科评议组成员和轻纺学科召集人。

1985年3月5日，我院在食品学科首批录取三名博士研究生，其中两名为我院应届硕士学位毕业生，一名为天津轻工业学院应届毕业硕士学位毕业生。3月15日，第一批博士研究生陶文沂、李强军、葛世军正式报到攻读博士学位。

1985年3月20日，经学校研究决定，成立发酵科学与工程科研室。

1985年5月20日，华静娟院长主持授聘仪式，聘美国普渡大学教授曹祖宁为我校发酵系名誉教授。

1985年6月5日，国家科委中国生物工程开发中心委托轻工业部于5～6日，在江苏省海安酒厂就发酵工程系王鸿祺教授承担的国家"六五"科技攻关项目"生物反应器的研究"召开了技术鉴定会，专家们认为，该反应器具有良好的氧传递性能，在饲料酵母的中试生产中具有相当高的生产强度，各项技术指标已达到合同要求，一致通过鉴定。

1985年9月10日，我校举行师生员工大会，热烈庆祝首届教师节。表彰了一批优秀教育工作者，并为三十年教龄的教工颁发了轻工业部授予的荣誉证书。

1985年10月，发酵工程系邬显章教授和中国科学院微生物研究所、无锡酶制剂厂共同研制的"黑曲糖化酶酶活的提高及其在工业上的应用"获得国家科技进步一等奖。

1985年11月，我校在扬州设立函授站，首届函授生（发酵、食品专业）于11月开学上课。

1985年12月30日，轻工业部批文同意聘请日本北海道大学农化系应用菌学教研室主任高尾彰一为我院发酵系名誉教授。

1986年

1986年7月28日，经国务院学位委员会批准，发酵工程系工业发酵学科（专业）具有博士学位授予权。

1987年

1987年4月8日，国务院学位委员会批准我院发酵工程系工业发酵学科（专业）为在职人员硕士学位授予试点单位。在职人员可通过自己的工作实践和自学钻研，在教学、科研或专门技术中做出了成绩，提高了业务与学术水平之后，能按规定申请相应学位。

1987年11月9日，由无锡轻工业学院牵头，上海交通大学、华东化工学院、山东大学、南京农业大学、江苏农业学院、天津轻工业学院、天津商学院等参加筹备的首届全国发酵工业（生物化工）学科教学研讨会在我院隆重召开。国家教委、国务院各部委和10多个省市所属的37所高校50名代表与会。会议着重探讨如何根据各自属性和学科群体优势，进一步搞好发酵工程（生物化工）学科建设，相互交流本科培养方案和近年来教改新经验。代表们认为，这是本学科在不同属性、各具特色高校中全国性横向信息和经验交流，必将对未来学科建设产生积极影响。会议推荐无锡轻工业学院为下次研讨会的召集单位，在适当的时候继续开展活动。会前，到会代表还参加了无锡轻工业学院与日本东京大学、京都大学、大阪大学、九州大学、北海道大学等校联合举办的"应用菌学"及"发酵工程学"科学报告会。

1987年12月，第一届全国发酵工程学术讨论会在我院举行，中国、瑞士等国近180名专家学者参加研讨。

1988年

1988年6月，我院经国家教委和轻工业部批准的民办银行第二个大学贷款项目第三标，于6月7日在北京答辩结束，共通过47个项目，总价130万美元。这是从1983年开始接受300万美元世界银行贷款之后的最后一次招标。院内大部分系科，如食工系、发酵系、粮油系、化工系、机械系、自动化系、基础课部和计算机中心、分析测试中心、电教中心和图书馆等均可增添一批高级精密仪器，受益面较大。

1988年7月22日，国家教委以（政）教研字019号文正式下达高等学校重点学科名单，我院工业发酵被确定为国家重点学科点，将承担教学、科研双重任务并逐步做到能够自主地、持续地培养和国际水平大体相当的博士、硕士、学士；能够接收国内外学术骨干人员进行深造，进行较高水平的科学研究；能够解决"四化"建设中重要的科学技术问题、理论问题和实际问题；能为国家重大决策提供科学依据，为开拓新的学术领域，促进学科发展做出较大贡献。

1988年9月30日，江苏省教委批准我院发酵学科评审教授任职资格。

1988年12月15日，我国历史上第一次食品工程博士学位论文答辩会在我院留学生楼举行。无锡轻工学院首届博士研究生陶文沂、葛世军在答辩会上从容地宣读了他们三年来进行科学研究的成果，这次答辩会的举行，标志着我国自己培养食品工程学科博士的工作已取得突破性进展。

1989年

1989年，开始进行按大类培养试点。在发酵工程系试行根据各自培养目标来确定知识和能力结构。即在第一阶段，按统一规格培养，主要以基础课为主，打好共同基础，以保证培养人才的基本素质。在第二学年末起引进竞争机制，根据综合测评情况，结合人才需求和个人条件进行中期筛选，指导分流，实行优生优培，使学生在比较了解专业的基础上进行二次选择，同时学校已有了能根据市场信息及时调整各专业方向的培养人数。在第二阶段再利用不同知识模块组合，抓人才特色，努力把计划性和适应性统一起来，借以加强基础，拓宽专业面，增强适应性和转移工作领域的能力，培养合格加特色的人才。

1989年，美国、日本三所大学共计五名教授，为我院发酵工程系建成"菌种保藏中心"。该中心的建成，对于开拓新的学术领域，促进学科发展具有十分重要的意义。

1989年11月2日，第四届全国发明展览会召开，发酵工程系副教授吴佩琮主持的"食用酒精蒸馏技术"获铜牌。

1990年

1990年2月，发酵工程系副教授尹象胜荣获"霍英东教育基金会"青年教师级金奖（科研类），获资助1.43万美元；副教授王武荣获"霍英东基金奖"高校青年教师奖（教学类），获奖金1000美元。

1990年4月，无锡轻工业学院发酵工程系教授，中国共产党党员，中国民主同盟盟员，无锡市政协第六、第七届委员，轻工业部发酵专业教材编审委员会副主任，中国酿造学会常务理事，中国微生物学会理事，著名的工业微生物专家檀耀辉同志因病医治无效，于1990年4月24日不幸逝世，享年75岁。

1990年5月22日，由无锡轻工业学院主持召开的"高等食品、发酵工程教育发展战略小型研讨会"在轻院举行。会议主题是：一、关于食品工业的发展趋势及其对高等工程教育的影响；二、我国高等食品工程教育的现状及其发展战略设想。到会者有天津轻工业学院、郑州粮食学院、北京农业大学、南京农业大学、江苏农学院、上海轻工业专科学校、浙江工学院及上海酒精二厂等兄弟院校和企业的专家学者10人，本校发酵等方面的教授12人。

1990年9月27日，国家教委副主任朱开轩，科技司司长张酉水等专程来我校，在校党政领导的陪同下，视察了发酵系的有关实验室。

1990年11月8日，轻工业部教育质量评估专家组对我校发酵工程专业进行实地评估。主要目的是在扩大高等学校办学自主权的条件下，加强国家对高等教育的宏观指导和管理，建立学校主动适应社会需要的机制，不断提高高等学校的办学水平和教育质量，更好地为社会主义建设服务。这次轻工业部对部属发酵工程专业本科教育质量的评估是在自测自评工作基础上进行，对提高学校人才培养质量，推动教学改革，探索我国轻工高等工程教育评估的方法，具有十分重要的意义。轻工业部教育司同意专家组实地考察时给予我校发酵工程专业充分的肯定和提出评价意见。

1990年,发酵工程系青年副教授尹象胜,获准参加英国酿酒学会成立百年而设的"百年研究会"成员,并以研究学者身份赴英进修研究。7月,尹象胜的研究课题"大麦胚中β-葡聚糖可溶性酶的定性"取得成果,获英国酿酒学会主席颁发的"世纪奖"奖杯。英国FERMENT杂志第三卷第4、5两期上报道了研究获奖的消息。

1990年,"L-苏氨酸的发酵法生产"获1990年国家专利。专利号:85104604;发明人:檀耀辉教授,张炳荣讲师。

1990年,发酵工程系承担的8项"七五"国家科技攻关项目,占无锡轻工业学院承担的半数。其中1项为国际首创,1项为国际领先,2项为国际先进,2项为国内首创,1项填补国内空白,1项为国内先进。

用于高黏度培养物的生物反应器—王鸿祺教授—国际先进。

石灰法稻草浆浓黑液沼气发酵—陆炎培副教授—国际先进。

酒精废液生产单细胞蛋白(第一部分、第二部分)—伦世仪教授、谷文英副教授—国际领先、国际首创。

薯类原料生产酒精节能糟液分离及糟液综合利用—章克昌教授—国内首创。

发酵法生产甘油—诸葛健副教授—国内首创。

苏氨酸菌种选育及小试、产品分离提取机中试—檀耀辉教授、张炳荣讲师—填补国内空白。

碱性脂肪酶菌种选育—邬显章教授—国内先进。

1991年

1991年,霍英东教育基金会第二届高校青年教师授奖仪式在北京举行,全国12名获奖的青年教师受到了国家主席杨尚昆的亲切接见。我院发酵系青年教师尹象胜获此殊荣。

1991年6月29日,国家人事部,全国博士后管理委员会人专发(1991)11号文批准无锡轻工业学院新设轻工学科博士后流动站。设站学科包含发酵工程等三个专业。同年年底,经全国博士后管理委员会批准,已录取一名博士后研究人员进站工作。博士后制度是为适应我国科技、教育、经济发展需要，吸引国内外年轻博士从事高层次科学研究的一种制度，始于1985年。这次经全国博士后管理委员会第十二次全体会议批准，确定在全国91所高等学校和科研机构中新增设博士后流动站117个。设站学科扩大至理、工、农、医、法学等五大门类，这对于促进学术交流和高水平人才的培养及争取留学博士回国等工作都将起到积极作用。

1990年9月28日，国家人事部遵照1991年9月12日中央政治局常务委员会议的决定精神，发文［人专（1991）12号］首批批准国务院学位委员会轻纺学科评议组成员召集人、发酵系博士生导师伦世仪教授，本校中央研究设计所所长、发酵系邬显章教授为自然科学方面做出突出贡献的专家，享受1991年政府特殊津贴，并由国务院向他们颁发《政府特殊津贴证书》。

1991年10月16日，我校举行授予日本岐阜大学崛津浩章为我院名誉教授仪式。

1992年

1992年4月，在日本横滨举行第二届"亚太地区生化工程会议"。发酵工程系青年教师陈坚（全国有9名代表参加）撰写的论文选入《二十一世纪的生化工程》论文集。

1992年7月，经国务院学位委员会第十次会议批准，发酵科学与工程系伦世仪教授被国务院学位委员会聘为国务院学位委员会第三届学科评议组成员。

1992年，经国务院学位委员会第十次会议批准、国务院学位委员会第三届学科评议组已组成，发酵系伦世仪教授被聘为学科评议组成员并为轻工、纺织学科评议组召集人，陈坚博士为该学科评议组秘书，国务院学位委员会分别给他们发了聘书。

1992年12月15日，我校1990—1992年优秀教学成果奖评选，在15日召开的院优秀教学成果奖评审委员会会议上，共评出一等奖6项，二等奖11项，三年奖14项。发酵系微生物组的"加强实践环节，建设应用'微生物学'"项目获得一等奖。

1993年

1993年，发酵系"微生物学"课程建设荣获江苏省第三届优秀教学成果一等奖。

1993年4月29日，无锡轻工业学院向轻工业部报送了"关于申请进入国家'211工程'计划的请示"。

1993年10月1日,党委书记承欣茂、院长丁霄霖带领学生在国旗面前庄严宣誓:"永远热爱祖国,成为四有新人"。之后,升旗仪式作为轻院一项制度,每日早上6:20实施。发酵工程系酿专932班参加了升旗仪式。

1993年11月15日,发酵工程学科建设和奖励基金举行首次颁奖大会。院党政领导承欣茂、丁霄霖、郭锡钧,老院长陈德钧,发酵界老前辈朱宝镛先生以及基金代表亲自为学生颁奖。

1993年12月1日,轻工学科博士后流动站第一位博士后焦庆才,圆满完成预定的研究课程,并通过专家评议组的评估与考核。

1994年

1994年3月21日,国际啤酒酿造技术讨论会在无锡轻工业学院召开。来自加拿大、英国、美国、日本和中国酿造业的120位企业家、教授、专家济济一堂,共同交流和研讨啤酒、大麦、麦芽制造和啤酒酿造的新思想、新技术。会上共交流论文50余篇,其中外国专家、教授提交论文30多篇。

1994年4月4日,发酵工程系章克昌教授主持的江苏省科委项目"运动发酵、单胞菌颗粒化及其酒精连续发酵研究",通过江苏省科委组织的技术鉴定。专家们认为,采用运动发酵单胞菌无载体颗粒化技术用于酒精连续发酵,达到国际先进水平。

1994年9月24日,无锡轻工业学院与青岛啤酒有限公司联合研究所成立,并在校庆期间举行揭牌仪式。这是无锡轻工业学院首次与大型企业建立的科研合作基地。

1994年12月5日,英国James Vickers公司国际开发部主任到无锡轻工业学院讲解示范啤酒、葡萄酒澄清剂应用,并与生物工程系领导、有关老师进行交流、讨论。该公司表示愿与生物工程系建立进一步的双向合作关系。

1995年

1995年1月4日,无锡轻工业学院第八次党代会召开,会议确定无锡轻工业学院争进"211工程"和建校50周年的奋斗目标。

1995年2月4日,无锡轻工业学院原副院长,我国著名发酵教育专家,国务院学位委员会首届(工科)学科评议组成员、轻纺组召集人朱宝镛逝世,享年89岁。

1995年2月16日，国家教委[教计（95）19号文]批准"无锡轻工业学院"更名为"无锡轻工大学"，3月18日，正式启用"无锡轻工大学"新校名。

1995年4月21日，生物工程系邬显章教授主持的"八五"科技攻关项目"碱性脂肪酶"，在江苏丹凤集团公司（项目协作单位）通过国家级鉴定。该项成果达到国内领先和国际先进水平，并填补了国内空白。

1995年6月1日，中共轻工总会党组轻党（1995）44号文批复：同意陶文沂任副校长。

1995年7月13日，经国务院批准，生物工程学院教授、博士生导师、国务院学位委员会工科评议组轻纺学组召集人伦世仪为中国工程院院士（农业、轻纺与环境工程学研部）。

1995年11月20日，生物工程学院成立。无锡轻工大学召开中层干部扩大会议，隆重举行院系机构授牌仪式，校长丁霄霖、党委书记承欣茂分别宣布新成立的院、系、部机构设置及相应的中层领导干部任免名单。

1995年11月23日，中国轻工总会与江苏省人民政府、无锡市人民政府共建无锡轻工大学签字仪式暨无锡轻工大学揭牌庆典在无锡轻工大学隆重举行。

1995年12月25日，第3届全国普通高校轻工类优秀教材评选在无锡轻工大学举行。生物工程学院主编的《微生物学》教材被评为一等奖，伦世仪教授主编的《生化工程》被评为二等奖。

1995年，生物工程学院开始对原有发酵工程本科人才培养计划进行修改工作，承担原中国轻工总会《面向21世纪高等工程教育教学内容和课程体系改革计划》中"发酵工程专业本科人才培养模式的探讨与实践"课题。

1996年

1996年3月30日，生物工程学院发酵甘油研究中心发明的"好氧发酵法生产甘油"项目，在国家专利局和国内贸易部主办的"中国专利技术博览会"上获金奖。

1996年4月15日，无锡轻大与韩国仁荷大学联合举行"中韩无锡—仁荷生物技术双边学术研讨会"。签订了"中国无锡轻工大学生物工程学院—韩国仁荷大学生物工程系科技合作与交流协议书"，为两校间广泛合作与交流打下了良好基础。

1997年

1997年，教改项目"实施产学研合作专项教育，培养工程应用型人才"立项随着国家教委进行本科专业调整工作的不断进行，在中国轻工总会教学指导委员会的指导、帮助下，将发酵工程专业本科培养计划更新为生物工程专业的培养方案。

1997年，《光明日报》《中国教育报》公布了霍英东教育基金会第六届高等院校青年教师基金及青年教师奖获奖名单，无锡轻工大学生物工程学院陈坚教授、石贵阳副教授分别获青年教师基金和青年教师奖（教学类）三等奖。

1997年2月4日，生物工程学院"发酵工程"学科被新增为部级重点学科点（同时为国家重点学科点）。中国轻工总会对重点学科建设在资金投入上予以重点保证。

1997年5月18日，副校长王武率生物工程学院和食品学院的7位教授、学者，应邀赴韩国仁荷大学参加第三届仁荷—无锡生物技术双边研讨会。期间，代表团参观了韩国生物技术与技术研究所、韩国CASS啤酒厂、韩国发酵罐生产公司等。

1997年5月20日，国务院学位委员会通知，生物工程学院伦世仪院士被聘为国务院学位委员会第四届学科评议组"纺织、轻工"学科评议组成员、评议组召集人。

1997年6月10日，日本酿造协会会长，著名的酿造专家秋山裕一博士应邀来无锡轻工大学访问，并受聘为无锡轻工大学生物工程学院名誉教授。

1997年9月1日，生物工程学院博士生导师章克昌教授为首的科研成果"酒精浓醪发酵"新技术，以一次性转让费400万元，转让给黑龙江省华润金玉实业有限公司。据当时预测，该技术使用后，公司年效益可增加近亿元。

1997年9月25日，中国轻工总会下达关于《无锡轻工大学"211工程"建设项目可行性研究报告》的批复，同意无锡轻工大学作为"211工程"项目学校，在"九五"期间进行建设。

1997年11月8日，原日本北海道大学教授，无锡轻工大学名誉教授高尾彰一博士专程到校参加高尾彰一奖学金颁奖大会，并做学术报告。

1997年11月17日，由无锡轻工大学与日本酿酒工业协会、中国酿造工业协会联合举办的"第三届国际酒文化学术研讨会"在无锡轻工大学召开。包括中、日、新加坡的酿造界专家、学者以及各大名酒集团的企业家100余人参加。大会共收到论文70余篇，涉及黄酒、清酒、白酒、葡萄酒、啤酒等各大酒种，以及酿造史、饮酒文化和酿造技术等。

1998年

1998年,教改项目"实施产学研合作专项教育,培养工程应用型人才"作为教育部产学研合作教育"九五"试点,正式进入教育部"21世纪的中国高等教育"研究项目,通过几年来的教学实践,取得了良好的教学成果。

1998年4月20日,生物工程学院与加拿大先锋工业公司、美国赫里瓦特大学联合举办啤酒的稳定性培训班,参加学员近30人。

1998年5月8日,第三届中韩地区间生物技术研讨会在无锡轻工大学举行,来自中韩两国的40余名代表出席研讨会。研讨会主题是"通过大学间的合作,推动中韩两国生物技术的发展"。

1998年5月30日,无锡轻工大学生物工程学院和中国微生物学会联合主办的第二届全国发酵工程学术研讨会在无锡轻工大学召开,来自全国60个大专院校、科研单位的150位代表与会,共收到论文150篇。

1998年9月,无锡轻工大学受命于中国工业协会,成立中国发酵工业协会功能性低聚糖检测研究室(中心),作为行业的技术依托单位,承担全行业各种新品种功能性低聚糖的检测及其方法研究,参与新品种行业标准的制定,并提供校内外优质检测服务。

1999年

1999年,经国家人事部批准,生物工程学院教授陶文沂获"中青年有突出贡献专家"称号。

1999年3月5日,经教育部"长江学者奖励计划"专家评审委员会审定,同意无锡轻工大学在发酵工程学科设置特聘教授岗位。该计划由李嘉诚先生及其领导的长江基建(集团)有限公司投资设立。特聘教授享受由"长江学者奖励计划"提供的10万元年薪,无锡轻工大学同时还将配以充足的科研经费。

1999年4月,经国务院学位委员会专家组评审和人事部等批准,确认生物工程学院轻工技术与工程博士后科研流动站。

1999年5月26日,教育部朱传礼副司长一行4人到无锡轻工大学对"产学研合作教育'九五'试点工作"进行中期检查。在听取汇报后,参观了生物工程学院和无锡轻工大学产学研合作教育的合作试点单位之一——太湖水啤酒厂，并对产学研合作教育试点给予好评。

1999年8月18日，第四届中韩仁荷生物技术研讨会在韩国明知大学举行，无锡轻工大学校长陶文沂教授率团出席。期间，无锡轻工大学还与韩国仁荷大学签署了合作意向书。

1999年10月19日，举行无锡轻工大学与中国绍兴黄酒集团创建的产学研联合体"中国绍兴黄酒技术中心"揭牌仪式。

1999年11月1日，首届轻化工生物技术学术研讨会在无锡轻工大学举行，来自全国高校、科研院所和企业界代表90多人参加，共提交论文100多篇。

1999年12月，生物工程学院教授金其荣与安徽丰原生化集团公司合作发明的"一种柠檬酸或柠檬酸钠的制备方法"获世界知识产权组织和中国国家知识产权局共同颁发的中国专利金奖证书。

2000年

2000年，教改项目"实施产学研合作专项教育，培养工程应用型人才"获江苏省教学成果二等奖。

2000年1月24日，1999年度国家技术发明奖公布，生物工程学院发酵甘油中心教授诸葛健主持研究的"微生物好氧发酵法工业化生产丙三醇（甘油）"技术荣获二等奖（一等奖空缺），该项技术填补了国内空白。

2000年3月7日，生物工程学院与德国最大的膜分离公司——德国沙多利斯公司签约，共同成立科研服务中心。

2000年3月15日，经教育部科学技术委员会专家评审，生物工程学院陈坚教授入选教育部"跨世纪优秀人才培养计划"，获得30万元资助基金，这是国内最高层次的奖励基金之一。

2000年4月，生物工程学院李寅博士当选第8届"无锡市十大杰出青年"。

2000年5月，陈坚、毛忠贵等22位教师入选教育部首批"高等学校骨干教师资助计划"，每人获6万元经费资助。

2000年5月20日，生物工程学院董事会成立。由福建惠泉啤酒集团股份有限公司、江苏大富豪啤酒有限公司等27家企业、协会和个人组成。陶文沂校长任董事长。

2000年7月15日，无锡轻工大学生物工程等学科组成的博士团——团中央中国百支博士团第141分团，由无锡轻工大学领导带领，一行20人，历时10天，行程2000千米，先后考察了贵州畴隆、独山、镇宁三县，对改进薏米加工工艺和开发种植迷迭香两个项目，进行实地指导和可行性论证。并在镇宁县捐资"希望工程"，帮助10位失学儿童上学。

2000年8月17日，生物工程学院"工业生物技术"实验室被列为国家教育部重点实验室。

2000年12月28日，经国务院学位委员会第十八次会议批准，无锡轻工大学轻工技术与工程被批准为博士、硕士学位授权一级学科点。

2001年

2001年，生物工程学院发酵工程学科位列江苏省"十五"期间重点建设的首批11个重中之重建设学科。

2001年1月4日，经国家教育部"教发〔2001〕2号"文批准，原"无锡轻工大学""江南学院""无锡教育学院"合并组建"江南大学"。

2001年2月12日，经教育部优秀青年教师资助计划领导小组审定，生物工程学院徐岩副教授获得2000年度教育部优秀青年教师资助计划9万元的资助，获资助项目名称为：生物转化HMG-CoA还原酶抑制剂系统产品生产研究。

2001年2月12日，经教育部批准，陶文沂任江南大学校长；王武（正厅级）、娄国栋（兼）、姜中平、朱拓任江南大学副校长。

2001年3月20日，经教务会研究决定新的江南大学下设生物工程学院、食品学院、通信与控制工程学院、化学与材料工程学院、信息工程学院、网络教育学院、纺织服装学院、机械工程学院、商学院、师范学院、职业技术学院、继续教育学院等13个学院，社会科学系、建筑系、医学系、体育系、外语系、计算科学与信息传播系、中国语言文学系以及苏州化学电源研究所。

2001年4月12日，香港特别行政区政府内地事务探访团到我校参观访问。探访团成员与有关领导和生物工程学院领导进行了亲切友好的交谈,并参观了生物工程学院与测试中心。

2001年4月30日,生物工程学院诸葛健教授被评为江苏省1996—2000年度劳动模范。

2001年5月28日,我校研制的第五代灵芝系列产品——"富特灵牌灵芝菌丝体口服液"获得国家卫生部国产保健产品批准证书,成为我校第一个正式生产的保健食品。

2001年5月29日,在教育部第二届"高校青年教师奖"颁奖大会上,生物工程学院博士生导师陈坚教授获得优秀青年教师奖,连续5年每年将获得6万~10万元人民币的资助,以使其尽快在教学科研中取得成功。

2001年6月26日,2001年中国工程院院士候选人材料公布,生物工程学院博士生导师诸葛健教授名列其中。

2001年6月28日,教育部验收专家组莅临我校,对原无锡轻工大学"211工程""九五"期间建设项目进行了验收。一致同意我校"211工程""九五"期间建设项目全面完成,并建议进入二期建设。

2001年9月4日,生物工程学院赵光鳌教授被中国教育工会全国委员会授予"全国师德先进个人"称号。

2001年9月6日,生物工程学院陈坚教授被国家教育部授予"全国优秀教师"称号。

2001年10月,生物工程学院"一种新型蛋白聚糖类生物絮凝剂的代谢途径"和"嗜热菌乙醇发酵途径的分子生物学研究"获得国家自然科学基金的资助。全校仅获此2项。

2002年

2002年,生物工程学院召开首届教职工代表大会。

2002年2月,生物工程学院陈坚同志被中共江苏省委组织部、江苏省人事厅、江苏省科学技术协会联合授予第七届江苏省青年科技奖;顾国贤同志被江苏省委组织部、江苏省人事厅、江苏省科学技术协会联合授予第五届江苏省优秀科技工作者;许正宏同志被评为江苏省产学研先进个人。

2002年2月,教育部公布高等学校重点学科点名单,生物工程学院发酵工程继续榜上有名。

2002年3月，2001年江苏省科学进步奖揭晓，生物工程学院陈坚教授负责的"厌氧-好氧微生物反应器处理有机废水的研究与工业应用"项目获三等奖。

2002年9月，经专家评审，教育部、国家发展计划委员会共同研究决定，我校被批准建立"国家生命科学与技术人才培养基地"。这也是我校第一个国家级教学基地。

2002年9月30日，我校收到教育部"211工程"办公室《关于"十五""211工程"重点学科建设项目的批复意见》，原则上同意我校上报的"十五""211工程"重点学科建设项目，并就下一阶段的可行性研究报告论证和立项审核工作提出了三个方面的意见。

2002年10月，生物工程学院毛忠贵教授主编的《生物工业下游技术》获教育部2002年全国普通高等学校优秀教材二等奖。

2002年10月，我校"十五"期间"211工程"建设项目可行性报告顺利通过了教育部组织的专家组论证。

2002年11月8日，第三次全国发酵工程学术研讨会在我校举行。

2002年12月，经国家科技部和国家计委批准，发酵技术国家工程研究中心在生物工程学院（与安徽丰原集团有限公司等单位合作）设立，这是国家在相关领域重点建设的50个国家工程技术研究中心之一，也是江南大学首个国家级工程研究中心。

2003年

2003年，生物工程学院孙志浩教授、徐岩教授成功申请到国家"973"项目——"非水相不对称生物催化"，该课题是与清华大学、中国科学院等联合承担的"973"项目"生物催化和生物转化中关键问题的基础研究"的子课题。该课题的成功申报，标志着生物工程学院在国家重点基础研究发展计划（即"973计划"）申报中的一个巨大突破，是江南大学首次申请到的第一个"973"项目。

2003年，在上半年的防"非典"期间，生物工程学院生物制药研究室经过多日艰苦攻关，成功研制"防非典喷雾剂"，并发送2000支到国家教育部。

2003年，生物工程学院新增生物与生化药学硕士点、生物化学与分子生物学硕士点和环境工程博士点。

2003年3月，生物工程学院4项科研成果通过省部级鉴定。这四项科研成果是：孙志浩教授主持的"微生物酶法生产D-泛酸和D-泛醇"课题是"十五"国家重点科技攻关项目的一个子课题,该课题由教育部主持通过鉴定,达到国际领先水平。由陈坚教授主持的"硫酸粘杆菌发酵条件优化及工业化放大研究""透明质酸发酵条件优化及工业化放大研究"两个项目经过教育部鉴定,达到国际先进水平。由陶文沂教授主持的省科技厅项目"太湖蓝藻水华多肽类胰蛋白酶抑制剂的开发研究"经省科技厅鉴定,达到国内领先水平。

2003年3月9日,生物工程学院的教师参加了学校科技产业处科技服务部组织的"2003年宜兴市高新技术成果项目洽谈会",与宜兴的企业签订了相关合作意向。

2003年3月26日,无锡市人民政府、市科协对获2000—2001年度无锡市自然科学优秀学术论文的科技人员进行表彰,生物工程学院诸葛健、方惠英、王正祥老师撰写的《Glyceerol Production by A Novel Osmotolerant Yeast Candida Glycerinogenes》论文获得了特等奖。生物工程学院堵国成、陈坚;医学系邹敏辰、李江华撰写的两篇论文获一等奖。

2003年4月,生物工程学院诸葛健教授的"工业微生物育种技术"被评为江苏省优秀研究生课程;顾国贤教授被评为第六届江苏省优秀研究生导师;陈坚教授被评为第七届江苏省优秀研究生导师。

2003年6月,生物工程学院99(4)班在2003年硕士研究生考试中取得了突出的成绩,该班共有学生27人,13人考上硕士研究生,另有1人保送直接攻读硕士,使得该班的硕士研究生录取率达到52%,陶文沂校长在全校的毕业典礼上表扬了该班。

2003年8月,国家高技术研究发展计划("863计划")"十五"第三批项目评审工作于2003年7月结束,生物工程学院陈坚教授申请的"用于纺织工业清洁生产的高效生物催化剂的制备技术"被列入A类前沿探索研究类资助项目。

2003年9月,"国家生命科学与技术人才培养基地"开始招生。按照教育部和国家发展改革委员会对"国家生命科学与技术人才培养基地"要培养德、智、体全面发展、具有较强专业基础理论知识和实践技能的生物高新技术创新创业人才的要求,在学校领导下,挂靠国家级重点学科点——生物工程学院,以工业生物技术教育部重点实验室、发酵技术国家工程技术中心为依托,以培养生物高新技术创新创业的高层次人才为目标,根据生物工程本科专业个不同年级所处的课程不同,对不同年级以不同的方式进行了"基地"班的组建工作。

2003年9月30日,陈坚副校长赴北京参加由党中央批准,中央组织部、中央宣传部、中央统战部、人事部、教育部、科技部共同举办的"全国留学回国人员先进个人和先进工作单位"表彰大会，受到了胡锦涛总书记、温家宝总理等党和国家领导人的接见。

2003年10月22日，由生物工程学院徐岩教授、烟台张裕葡萄酒股份有限公司李记明博士等主持研究的国家"十五"重大科技及专项"农产品深加工技术与设备研究开发"中"苹果发酵酒攻关项目"鉴定会在张裕博物馆澧泉厅举行。中国酿酒工业协会理事长耿兆林等7人组成的鉴定委员会详细听取报告后，认为该研究在国内首建了苹果酒质量评价体系，首次筛选到了较适用于我国苹果酒苹果酸-乳酸发酵的L4乳酸菌株，填补了国内苹果酒生产工程技术研究和相关产品的研究空白。

2003年10月22日，由生物工程学院赵光鳌教授、烟台张裕葡萄酒股份有限公司李记明博士等主持的"张裕解百纳干红葡萄酒中酚类物质研究"鉴定会在张裕博物馆澧泉厅举行。由中国酿酒工业协会耿兆林等7人组成的鉴定委员会审阅了材料，听取了生物工程学院的技术报告。经认真审议，认为该项目在国内首次通过对解百纳干红葡萄酒酚类物质的研究，建立了解百纳葡萄酒的质量评价体系，已达国内领先水平。

2003年10月23日，由生物工程学院环境生物技术研究室陈坚教授、江苏彭鹞环境生物工程技术研究中心有限公司张国平主任主持的无锡市科研攻关项目"高浓度城市垃圾渗滤液处理技术"鉴定会在宜兴彭鹞酒店举行。由南京大学环境学院张全兴教授等7人组成的鉴定委员会详细审阅并听取了报告。

2003年12月，由江苏省教育厅组织的专家组对我校生物工程学院进行了省"重中之重"学科的中期检查，初评获A等级。

2003年12月3日，江南大学生物工程学院与江苏省江大绿康生物工程技术研究有限公司共同承担的江苏省"十五"农业科技攻关项目"高纯度低聚木糖生产技术的研究"顺利通过由江苏省科技厅组织的专家验收。该生产工艺处于国际先进、国内领先的水平。该项目承担单位因此获得了科技部"十五"重点攻关项目"寡糖新产品新技术——木寡糖"的立项支持。

2003年12月7日，江南大学工业生物技术教育部重点实验室第一届学术委员会第一次会议召开，10位学术委员及部分重点实验室和生物工程学院的教师参加了会议。会议由重点实验室主任徐岩教授和学术委员会主任陶文沂教授主持。会议首先听取了陈坚教授关于重点实验室的工作报告和孙志浩教授、邵蔚蓝教授、李寅副教授的3场学术研究报告。会后，7位学术委员应邀做了精彩的学术报告，受到了与会师生的热烈欢迎。

2004年

2004年,生物工程学院通过"轻工技术与工程"一级学科评估,排名第二。

2004年2月20日,生物工程学院孙志浩教授主持的"微生物酶法生产D-泛酸和D-泛醇"项目荣获2003年度国家技术发明二等奖(本次共有19项成果获国家技术发明二等奖,一等奖空缺)。孙志浩教授出席了在北京举行的国家科学技术奖励大会,并受到胡锦涛、温家宝等党和国家领导人的亲切接见。

2004年3月2日,学校召开全体教授大会,选举产生了由丁卫国、邓子美、文云、王志伟、过伟敏、纪志成、伦世仪、朱拓、张福昌、陈坚、金征宇、旭文波、高卫东、陶文沂、徐兴海、徐岩、傅贤治等17名教授组成的新一届校学术委员会。其中生物工程学院伦世仪任主任,陶文沂、陈坚任副主任。

2004年3月23日,学校科技产业集团下属江苏省绿康生物工程技术研究有限公司自主研究开发的"高效生物催化剂——过氧化氢酶的制备"经江苏省科技厅组织的成果鉴定为国内领先。该技术目前已申请发明专利1项,并建立了过氧化氢酶企业标准。

2004年6月11日,通过了环境工程学士学位授权评审。

2004年6月19日,国务委员会陈至立同志在国务院副秘书长陈进玉、教育部副部长吴启迪、文化部副部长郑欣、江苏省委副书记任彦申、无锡市委书记王荣等陪同下,来学校视察。陈至立同志重点观察了工业生物技术教育部重点实验室,并与国家工程院院士伦世仪教授、国家科技发明奖二等奖获得者孙志浩教授进行了亲切的交谈。

2004年8月4日,设在生物工程学院的江苏省生物活性制品加工工程技术研究中心与俄罗斯普新斯基创新中心"生物工程孵化器"就共同推进具有市场前景的产品、科研成果实现产业化进入国际国内市场签署基本合作协议。

2004年8月15日,生物工程学院诸葛健教授参加了在巴西里约热内卢召开的第11届国际酵母学术会议(ICY2004),并做专题报告。

2004年9月7日,生物工程学院赵光鳌教授等一行10余人由校长陶文沂教授带队出席了在日本东京举行的"第五届国际酒文化学术研究会",研讨以东亚为中心的酿造食品起源与发展历史、最新的酿造技术及其展望。陶文沂校长、耿兆林理事长、赵光鳌教授和李崎副教授等分别做了专题演讲。

2004年10月,杰能科颁奖暨江南大学产学研合作教育基地授权。

2004年10月21日,江南大学三得利(SUNTORY)奖学金第四次颁奖典礼在青山湾校区逸夫馆举行。生物工程学院20名硕士研究生获得了此次奖学金。日本三得利株式会社董事、啤酒生产部部长垣见吉彦先生、三得利啤酒(上海)有限公司总经理中古和夫先生等一行参加了颁奖典礼。

2004年10月26日,在副校长陈坚教授带领下,生物工程学院博士、硕士研究生一行5人参加了由泰国清迈大学主办的第十一届三校合作会议。

2004年11月2日,荷兰DSM(帝斯曼)公司董事会副主席Jan Zuidam先生及工艺研发部经理Vincent Jephcote先生等一行到生物工程学院进行学术访问。

2004年12月8日,由生物工程学院发酵工程系徐岩教授主持的江苏省高技术研究计划项目"醇脱氢酶(ADH)产生菌的选育及其手性醇拆分的研究"(BG2002320)在无锡通过了江苏省科技厅组织的验收,总体评价为达到国际先进水平。

2005年

2005年,"构建产学研合作教育模式,培养工程应用型人才"获得高等教育国家级教学成果二等奖;"立足科学发展观,建设有特色的环境工程专业"获江苏省教改项目立项。

2005年,生物工程学院生物工程专业通过了江苏省品牌专业专家组现场验收,被授予江苏省品牌专业。生物科学(师范)专业通过了江苏省教育厅组织的学士学位授权评估。

2005年3月,江苏省生物活性制品加工工程技术研究中心被无锡市政府授予了2004年度"无锡市优秀研发机构"称号。

2005年6月10日,学校在青山湾校区召开干部大会,宣布校行政领导班子换届结果。教育部人事司副司长张兰春宣布了任免决定。根据教育部教任(2005)29号文件和教育部党组教党任(2005)68号文件,任命陈坚同志为江南大学校长,任命王武、蒋忠平、朱拓(兼)、冯骉、高卫东、金征宇同志为江南大学党委副书记兼纪委书记、朱拓同志为江南大学党委副书记。

2005年6月16日,生物工程学院教师参加了在美国路易斯安那州新奥尔良市举办的2005年IFT(美国食品科学技术学会)年会与博览会,并在IFT年会上设立了江南大学展位。

2005年9月，在工业生物技术教育部重点实验室的评估中，生物工程学院获得了小组第一的好成绩，获得了进入国家创新平台体系——国家重点实验室的入场券。

2005年10月9日，江南大学和中国酿酒工业协会、中粮长城葡萄酒（烟台）有限公司联合举办的中国首届葡萄酒培训师高级进修班开学典礼在青山湾校区逸夫馆举行。

2005年10月22日，生物工程学院等学院的20名硕士、博士研究生，应邀参加了绍兴市优势产业高层人才暨科研项目洽谈会。

2006年

2006年2月22日，生物工程学院堵国成教授入选2005年度教育部"新世纪优秀人才支持计划"。

2006年4月，生物工程学院徐岩教授率领的"工业发酵及生物催化"科研团队入选教育部2005年度"长江学者和创新团队发展计划"创新团队。

2006年9月20～23日，由江南大学、中国生物工程学会与中国发酵工业协会共同主办的"2006年第四届全国发酵工程学术研讨会"在江南大学隆重召开，220余名代表到会注册，近千人出席了大会开幕式，是本次大会成为中国发酵工程历史上规模最大，学术水平较高、学科广泛交叉的一次盛会。本次大会主题为"迎接工业生物技术的新世纪"。

2006年11月，经过国家杰出青年科学基金评审委员会严格的考察、评定，2006年度国家杰出青年科学基金资助人选揭晓，在入围的全国158名优秀青年科学家中，生物工程学院陈坚教授获得资助。

2006年11月17日，教育部本科教学评估专家组在文浩馆报告厅召开会议，反馈本科教学工作水平评估考察意见。会议由专家组副组长余加祐教授主持。全体校领导、校长助理、常委；各学院（系）党政主要负责人，分管教学、实验工作副院长（主任），分管学生工作副书记；机关各部门主要负责人，各相关直属单位主要负责人；全体专家联络员、校评估办（含各工作组）工作人员参加了会议。专家组组长管华诗院士宣读了教育部本科教学工作水平评估专家组对学校的评估考察意见。

2006年12月，从国家科技部传来喜讯，由生物工程学院牵头组织的"大宗发酵产品的先进发酵工艺技术"重点项目，与中国科学院微生物研究所、中国农业科学院生物技术研究所、清华大学等单位联合申报的"工业酶的分子改造和工程技术"重点项目，两项项目均获得"863"计划重点项目资助。

2007年

2007年，生物工程学院新楼落成典礼举行。

2007年3月，在近日召开的国家科学技术奖励大会上，生物工程学院陈坚教授等人完成的"以高通量、高转化率和高生产强度为目标的发酵过程优化技术"获国家科技进步二等奖。

2007年6月，教育部下发了《关于公布国家重点学科考核评估结果的通知》。生物工程学院的发酵工程国家重点学科顺利通过考核评估。

2007年6月18日，为优化学校资源配置，进一步提升学科层次，生物工程学院生物制药系和医学院组建"医药学院"。

2007年6月18日，为优化学校资源配置，进一步提升学科层次，生物工程学院环境科学与工程系和土木工程系组建"环境与土木工程学院"。

2007年11月15日，"让青春与创新共舞"，第十届"挑战杯"飞利浦全国大学生课外学术科技作品竞赛决赛在天津南开大学隆重举行。生物工程学院选送的作品"21世纪超级食品黏合剂——谷氨酰胺转氨酶的工业化生产"荣获一等奖，实现了江南大学在历届挑战杯竞赛中一等奖奖项中零的突破，完成了带有历史性、标志性的跨越。

2007年11月17日，来自省内外的100多名专家学者出席了由江南大学主办、江苏省技术协会环境专业委员会承办的第一届江苏省环境生物技术应用交流研讨会，共同探讨生物技术在处理环境污染的应用这一环保大课题。

2008年

2008年5月31日，为期两天的"K-PARK挑战杯"第五届江苏省大学生创业计划竞赛在学校举行。生物工程学院选送的格林酶制剂生物科技有限公司创业团队荣获特等奖。

2008年10月，生物工程学院陈坚教授申报的"食品微生物的功能优化与调控的基础研究"获得2008年度国家自然科学基金委员会重点项目基金资助，资助经费200万元，实现了江南大学在此基金上的零的突破。

2008年10月13日，第13届国际生物技术大会暨展览会在大连召开。大会的主题是"为了人类社会可持续发展的生物技术"，设置了9个分会，分56个专题。江南大学食品科学与技术国家重点实验室负责组织第八分会——"食品生物技术"分会，陈坚校长担任分会的中方主席。陈坚校长等30多位教授和研究生参加了此届大会。

2008年10月24日，"2008食品与生物技术博士生学术论坛"在江南大学隆重开幕，陈坚校长致欢迎辞，江苏省教育厅副厅长殷翔文副厅长讲话。陈坚校长向为海峡两岸食品领域做出杰出贡献的台湾海洋大学孙宝年教授颁发了"名誉教授"聘书。

2008年11月16日，学校成功举行建校50周年暨办学106周年庆祝大会。庆祝大会上，生物工程学院伦世仪院士获江南大学终身成就奖，邬显章、诸葛健、孙志浩、姚惠源教授4人获"江南大学杰出贡献奖"，生物工程学院教授占3席。杰出校友季克良获"江南大学杰出校友特别奖"并代表海内外校友在大会上发言。

2008年12月10日，在北京人民大会堂隆重召开的"30年中国品牌暨首届中国品牌国际化发展高层论坛"上，江南大学优秀校友、茅台酒集团公司董事长、总工程师季克良荣获"30年中国人物贡献奖"。又据《世界之醉》杂志2008年第五期刊载，日前，中国改革成就巡礼专题活动组委会公示了"改革之星——影响中国改革30年30人"候选人名单，中国贵州茅台酒厂有限公司董事长季克良榜上有名。

2009年

2009年，教育部公布的一级学科评比中，以发酵工程为主体的"轻工技术与工程"排名全国第一。

2009年，生物工程学院0601班获全国先进班集体。

2009年3月，国务院学位委员会发文公布了新组成的第六届学科评议组成员名单，生物工程学院徐岩教授入选。

2009年6月28日，2009"国际生物经济大会"在天津滨海国际会展中心圆满闭幕。本届生物经济大会最重要的组成部分之一的"工业与环境技术"专题分会，由江南大学承办。陈坚校长担任分会的主办国主席。

2009年9月,教育部下发了《关于批准第六届高等教育国家级教学成果奖获奖项目的决定》(教高〔2009〕12号),生物工程学院与食品学院联合申报的项目"食品发酵类研究型工程创新人才培养体系的构建与实践"荣获二等奖。后又获江苏省教学成果特等奖(校首次)。

2009年11月18日,江南大学生物工程学院与宜兴协联生物化学有限公司建立战略合作联盟签约仪式在宜兴宾馆举行。校长陈坚,宜兴市委副书记、市长王中苏,校社会资源处处长邱建平,宜兴市人大、政协等领导,生物工程学院全体班子成员及宜兴协联生物化学有限公司领导出席了签约仪式。陈坚校长、王中苏市长还共同为"江南大学发酵微生物工程科研基地"揭牌。

2009年12月,教育部、国务院学位委员会正式发文公布2009年全国优秀博士学位论文评选结果,生物工程学院发酵工程专业徐岩教授指导的07届博士生聂尧的博士学位论文《近平滑假丝酵母立体选择性氧化还原酶基因克隆与表达及其催化特性的研究》获得全国优秀博士学位论文提名奖。

2010年

2010年,生物工程学院《工业微生物生理特征与代谢功能研究》项目获2010年江苏省科技进步一等奖。

2010年3月7日,在生物工程学院茅台厅隆重举行了汾酒集团酿酒技术高级研修班开班典礼。28位学员将在江南大学进行为期半年的全封闭培训。

2010年4月2日,在生物工程学院茅台厅举行了江南大学客座教授授聘仪式暨学术报告会,新华扬集团董事长詹志春被聘为学校客座教授。

2010年4月12日,"第七届国际酒文化学术研讨会"在学校文浩馆隆重召开。本次研讨会由中国酿酒工业协会、江南大学、日本酿造学会日本酒类综合研究所联合发起,生物工程学院承办。

2010年6月11日,第六届"挑战杯"江苏省大学生创业计划竞赛在徐州工程学院隆重举行。生物工程学院选送的"塔斯特酶制剂有限公司创业计划"荣获一等奖。

2010年8月23日,江南大学洋河股份生物工程研究生课程进修班开班典礼在生物工程学院隆重举行。

2010年9月23日，江南大学工业生物技术教育部重点实验室现场评估会在生物工程学院召开。评估专家组由吉林农业大学李玉院士、山东大学曲音波教授、天津大学元英进教授、南开大学尹芝南教授、南京工业大学黄和教授和教育部科技司阮剑等工业生物技术领域专家组成，李玉院士任组长。

2010年9月27日，以中国工程院院士、中国矿业大学副校长刘炯天为组长的省"高层次创新创业人才引进计划"考察组莅临学校，对学校"太湖学者"特聘教授、生物工程学院周哲敏博士入围"双创人才"进行了实地考察。

2010年11月17-19日，由江苏省学位委员会，江苏省教育厅主办，学校承办的2010新一代工业生物技术江苏省博士论坛在无锡隆重举行。

2010年12月，糖化学与生物技术教育部重点实验室获批建设，该实验室将是国内第一个系统从事糖化学、生物转化、结构修饰、分离纯化的科技创新与人才培养基地，其运行与发展将为支撑全国生物技术、食品、农产品加工、预防医学等学科的发展做出重要贡献。

2011年

2011年1月，教育部对生命科学领域的57个教育部重点实验室进行评估，生物工程学院"工业生物技术教育部重点实验室"位列11个评估结果为"优秀"的实验室当中。

2011年3月1日，英国皇家学会会员、英国著名分子生物学家RAY DIXON教授一行在无锡新区领导的陪同下来学校访问。

2011年4月20日上午，教育部科技司组织专家组在生物工程学院茅台厅对学校糖化学与生物技术教育部重点实验室建设计划进行论证。由北京工商大学孙宝国院士为组长，江南大学陈坚教授、山东大学李勇教授、上海交通大学钟建江教授、华东理工大学许建和教授、南京工业大学徐虹教授、天津科技大学张同存教授、上海农科院张劲松研究员等组成的专家组参加了本次论证会。

2011年4月，由学校陈坚教授主持的国家"十一五""863计划"生物和医药技术领域重点项目"大宗发酵产品的先进发酵工艺技术"团队，荣获"十一五"国家科技计划执行优秀团队奖。

2011年5月26日，国家发改委签发办公厅文件（发改办高技[2011]1245号）同意教育部所报关于粮食发酵工艺及技术国家工程实验室项目的资金申请报告，正式批准江南大学启动该项目建设，项目总投资5042万元，其中国家投资1500万元。

2011年5月，2010年度教育部新世纪优秀人才支持计划入选人员名单公布（教技函〔2011〕26号），其中生物工程学院周哲敏、饶志明、李崎，国家重点实验室刘立明等共11人入选2010年度教育部"新世纪优秀人才支持计划"。

2011年11月9日，全国轻工院校领导座谈会在学校召开，中国轻工业联合会会长步正发、副会长王世成、副会长陶小年、14所轻工院校领导出席了本届年会。

2011年11月14～17日，由中国生物工程学会、中国生物发酵产业协会主办，江南大学承办的第五届全国发酵工程学术研讨会在学校召开。本次大会以"面向低碳、清洁和可持续发展的发酵工程"为主题，来自38所高校的105名专家学者和来自41家企业的102名代表参加了会议。

2011年11月26～27日，"2011首届中国白酒学术研讨会"在学校隆重召开。大会由江南大学、江苏省酒类行业协会、江苏洋河酒厂股份有限公司、江苏今世缘酒业股份有限公司主办，生物工程学院酿酒科学与酶技术研究中心承办。

2011年11月，生物工程学院发酵工程专业2006级博士研究生周景文的博士论文《光滑球拟酵母中ATP的生理功能与作用机制》入选"2011年全国优秀博士学位论文"。

2012年

2012年2月，从教育部公布的《关于批准实施"十二五"期间"高等学校本科教学质量与教学改革工程"2012年建设项目的通知》（教高函〔2012〕2号）中获悉，学校生物工程专业等4个专业成功获批"专业综合改革试点"项目。

2012年3月19日上午，以校长陈坚教授为组长、校学术委员会执委会组成的验收专家组对学校"211工程"三期建设项目进行了校内验收。新一代工业生物技术、食品精细加工技术、食品安全与健康、先进纺织制造技术和工业设计系统创新理论与方法等重点学科建设项目以及创新人才培养项目、队伍建设项目共7个项目逐项接受专家组评审验收。

2012年3月，根据教育部学位与研究生教育发展中心〔2011〕76号文件精神，学校组织"食品科学与工程""轻工技术与工程"和"纺织科学与工程"等18个一级学科参与第三轮全国学科评估工作。

2012年5月12日，江南大学工业生物技术教育部重点实验室第三届学术委员会第一次会议在学校召开。

2012年5月29日，由学校牵头组织的"十二五"国家"863计划"现代农业技术领域主题项目"优良食品微生物高通量筛选与细胞选育技术"工作交流会在行政楼305会议室举行。科技部农村中心副主任蒋丹平、农业高技术处葛毅强处长一行3人和项目组成员参加了会议。

2012年5月30日上午，科技部农村司王喆副司长及科技部农村中心蒋丹平副主任一行莅临学校考察指导。王喆副司长一行参观了食品科学与技术国家重点实验室、食品学院、生物工程学院酒文化馆以及粮食发酵工艺与技术国家工程实验室。

2012年6月19～21日，2012生物技术青年学者自主创新学术论坛在学校隆重举行。本次生物技术青年学者自主创新学术论坛，由江苏省学位委员会，江苏省教育厅主办，江南大学轻工技术与工程江苏省研究生创新与学术交流中心和生物工程学院承办，南京工业大学协办。

2012年7月，徐岩副校长作为国内白酒专家，接受了上海电视台外语频道《华夏新记录》栏目组专题采访，畅谈国酒的国际化。

2012年8月2日下午，学校与江苏今世缘酒业股份有限公司"江苏省企业研究生工作站"合作协议签署仪式暨揭牌仪式在今世缘酒业股份有限公司隆重举行。副校长徐岩教授、研究生院院长魏取福教授等领导及有关老师出席会议。

2012年8月，江苏省教育厅下发了《关于公布"十二五"高等学校重点专业名单的通知》（苏教高〔2012〕23号），学校"生物工程类"等10个专业类（涵盖24个专业）以及一个专业（环境工程专业）成功入选。

2012年11月8～11日，国际著名糖物质科学家、德国马克思-普朗克胶体与界面研究所所长、德国柏林自由大学教授Peter H. Seeberger博士应邀来校友好访问。

2012年11月17日，江南大学糖化学与生物技术教育部重点实验室第一届学术委员会第一次会议在学校召开。中国科学院微生物研究所金城研究员、上海有机化学研究所俞飚研究员、大连化学物理研究所杜昱光研究员、上海交通大学系统生物医学研究院张延教授、上海市农业科学研究院张劲松研究员、山东大学生命科学学院肖敏教授、江南大学食品科学与技术国家重点实验室江波教授等组成的学委会委员参加了会议。

2012年11月21～24日，由中德科学中心支持，江南大学粮食发酵工艺与技术国家工程实验室陆杰教授和哈雷-维滕贝格大学Joachim Urich教授共同组织的"工业结晶基础与前沿技术"中德双边研讨会（GZ843）在粮食发酵工艺与技术国家工程实验室多功能厅成功举行。

2012年12月，教育部公布了第一批"十二五"普通高等教育本科国家级规划教材名单，学校五部教材榜上有名，分别为《发酵工程实验技术（第二版）》《食品工艺学》《有机化学实验》《产品的语意》和《产品包装设计》。同时，由高卫东教授和东华大学朱苏康教授联合编写的《机织学》也入选了"十二五"普通高等教育本科国家级规划教材。

2012年12月，国家工程实验室蒋伶活教授被*FEMS Yeast Research*期刊（2011年SCI影响因子2.4）聘为编委会成员，聘期自2013年1月起。

2013年

2013年1月1日，据基本科学指标数据库发布的最新统计（2002年1月1日至2012年10月31日），学校有化学、农学、生物学与生物化学、工程学等4个学科的被引次数进入全球大学和科研机构前1%。其中生物学与生物化学为首次入选。

2013年3月5~8日，由学校和日本筑波大学共同主办的微生物和生物技术前沿国际学术交流会在学校顺利举行。

2013年3月17日，"奠基未来，感动无锡"2012教育年度人物颁奖典礼在无锡教育台举行。生物工程学院李崎教授获此荣誉。

2013年3月，生物工程学院王鸿祺老先生迎来百岁寿辰，王鸿祺老先生也成为江南大学史上首位百岁老人。29日，伦世仪院士、校长陈坚、教育发展基金会理事长王武、生物工程学院院长堵国成、院党委书记高雪梅、生物工程学院吴佩琮老先生、毛忠贵教授、詹晓北教授以及王鸿祺先生的国内外弟子代表等作为师生代表，前往王鸿祺先生家中看望并为其祝寿。

2013年4月15日下午，国际生物化学领域著名专家、美国密歇根大学药学院药物化学系主任Ronald W. Woodard 教授在国家重点实验室131报告厅做了题为"A Gram-Positive D-arabinose 5-phosphate Isomerase"的学术讲座。

2013年5月7日上午，学校首个"卓越工程师教育培养计划"海外基地在生物工程学院茅台厅正式签约。9月，生物工程学院将有两名学生经选拔、考核后远赴荷兰，在希悦尔（荷兰）公司进行为期一年的"卓越工程师教育培养计划"实习培养。

2013年5月17日，生物工程专业"卓越工程师教育培养计划"实践基地授牌仪式在生工楼茅台厅举行。生物工程学院院长堵国成、副院长周哲敏、院长助理夏小乐，无锡佰翱得生物科学有限公司总裁吴家权、首席执行官萧国平等嘉宾一行6人出席了仪式。

2013年6月18日上午,江南大学—青岛啤酒股份有限公司教育部国家级工程实践教育中心揭牌仪式在生物工程学院茅台厅举行。青岛啤酒股份有限公司副总裁姜宏女士一行专程来校参加仪式。

2013年7月6日,江南大学工业生物技术教育部重点实验室第三届学术委员会第二次会议在学校召开。

2013年8月31日,受江苏省教育厅的委托,江苏省现代工业发酵协同创新中心发展规划论证会在生物工程学院茅台厅顺利召开。上海交通大学钟建江教授、江南大学陈坚教授、浙江大学杨立荣教授、华东理工大学庄英萍教授、江苏大学马海乐教授、江苏省微生物研究所陆茂林研究员、南京工业大学姜岷教授等组成论证专家组。中心牵头单位江南大学和12家共建单位的代表及中心骨干成员参加了会议。

2013年9月16～17日,由学校主办的2013年无锡国际糖科学论坛成功举办。来自美国西雅图系统生物学研究所首席科学家Wei Yan教授、德国波茨坦大学Torsten Linker教授等多个糖科学领域的10余名专家学者及杰出青年,中国科学院、南京农业大学、江苏大学等院校的专家教授、博士研究生、硕士研究生,共百余人出席会议。

2013年9月23～24日,由日本酿造学会、日本独立行政法人酒类综合研究所和学校发起主办的中国酒业协会"2013年国际酒文化学术研讨会"在湖南省长沙市隆重召开。

2013年9月,接教育部《关于转发"万人计划"第一批杰出人才、科技创新领军人才和青年拔尖人才入选名单的通知》,共有两位教师入选"万人计划"。食品学院陈卫教授入选"万人计划"第一批科技创新领军人才;食品科学与技术国家重点实验室刘立明教授入选"万人计划"第一批青年拔尖人才。

2013年9月,由徐岩教授主讲的"把酒论科技"、钱和教授主讲的"食为天 安为先"两门国家精品视频公开课在中国大学视频公开课官方网站"爱课程"网正式上线,并在中国网络电视台和网易"公开课"同步展示。

2013年11月3～4日,粮食发酵工艺与技术国家工程实验室第一届技术委员会第一次全体会议在国家工程实验室报告厅举行。

2013年11月9日,第二届中日酶技术论坛在长广溪宾馆召开。本次论坛是由食品科学与技术国家重点实验室、生物工程学院与日本天野酶制品株式会社共同举办的中日酶技术研究领域的交流盛会,来自中日高校及科研单位的知名专家与企业代表70余人参加了论坛。

2013年11月30日，糖化学与生物技术教育部重点实验室第一届学术委员会第二次会议在学校召开。

2013年12月12日，国际著名糖物质科学家、德国马克思-普朗克胶体与界面研究所所长Peter H. Seeberger教授、德国驻上海总领事馆科技文化领事Gudrun Lingner博士专程赴学校，出席江南大学马克思-普朗克学会"国际伙伴联合实验室"揭牌仪式。

2013年12月，教育部公布了第三批国家级精品资源共享课名单，学校"微生物遗传育种"（课程负责人：李华钟教授）、"食品化学"（课程负责人：杨瑞金教授）、"纺纱原理"（课程负责人：谢春萍教授）和"机织原理"（课程负责人：王鸿博教授）4门课程入选，即将作为"中国大学资源共享课"在爱课程网（http://www.icourses.edu.cn/）向社会免费开放。

2014年

2014年5月10日，黄酒科技发展论坛在学校召开。本次论坛由学校粮食发酵工艺与技术国家工程实验室主办。

2014年5月14日下午，生物工程学院产业研究所成立仪式在生物工程学院三楼会议室举行。

2014年5月31日，"863计划'酿酒原料高效安全制造技术研究'课题年度总结与协调推进会"在生物工程学院召开。

2014年6月7日，由学校承担的"粮食发酵工艺与技术国家工程实验室"建设项目顺利通过国家发展与改革委员会验收。

2014年6月18～20日，由学校、中国生物发酵产业协会主办的第六届全国发酵工程学术研讨会在无锡召开。

2014年6月21日，由国家工程实验室承办、无锡医学院和生物工程学院协办的"江苏省发育生物学学会2014年学术年会暨第十五届研究生学术沙龙"在国家工程实验室二楼报告厅召开。

2014年7月29～30日，由中国酒业协会和学校主办的"中国白酒3C计划"——首次白酒安全专题培训会暨中国白酒产业技术创新战略联盟成立筹备会议在无锡召开。

2014年9月22日,"2014第二届中国白酒学术研讨会"在学校召开。

2014年10月15~16日,第四届全国酶制剂研究开发应用技术研讨会在学校举行。

2014年10月23日,首届"江南大学—中国科学院天津工业生物技术研究所生物制造前沿进展研讨会"在生物工程学院举行。

2014年12月26日上午,发酵工程系成立30周年庆典在学校北区大学生活动中心举行。

2014年12月26日,江南大学工业生物技术教育部重点实验室第三届学术委员会第三次会议在学校召开。

2015年

2015年2月28日,陈坚校长、顾正彪副校长一行前往如皋市,与如皋市人民政府、如皋经济技术开发区商定成立"江南大学(如皋)食品生物技术研究所"。

2015年3月26日,由学校和美国加利福尼亚州大学戴维斯分校共建的孔子学院举办中国酒历史与文化专题国际研讨会。会议在美国加利福尼亚州大学戴维斯分校的罗伯特·蒙大维葡萄酒与食品科学研究中心举行。

2015年4月16日,学校与扬州市签署全面合作协议,江南大学(扬州)食品生物研究所共建协议以及双方16个项目合作协议也一并签署。

2015年5月2日,"伦世仪教育基金"成立庆典在学校图书馆五楼多功能厅举行。

2015年6月28日,受科技部中国生物技术发展中心委托,"'十二五''863计划'有机酸生物制造关键技术研究"项目启动会在学校召开。

2015年6月,江苏省教育厅、财政厅联合公布了"江苏高校品牌专业建设工程一期项目"名单,其中生物工程专业为A类品牌专业。

2015年6月学校陈坚教授入选国务院学位委员会第七届学科评议组轻工技术与工程学科组且被推选为轻工技术与工程学科组召集人。

2015年7月31日至8月3日,由学校化学与材料工程学院、食品胶体与生物技术教育部重点实验室共同主办的"第一届高分子材料江南论坛"在学校举行。

2015年10月12日，科技部生物中心黄晶主任一行莅临学校调研指导。

2015年10月30日，首届如皋长寿食品生物产业论坛暨创新联盟成立仪式在如皋市经济开发区时代大厦一楼会议室召开。学校多个项目参加了产学研合作项目现场签约仪式。

2015年11月5～6日，由学校主办的"2015手性酶：蛋白质工程与分子设计及其应用"高端学术研讨会在生物工程学院举行。

2015年11月10～11日，由学校和江苏省微生物学会主办的2015年微生物代谢工程与发酵工程学术研讨会在学校召开。

2015年11月12日，江南大学——泸州老窖联合培养博士后开题报告会在生物工程学院召开。

2015年11月13～15日，由生物工程学院和粮食发酵工艺与技术国家工程实验室承办的中国农业生物技术学会微生物生物技术分会第二届理事会第三次学术研讨会在学校召开。

2015年11月21日，教育部科技司组织专家对学校"食品胶体与生物技术教育部重点实验室"建设项目进行了验收。

2015年12月19日，江南大学糖化学与生物技术教育部重点实验室第一届学术委员会第三次会议在学校召开。

2015年12月22日，"张启先奖励基金"成立典礼暨生物制造学术研讨会在学校图书馆五楼报告厅举行。

2016年

2016年1月，光明网刊载：江南大学再获一项国家技术发明奖。

2016年2月，"胜利手势挑战"网络教育活动喜获"江苏省优秀文化产品"。

2016年3月，生物工程学院教授学术年会成功召开。

2016年4月,"青年学者日"活动顺利举行。

2016年6月,第五届三次教职工代表大会顺利召开。

2016年6月,学院党委隆重举行庆祝建党95周年暨"七一"表彰大会。

2016年8月,生工学子夺得2016"创青春"全国大学生创业大赛金奖。

2016年10月,2016年第八届亚洲糖科学与糖技术会议成功召开。

2016年10月,生物计算与神威——太湖之光应用研究研讨会成功召开。

2016年10月,江南大学"酿酒教育基金"成立。

2016年10月,2016年中国酒业协会白酒分会技术委员会(扩大)会议顺利举行。

2016年10月,"中国白酒产业技术创新战略联盟"江南大学项目组启动会成功召开。

2016年11月,2016年生物工程学院青年教师会讲比赛顺利举行。

2016年12月,糖化学与生物技术教育部重点实验室第一届学术委员会第四次会议顺利举行。

2017年

2017年4月,以文化人——生工学院举行"重温发酵历史,传承发酵精神"主题教育活动启动。

2017年4月,美国工程院外籍院士、瑞典查尔姆斯理工大学Jens Nielsen教授受聘为我校客座教授。

2017年4月,我校酿酒工程专业学士学位授权顺利通过专家实地评审。

2017年5月,我校"应用微生物及其生物制造技术学科创新引智基地"通过教育部、国家外国专家局的验收。

2017年5月，轻工学科发展与改革研讨会在我校召开。

2017年5月，国际生物过程协会第七届工业生物过程论坛（IFIBiop2017）在我校隆重召开。

2017年5月，中国酿酒高校联盟成立暨"第三届中国白酒学术研讨会"成功举行。

2017年6月，美国伦斯勒理工学院Mattheos A. G. Koffas教授等7名外籍教授受聘为我校客座教授，国际合作交流再上新台阶。

2017年7月，亳州（江南大学）离岸孵化中心签约揭牌仪式在我校举行。

2017年7月，江南大学"中国酒业协会白酒中青年专家培养计划"培训班开幕。

2017年8月，我校"饮料酒中重要有毒有害物形成机理与消减技术"系列研究成果通过省部级鉴定。

2017年8月，"江南大学—天佑德青稞酒国际酿酒生物技术综合研究所"揭牌成立。

2017年9月，酒界泰斗、江南大学校友秦含章教授回校考察。

2017年9月，我院轻工技术与工程学科入选"双一流"建设学科。

2017年10月，生物工程学院举行党员大会，选举产生新一届党委。

2017年11月，第一届江南大学—韩国庆尚大学研究生学术论坛在我校隆重召开。

2017年11月，江南大学生物工程学院教师卓越分中心暨生物工程学院基础教学中心与实验教学中心挂牌仪式隆重举行。

2017年11月，我院陈坚教授当选中国工程院院士。

2017年12月，工业生物技术教育部重点实验室第四届学术委员会第一次会议召开。

2017年12月，生物工程学院举办2017年工业生物技术太湖青年学者论坛。

2017年12月，我院轻工技术与工程学科在全国第四轮学科评估中获得A+。

2018年

2018年4月,第三届华东结构生物学学术会议暨第21次上海市结构生物学合作网络会议在江南大学举行。

2018年4月,我院64届杰出校友季克良获"中国酒业功勋奖"荣誉。

2018年4月,第一届江南大学发酵工程产学研论坛成功举办。

2018年5月,生物工程硕士专业学位授权点评估专家论证会顺利召开。

2018年5月,江南大学"食品安全关键技术研发"国家重点研发计划项目启动会在无锡召开。

2018年5月,2018第二届风味科学国际学术研讨会(The 2nd International Flavor and Fragrance Conference,IFF2018)成功召开。

2018年7月,江南大学成功举办2018年江苏省研究生"新一代工业生物技术"暑期学校。

2018年9月,美国院士Jay D. Keasling一行来访江南大学生物工程学院。

2018年10月,第八届全国发酵工程学术研讨会在江苏无锡顺利召开。

2018年10月,江南大学生物工程专业接受工程教育专业认证现场考查。

2018年10月,《参考消息》报道我院高晓冬教授和藤田盛久教授的科研事迹。

2018年10月,第十届国际酒文化·科学技术学术研讨会在日本九州鹿儿岛大学开幕。

2018年10月,我院学子在国际遗传工程机器大赛上勇夺一金一银。

2018年11月,2018软科发布:我校轻工技术与工程学科排名蝉联全国第一。

2018年11月,"秦含章基金"启动仪式在我校图书馆5楼报告厅举行。

2018年11月,江南大学生物工程学院第一届理事会成立大会暨轻工生物技术产教融合论坛隆重举行。

2018年11月，江南大学成立60周年校庆，生物工程学院"发酵"系列图书首发式成功举办。

2018年11月，江南大学"从生命科学到生物制造"公众科学日活动成功举办。

2018年12月，生物工程学院党委入选首批全国党建工作标杆院系。

附录四 生物工程学院近年发展掠影

自2017年以来，生物工程学院在人才培养、科学研究、社会服务等方面取得了丰硕的成果。学院始终坚持"江南特色、世界一流"的核心理念，以立德树人为根本，"以支撑创新驱动发展战略、服务经济社会发展"为导向，面向生命科学前沿，立足生物工程产业，努力打造具有国际视野的一流师资队伍，积极探索轻工生物类高水平复合型人才培养模式，推进基础科学研究突破和重大成果转化落地，形成"善于实践、勇于创新"的特色学科文化，保持学科可持续发展的比较优势。

一、师资队伍建设

持续开展"内培外引"工作，加强青年师资队伍建设，打造高质量师资队伍。自1995年后，再次新增中国工程院院士1名。新增江南大学首个国家特支计划教学名师。新增教育部重要人才项目入选者1人，万人计划领军人才3名。新增国家级青年人才4人次，省部级优秀人才20人次；新增教授12名，副教授16名；共引进专任教师22人，其中海归6人。

二、本科生培养

全面坚持"以本为本"，推进"四个回归"，切实巩固人才培养中心地位和本科教学基础地位。

（一）教学管理独创新模式

创新设置"四纵六横"网状教学管理模式，形成6个课程群+4个本科专业(方向)纵横交错、点面可控，较为成熟的本科教学管理模式。成立一流本科教育教学团队，学院教师卓越分中心、基础教学中心和实验教学中心，以及学院教学督导，整体形成了全方位、立体式的本科教学管理体系。

（二）专业建设迈上新台阶

2017年，酿酒工程专业学士学位授权通过专家实地评审；2018 年，生物工程专业高质量通过教育部工程教育认证现场考查，并通过工程教育认证，这也是生物工程学院首次进行工程教育认证；2019年，江苏省品牌专业建设工程生物工程专业通过验收。2019年，生物工程专业入选首批国家"双万计划"一流本科专业建设点。

（三）专业资源打造新平台

2019年，《生化工程》等3门课程入选国家级一流本科课程。2017—2019年，获中国轻工业"十三五"规划教材、江苏省高等学校重点教材立项9部，获批省级在线开放课程1门，校级在线开放课程7门、卓越课程3门。学院依托品牌专业建设院级教材专著13门、在线课程9门、实验课程5门，建成智慧教室、虚拟仿真实验室、酿酒实训中心等。2018年，联合药学院获批国家级虚拟仿真实验教学项目1项，实现我校国家级虚拟仿真实验教学项目零的突破。

（四）教改项目再上新水平

2017年，依托生物工程专业，获批教育部首批新工科研究与实践项目1项。获批江苏省高等教育教学改革研究重点课题2项，顺利结题江苏省高等教育教学改革研究课题2项。

（五）教学成果再续新辉煌

荣获2018年度高等教育国家级教学成果二等奖1项，2017年度江苏省教学成果一等奖1项，江南大学教学成果一等奖1项、二等奖8项。2019年，李华钟老师荣获江南大学至善教学名师奖，这是我院首位获此殊荣的教师；2018年，田亚平老师获至善教学奖、唐蕾和唐柯老师获至善课程奖。

（六）学风与科创齐头并进

互联网+、挑战杯、iGEM等国内外知名赛事取得重要突破，荣获国家、省部级奖项分别为33项和48项，其中国际比赛iGEM三届荣获5金1银、2个单项提名奖（全球仅9项）的成绩。本科生就业率连续三年超过99%，其中2019届升学率为55.7%，攀历史新高。研究生就业率连续三年超过98%。毕业生王增妹、万芊被联合国教科文组织和联合国粮农组织实习项目录取。江苏省优秀青年志愿者杨蕾作为江南大学第四届研究生支教团队长，在校期间志愿服务于云南省玉溪市玉溪第八中学。生物工程学院坚持"德智体美劳"五育并举，文化、体育成绩喜报频传；2019年，生物工程学院首捧"何振梁杯"。

三、研究生培养

紧扣轻工技术与工程一流学科的人才培养目标，紧密围绕"招生、培养、质量建设、学位"四大研究生教育关键环节，提升研究生培养质量。

（一）优质生源质量显著提升

近年来招生规模稳步提升，2017—2019年共招收研究生1094名，其中博士研究生241名，硕士研究生853名；其中2019年研究生招生人数首次突破400名（414名）。生源质量亦显著提升，2019年招收的硕士研究生中，优质生源（985/211高校考生和推免生）占比达56%。

（二）科研创新能力不断增强

江苏省研究生培养创新工程项目立项63项，项目经费总计129.5万元；有3项江苏省研究生教育教学改革与研究实践课题立项，其中1项为重大课题；专硕论文100%源自校外委托项目。1名专业学位硕士研究生获第四届"工程实习实践优秀成果获得者"荣誉。生物系统与生物加工工程研究团队获江苏省首届"十佳研究生导师团队"荣誉。

（三）专业学科地位持续巩固

通过轻工技术与工程一级博士学位授权点合格评估、生物学一级硕士学位授权点合格评估、生物工程硕士专业学位授权点合格评估。

（四）学位论文质量稳步提升

获江苏省优秀博士学位论文3篇，江苏省优秀硕士学位论文2篇，江苏省优秀专业学位硕士学位论文3篇。国家博士学位论文抽检合格率为100%；江苏省学位论文抽检优良率为90%。

四、科学研究与社会服务

坚持问题导向与需求导向相结合，促进学院既有实现从0到1的原始创新能力，更要有在0到1基础上，解决1到100的跨越式发展的关键内核，系统提升从基础研究到工程技术创新转化的能力。

（一）科研经费迈上历史性台阶

2018年科研总到账经费达1.23亿，历史性跻身"亿元俱乐部"，2019年经费增长至1.93亿，较2018年上涨60%。其中纵向经费首次逾亿，达1.04亿。2020年到账总经费达2.33亿。2017—2020总经费达6.3亿，千万级横向项目达13项，纵向、横向经费比例近1∶1。

（二）持续斩获国家重点重大项目

牵头《国家中长期科学与技术发展规划纲要（2021—2035）》工业合成生物学方向战略研究，2017—2020年，共牵头立项国家自然基金重点项目4项，重点研发计划项目6项，总经费达1.4亿。

（三）知识产权凸显国际化、高价值

2018年，徐岩、吴群教授等人完成的发明专利"一株能以多碳源共发酵的酿酒酵母及其应用"（ZL201410605253.1）获第二十届中国专利奖银奖，2项专利获评江苏省百件优质发明专利，获得2018年无锡市知识产权先进单位。江苏省高价值专利培育项目"食品配料生物制造关键技术"顺利结题。

生物制造发明专利家族数位列全球第一，发明专利申请数位列全球高校第二。2017—2020年，授权发明专利713件，其中国际授权63件，居全校第一。2018年，康振教授

相关专利技术独占许可国内该领域龙头企业，许可经费达800万元。李江华教授生物系统与生物加工工程团队研发的"植物蛋白肉生产关键技术"获得2000万元人民币的估值，以作价入股方式与浙江某企业合资成立新公司，这是江南大学首批专利技术作价入股的项目之一。

（四）高水平SCI论文提质增量

2017—2020年，发表高水平SCI论文数量逐年递增，总数近1000篇。论文质量提升显著，1区文章122篇，IF>10论文27篇。在CNS子刊 NATURE COMMUNICATIONS 发表5篇，在 Journal of the American Chemical Society、ACS Nano 等杂志发表封面或内封面文章5篇。

（五）科技奖励捷报频传

2019年，吴敬教授牵头完成的"淀粉加工关键酶制剂的创制及工业化应用技术"成果荣获国家技术发明奖二等奖。2017年以来，获省部级科技奖10项，其中高等学校科学研究优秀成果奖（科学技术）二等奖4项，江苏省科学技术一等奖1项，二等奖1项，其他省级科学技术奖5项；获行业协会等各级各类科技奖励30项，其中行业协会最高奖11项。

（六）社会服务效能显著提升

服务企业重大科研与生产需求提升，其中单个项目技术转让额超过1000万横向合作合同13项。开展"百企千司聚江南"行动计划，成立生物工程学院首届理事会，搭建产学研对接平台，汇集68家行业龙头企业，募集资金650万。

与宁夏科技厅签订食品发酵领域战略合作框架协议，持续推进"中西部合作支宁重点项目"，主持中国工程院"宁夏食品和生物发酵产业发展战略咨询研究及重大关键技术"项目，促进传统发酵产业趟出新路；支援贵州从江、云南姚安，通过生物发酵技术转化助力脱贫攻坚。

签订《江南大学—茅台学院对口支持合作协议》，对口支持贵州茅台学院在人才培养质量、学科专业建设等方面的提升和改善。首批接收江南大学—茅台学院酿酒工程联培班学员32名。

五、国际交流与合作

利用"111引智基地"积极建立与国外知名高校的合作关系,搭建国际创新合作平台,促进引进国外智力层次,促进海外人才与国内科研骨干的融合,开展高水平的合作研究和学术交流,培养一批具有国际学术视野的国际化人才,持续提升学科的教育水平和科研实力。

(一)交流多层次、高密度

与美国麻省理工学院、加州大学伯克利分校、英国帝国理工学院等10余所国际高水平院校建立稳定的合作机制,联培博士研究生30余名;海外交流学生近270人次,前往美国、德国、英国、日本、新加坡、新西兰等10多个国家开展学习交流活动。

2017—2020年共举办包括第七届国际工业生物过程论坛、ACS风味化学国际会议、国际工业生物技术研究生论坛、糖教育部重点实验室国际评估会议等国际学术会议11次。共邀请国际一流高校和研究所的知名教授和学者来进行学术报告150人次,同时派出教师出国参加研修、学术会议200人次。

2017年"111引智基地"顺利通过验收,并进入滚动支持,同时2019年8月新申报了糖化学与生物技术111引智基地;获批高端外国专家项目1个,新增校级国际联合实验室3个。

(二)影响多维度、多领域

国际期刊建设取得突破,与Springer Nature出版社达成协议,合作出版首本聚焦"生物制造"领域的国际期刊 Systems Microbiology and Biomanufacturing,2020年已正式上线。

新增4位教授在国际组织及国际知名期刊任职,陈坚教授当选国际生物加工学会(IBA)会员(2017.5—);徐岩教授当选美国化学会农业与食品化学部(AGFD)会员(国内唯一)(2019.8—)。

六、思想政治教育与文件建设

全面贯彻落实新时代党的建设总要求和党的新时代的教育方针,通过党建强院,引领立德树人中心任务，把党建与人才培养、学科建设、文化建设等密切结合，党政彼此欣赏、互相支持，增强领导班子的战斗力和凝聚力，提升群众满意度。

（一）党建双创有成效

学院党委三年内获评校级及以上各类党内表彰集体15次，个人11次。2018年学院入选首批"全国党建工作标杆院系"培育创建单位，生物系统与生物加工工程研究室党支部获批全国高校首批"百个研究生样板党支部"，均通过验收。2019年学院获评"全国教育系统先进集体"。学院分团委荣获江苏省"五四"红旗团委。

（二）文化传承有路径

以"重温发酵历史、讲述发酵故事、传承发酵精神"主题活动为主线，凝练学院"善于实践、勇于创新"的学科文化，编撰完成《图说发酵》《发酵工程师的摇篮》"发酵"系列文化丛书2册，拍摄完成《祖国的需要就是我的第一志愿》《我的青春志愿》"发酵"系列文化视频5部。厚植特色学院学科文化，促进学科文化传承创新，提高师生的学科自信和专业认同感。"峥嵘七十载不忘赤诚初心，逐梦新时代牢记一流使命"获江苏省2019年高校"最佳党日活动"优胜奖。

近年发展成绩单的背后，是全体生工人的拼搏与奉献！雄关漫道真如铁，而今迈步从头越。立足于"两个一百年"的历史交汇点上，生物工程学院的全体师生，将以永不懈怠的精神状态和一往无前的奋斗姿态，继续发扬"善于实践、勇于创新"的发酵精神，积极进取，顽强拼搏，持续推进"双一流"建设，不断书写新时代的"奋进之笔"！

图书在版编目（CIP）数据

发酵工程师的摇篮：江南大学生物工程学院 / 许正宏，黄壮霞编著. —北京：中国轻工业出版社，2021.6
ISBN 978-7-5184-3161-8

Ⅰ.①发… Ⅱ.①许…②黄… Ⅲ.①江南大学生物工程学院-校史 Ⅳ.①G649.285.33

中国版本图书馆CIP数据核字（2020）第161770号

责任编辑：江 娟 靳雅帅　责任终审：劳国强　整体设计：锋尚设计
策划编辑：江 娟　　　　　责任校对：朱燕春　责任监印：张 可

出版发行：中国轻工业出版社（北京东长安街6号，邮编：100740）
印　　刷：艺堂印刷（天津）有限公司
经　　销：各地新华书店
版　　次：2021年6月第1版第1次印刷
开　　本：889×1194　1/16　印张：16
字　　数：360千字
书　　号：ISBN 978-7-5184-3161-8　定价：180.00元
邮购电话：010-65241695
发行电话：010-85119835　传真：85113293
网　　址：http://www.chlip.com.cn
Email：club@chlip.com.cn
如发现图书残缺请与我社邮购联系调换
190691K1X101HBW